高等职业教育交通运输类专业系列教材

铁路运输经济学

主　编　谢法浩

副主编　阳　群　王彦明　杨　珂

科　学　出　版　社

北　京

内 容 简 介

本书注重以课程思政为引导，运用马克思主义政治经济学的相关原理来阐释铁路运输经济学，并通过加强经济学原理的相关实践来提升学生分析经济现象的能力。本书主要内容包括经济学导论、铁路运输与经济发展、高速铁路与国民经济发展、铁路运输需求、铁路运输供给、铁路运输运营、铁路运输效果、铁路与“一带一路”倡议。

本书既可作为普通高校交通运输类专业学生的学习用书，也可作为铁路运输规划与管理工作者、铁路运输企业的经营管理人员与市场营销人员的参考用书。

图书在版编目（CIP）数据

铁路运输经济学 / 谢法浩主编. -- 北京 : 科学出版社, 2024. 6.
(高等职业教育交通运输类专业系列教材). -- ISBN 978-7-03-078888-7

I. F530

中国国家版本馆 CIP 数据核字第 2024EV8637 号

责任编辑：任锋娟　周春梅 / 责任校对：王万红
责任印制：吕春珉 / 封面设计：东方人华平面设计部

科 学 出 版 社 出版
北京东黄城根北街 16 号
邮政编码：100717
http://www.sciencep.com
廊坊市都印印刷有限公司 印刷
科学出版社发行　各地新华书店经销
*
2024 年 6 月第 一 版　开本：787×1092 1/16
2026 年 1 月第二次印刷　印张：14 1/4
字数：337 000

定价：49.00 元
（如有印装质量问题，我社负责调换）
销售部电话 010-62136230　编辑部电话 010-62135210-2015

前　言

党的二十大报告中提出："统筹职业教育、高等教育、继续教育协同创新，推进职普融通、产教融合、科教融汇，优化职业教育类型定位。"教材建设是现代职业教育的基础，融合课程思政的教材能够在传授知识的同时，帮助学生树立正确的世界观、人生观、价值观。本书挖掘其他课程和教学方式中蕴含的思想政治教育资源，探索专业课程与课程思政元素的具体结合，建立专业知识和技能与课程思政融合的方法和路径，使专业课程与思想政治理论课同向同行，充分利用学科课程的育人功能，起到为学生培根铸魂的作用。

铁路运输经济学是轨道交通类专业平台课程，旨在以经济学的理论和方法，探讨有效的在运输和其他经济活动之间资源分配的问题。在课程内容方面，本书抛弃西方新自由主义经济学的分析框架，围绕立德树人的任务，以培养"德技并修，知行合一"的高素质技能型人才为目标，构建落实课程思政的方法与路径，做实做细课程思政的专业化融合和内容细化，从课程知识内部拓展教书育人的本质；在课程教学方面，本书以教学设计的系统性革新（包括教学价值、教学认识、教学关系、教学手段、教学过程、教学媒介及教学评价等关键要素的系统性反思和结构性重建），推动课堂教学"静悄悄地革命"；在教学方式方面，本书注重学生综合能力的培养，与产业、行业密切联系，拓展包含人文历史、市场经济、社会管理等多学科的教育，并把安全标准实施、春运实践等引入实训课，引导学生对经济社会现象或产品的构思、设计、实施和运作全过程进行进一步的认知与批判性思考。

基于上述考虑，本书在内容安排上主要包括 5 个部分：总论部分（第一章、第二章）阐述西方经济学、马克思主义政治经济学和铁路运输经济学的基本知识。第二部分（第三章）介绍我国高速铁路对国民经济发展的影响。第三部分（第四章、第五章）为微观分析，一方面分析铁路运输需求的内涵、运输需求（旅客运输需求和货物运输需求）产生的来源、影响旅客运输需求和货物运输需求的各种因素，从而使学生全面了解运输需求的产生和影响因素；另一方面分析影响我国铁路运输供给的各种因素。第四部分（第六章、第七章）探讨如何提高铁路运输运营效率，以及如何提升铁路运输设备运用效果和运输企业的经济效益。第五部分（第八章）分析铁路与"一带一路"区域经济发展，重点介绍中欧铁路运行情况和泛亚铁路的进展状况。在体例安排上，本书各章均设置"知识目标""能力目标""导入案例""课后阅读""思考题"等模块，同时在课程思政融合的知识点处设置"思政小课堂"模块。

本书由广州铁路职业技术学院谢法浩担任主编，阳群、王彦明、杨珂担任副主编。具体编写分工为：谢法浩编写第一章、第二章；阳群编写第三章、第八章；王彦明编写第四章、第五章；杨珂编写第六章、第七章。全书由谢法浩统稿。

在本书编写过程中，编者参考了相关专家和学者的研究文献，在此向相关作者表示衷心的感谢！同时，感谢广州铁路职业技术学院运输物流学院、马克思主义学院及教务处等的支持和帮助。

由于编者水平有限，书中难免有不足之处，敬请广大读者批评指正。

目　　录

第一章 经济学导论

知识目标

了解经济学的主要研究内容、基本分类及发展简史；了解马克思主义政治经济学的主要内容和当代意义。

能力目标

能够运用经济学的视角和方法看待现实生活中的经济现象；能够运用规模经济效益和机会成本的理念，分析生活中常见的经济决策行为；能够对马克思主义政治经济学进行现实性理解和应用，与时俱进地理解和接受党和国家的方针政策。

导入案例

什么是经济学——投入与产出

经济学（economics）从英文词面上有节约（savings）之意，引申到研究中，可以将其理解为投入与产出的关系。节约或节省在经济学中是指对稀缺资源的合理配置与利用，达到资源既无闲置又无浪费，实现消费者效用最大化或生产者利润最大化。这对于消费者来说，或者用同等代价实现满足程度的最大化，或者实现同等满足程度付出的代价最低。对于生产者来说，或者用最低成本取得同样的产品产出，或者用同样的成本实现产出最大化。也可以说，节约就是在生产或消费中达到高效率、高效益。我国传统意义上的节约是指用某个单项资源去做某件事，寻求用量少，或者用定量资源去做某件事，寻求高收益。如果单纯从传统意义上理解，崇尚消费似乎与崇尚节约的传统美德相悖，但如果从经济学意义上理解，二者之间并不矛盾。因为以理性消费为基础做到物尽其用，可以做到资源既无闲置又无浪费。

经济活动是人类社会的根本内容，经济问题历来是人们关注的重要问题，也是思想家们研究的重点领域。在古代，不仅西方国家有很多重要的经济思想，中国也有许多经济思想和著作论述。但这些见解只能算是经济思想或主张，还称不上是一门学问。当时的经济学并没有成为一门独立的学科，经济观点和主张往往穿插和混合在其他学科中，并没有独立出来。从理论体系的视角看，这些思想缺乏逻辑论证，甚至没有连贯的论述，表述往往带有片面性，与后来建立的主流经济学之间缺乏因果关系。经济学作为一门独立的科学，是随着资本主义生产方式的产生、发展逐渐形成并发展起来的。自亚当·斯密（Adam Smith）于 1776 年出版《国富论》起，经济学才真正形成体系。从这里算起，经济学的发展已有 240 多年的历史。

（资料来源：根据网络资料整理改编。）

第一节　经济学基础知识

在过去的 240 多年里，经济学取得了重大发展，尤其是 19 世纪末边际学派将边际分析方法引入经济学中，使经济学的精确性、可预测性大幅提高；经济学家之间关于相关问题的研究和讨论的效率也大幅提高。正如一些经济学家认为的那样，由于数学在微观经济学中的应用取得巨大成功，应用数学普遍应用于经济学领域。经济学在社会科学中最具有科学形态，最接近自然科学，因而被誉为“社会科学皇冠上那颗最为璀璨的明珠”。

一、经济与经济学的概念

（一）经济的概念

经济学是从西方国家产生和发展起来的。在我国古代文献中，虽然“经济”一词早已出现，但其含义是指经邦济世、经国济民，比较接近现代汉语中“政治”一词的含义。唐代诗人杜甫《上水遣怀》诗云“古来经济才，何事独罕有”；清代名著《红楼梦》第五回有“而今后万万解释，改悟前情，留意于孔孟之间，委身于经济之道”；晚清重臣左宗棠自题书斋对联“文章西汉两司马，经济南阳一卧龙”。

现代意义的经济概念起源于西方，来源于希腊语，原文是“oikonomos”，英文“economy”就是由希腊文“oikonomos”演变而来的，意为“管理一个家庭的人”。公元前 4 世纪，古希腊思想家色诺芬（Xenophon）结合自己管理庄园事务积累的经验完成了著作《经济论》，研究奴隶主如何通过管理家庭财产来实现财富的不断增加。

（二）经济学的概念

经济学作为一门独立的学科，是在资本主义产生和发展的过程中形成的。在资本主义社会出现以前，人们对当时的一些经济现象和经济问题形成某种经济思想，但并没有形成系统的理论。什么是经济学？经济学要解决什么问题？回答这些问题，首先要从资源的“稀缺性”（scarcity）说起。

经济生活中存在着这样一个基本事实：社会拥有的资源是有限的，因而不能生产人们希望所拥有的所有物品和劳务。稀缺性是关于经济学研究对象的基础性概念，是人类社会自产生以来一直困扰人类的一个难题，是人类面临的永恒的问题。我们可以感到身边处处存在稀缺性，如收入有限、上班族的时间不够用、政府财政紧张、住房短缺、交通拥挤、能源危机等。

经济学上所说的稀缺性是相对的稀缺性，是从相对意义上来谈资源的多寡，它产生于人类欲望的无限性与资源的有限性这一矛盾。也就是说，稀缺性强调的不是资源的绝对数量的多少，而是相对于欲望无限性的有限性。相对于人类社会无穷的欲望而言，经济物品或生产这些物品所需要的资源总是不足的。在经济学中，这种资源的相对有限性被称为稀缺性。人的欲望产生需要，西方经济学家认为欲望是人对生活资料和服务的不间断的需求，欲望和需要具有无限性。人需要空气、食物和水以维持生命并领悟生命的意义，需要适于所处气候的衣着和住所，需要一个属于自己的家和一块属于自己的空间，即使人的基本欲望获得满足，其他更高级的、新的欲望也会自行出现。人们的欲望不断增加，也日趋复杂，因此，人类的欲望和需要就长期与总体而言是永无止境、多种多样、不断变化的，而满足这些欲望和需要的资源始终是稀缺的。这种稀缺性的存在又是绝对的。这就是说，稀缺性存在于人类历史的各个时期和一切社会。稀缺性是人类社会永恒的问题，只要有人类社会，就会有稀缺性。

总之，稀缺性表明了欲望的无限性与资源的有限性的矛盾，正是这种矛盾引起了经济活动。经济学正产生于稀缺性的存在，没有稀缺性，经济学就没有存在的理由和必要。

经济学是一门研究如何将有限资源进行合理配置的社会科学。在社会生产和消费之间，消费是目的，生产是实现目的的手段。如果在一个社会中，人们的消费欲望及由这种欲望引起的对物品和劳务的需要是有限的，而满足需要的手段是取之不尽、用之不竭的，就不存在需要由经济学来探索研究的问题。事实上，人的欲望及由此引起的对物品和劳务的需要是无限多样、永不饱和的，而用来满足这些无限需要的手段，也就是用来提供这些物品和劳务的生产资源却是有限的。于是产生了一个问题：怎样使用相对有限的生产资源来满足无限多样化的需要？这就是经济学所要研究并回答的经济问题。

综上所述，经济学的概念可表述为：经济学是研究各种稀缺资源在可供选择的用途中进行有效配置和利用的科学。经济学是关于选择的科学，是研究节约的科学。

二、经济学研究的基本问题

资源配置是人类的基本活动之一，也可以说是最重要的活动之一。经济学是研究资源配置的专门学科，合理的资源配置能够促进经济活动的高效运转。

（一）经济学意义上的“资源”

资源（resources）原意是指自然资源，如土地资源、海洋资源、生物资源、水利资源等，这些天然存在的自然物是生产的原料来源和布局场所，即“天然的财源”。经济学所说的资源是指经济资源，即广义的资源概念。广义的资源是指在一定时间条件下，能够产生经济价值以提高人类当前和未来福利的自然资源、人力资源、资本资源及其他资源的总称。

经济资源投入使用，则被称为生产要素。现代西方经济学把经济资源或生产要素划分为四大类型：劳动、土地、资本和企业家才能。

劳动又称人力资源，包括一般劳动者及受过教育和专门培训的专家，是人们体力和脑力的运用与开发。

土地是一切自然资源的简称，包括土地本身及矿藏、森林、河流、空气、阳光等一切自然形成的资源。劳动和土地通常被称为初级生产要素。

资本可以表示为实物形态和货币形态，实物形态又被称为投资品或资本品，如厂房、机器、动力燃料、原材料等；资本的货币形态通常被称为货币资本。资本与初级生产要素不同，它既是一种投入品，又是经济社会的产出品。

企业家才能又称企业家精神，是指在寻找资源、创办企业或生产过程中，将各种经济资源组织起来并使之具有活力的特殊能力，包括组织、指导、协调、管理的能力，创新和冒险精神等。

（二）资源的稀缺性

每门学科的产生都有其社会根源。例如，天文学产生于游牧民族早年确定季节的需要，几何学产生于古代农民丈量土地的需要。经济学是研究经济问题的专门学科，经济学的产生源于资源的稀缺性及由此所引起的选择的需要。

资料链接

还有什么东西可以卖

2012 年 9 月 17 日，中国企业家陈光标携带 10 万罐空气罐头在北京开卖。这些罐头中分别装着采自井冈山、玉树、五河、新疆、西藏及台湾等地的新鲜空气。空气也可以做成罐头出售？据说美国、日本、韩国等国家早在多年前已有空气罐头出售，而且摆进了超市。新鲜空气因何成为商品？原因是确实有需求，有人买就有市场，其根源就是日益严重的空气污染。

其实不仅仅是空气，还有许多我们不以为然的东西成为商品：太平洋上的岛国瑙鲁素有“天堂岛”之称，该岛矿产资源十分丰富，但岛上没有供农作物生长的泥土，于是只好从国外进口。雨水在阿拉伯国家稀缺，日本人发现商机便着手向阿拉伯国家出口雨水，第一个输入这种商品的阿拉伯联合酋长国每年进口大约 2000 万 t；丹麦格陵兰岛则出口冰山，这是 10 万年前的冰，被认为是纯净的、没有污染、杂质甚少、世界上最奇特的商品。

地球上的各种物品，按照人们使用它们是否需要支付代价，可分为两大类：一类称为经济物品；另一类称为自由物品。经济物品，即具有价格的资源，必须付出代价方可得到。与之相对应，则是无须花费任何代价就能得到的自由物品，如空气、阳光之类。自由物品可以无限量地免费取用，而资源具有稀缺性。

稀缺性是指相对于人类无限多样、不断上升的需要或者欲望而言，资源总是不足的。

1. 稀缺性的产生原因

稀缺性是经济物品的显著特征之一。稀缺性问题的产生，主要有以下两个方面的原因。

（1）资源的有限性

物质资料的生产是人类社会生存和发展的基础。劳动者的劳动、劳动资料和劳动对象是从事物质资料生产必不可少的基本要素。随着社会的发展，在这些基本要素的基础上逐渐加入某些新的要素，如科学技术、经营管理、经济信息等。构成生产要素的经济资源（劳动、土地、资本和企业家才能）是有限的。例如，劳动资源的数量要受到人口规模的制约和生理条件的限制，从事生产的劳动力只是人口的一部分，更何况时间有限且不可逆转，人的生命是有限的。“地球只有一个”“人生只有一回”，这是对资源有限性的生动描述。通常情况下，生产技术条件与产出成正比。在资源一定的条件下，技术水平越高，资源的利用程度越高，产出必然越高。此外，随着人们认识能力的不断提高和科学技术的发展，可直接或间接用于满足人们需要的资源将会越来越多，资源的种类会更加丰富，资源的品质、性能会更好，产出也将相应增加。但在一定时期、一定的技术条件下，可利用的资源总是有限的。

（2）人的需要或者欲望的无限性

人的需要是多层次的。美国心理学家亚伯拉罕·马斯洛（Abraham Maslow）的需求层次理论提出，人的需要分为 5 个层次：①生理的需要，即维持生存的基本需要，这是最底层的需要；②安全的需要，如免于受伤害、受剥夺、失业等；③爱与归属的需要，即感情的需要、社会交往的需要；④尊重的需要，即需要有自尊心及受到别人的尊重；⑤自我实现的需要，即出于对人生的看法，需要实现自己的人生价值和理想。一般情况下，人的各层次的需要是在依次产生和追求的过程中逐步得到满足的，满足了一种低层次的需要，就会产生一种新的更高层次的需要。

人的欲望是无止境的。作为个体的人，生——简单，活——亦简单，生活却不简单。相比生存的状态，生活的内涵要求是无穷无尽的。例如，食物只是用于充饥，人对食物的需求却从野果、米饭到山珍海味；衣服只是用于御寒，人对衣服的需求却从树叶、麻布到绫罗绸缎；房屋只是用于遮风避雨，人对房屋的需求却从茅棚、瓦屋到楼房别墅。人的欲望永远得不到彻底的满足。

清代学者胡澹庵编辑的《解人颐》一书收录了一首《不知足》诗，将人的“不知足”的本性刻画得淋漓尽致：

终日奔波只为饥，方才一饱便思衣。衣食两般皆俱足，又思娇娥美貌妻。娶得美妻生下子，恨无田地少根基。良田置的多广阔，出门又嫌少马骑。槽头扣了骡和马，恐无官职被人欺。七品县官还嫌小，又想朝中挂紫衣。一品当朝为宰相，还想山河夺帝基。心满意足为天子，又想长生不老期。一旦求得长生药，再跟上帝论高低。不足不足不知足，人生人生奈若何。若要世人心满足，除非南柯一梦兮。

值得注意的是，经济学所说的稀缺性是与贫穷或富有无关的概念。一方面，稀缺性是相对的，它不是指资源的绝对数量上的稀少，而是表明欲望无限与资源有限的矛盾。相对于人类无穷的欲望而言，再多的资源也是不足的，人类的欲望总比满足欲望的手段增长得更快。另一方面，稀缺性的存在是绝对的。稀缺性存在于一切时代和一切社会，无论是古代还是现代，无论是国内还是国外，无论是穷人还是富人，人们总面临资源的相对不足，欲望无限与资源有限的矛盾不可能得到彻底解决。

2. 经济学产生的根源

由于资源的稀缺性，人们必须考虑如何使用有限的、相对稀缺的资源来满足无限多样的需要，这就是所谓的经济问题。经济学正是为了研究解决这些经济问题而产生的。不妨考虑一个不存在稀缺性的社会：如果世界上的资源取之不尽、用之不竭，能无限量地生产出各种物品，或者如果人类的欲望能够完全得到满足，那么会产生什么样的结果呢？既然人们拥有了自己想要拥有的一切，当然也就不必担心花光其目前有限的收入；而企业也不必为劳动成本和医疗保健问题担忧；政府不用再为税收、支出和环境污染等问题而大伤脑筋。此外，既然所有人都能够随心所欲地得到自己想要的东西，那么也就没有任何人会去关心不同的人或不同阶层之间的收入分配问题，经济学研究也就失去了意义。事实上，人类可以自由获取的免费物品是很少的，而且就目前的发展情况来看，免费物品一天比一天少。例如，城市中水的供应，需要经过人工净化，水的使用必须付出金钱，于是水就不再是免费物品。阳光、空气在一些场合因是稀缺资源而成为经济物品。

3. 资源配置

经济学是为解决稀缺性问题而产生的，因此，经济学所研究的对象就是由稀缺性而引起的选择问题，即资源配置问题。资源配置包括以下 3 个相关问题。

（1）生产什么，生产多少

由于资源有限，对于资源的任何配置，都存在机会成本问题。因此，人们必须在各种需要之间权衡比较，在可供选择的物品和劳务中有所取舍，决定生产什么，生产多少（what）。生产可能性边界上的每一点都代表这个问题的各种可能答案。那么，到底哪一点是最优解？这要根据生产者的现实需要来决定。

（2）如何生产

生产同一种产品，如何生产（how)？既可采用多用劳动、少用资本的方式，也可采用多用资本、少用劳动的方式。稀缺性决定了生产方式的选择必须遵循资源配置最优的原则。从技术效率上看，这是指以既定的资源获得的各种产品的数量达到最大，或者说在各种产品数量既定的条件下，尽可能少地消耗所用资源；从经济效益上看，这是指将等量资源所得到的收益和支出做比较，选择净收益最大的方案。在现实生活中，技术上有效率并不一定在经济上也有效率，当二者发生冲突时，应首选经济效益高的方案。

（3）为谁生产

经济学所说的收入分配问题，也就是为谁生产（for who）的问题。因为资源有限，所以不可能使每个人的欲望同时获得满足，为谁生产涉及对效率与公平的选择。很显然，收入分配的方式和数量界限直接关系到人们的生产积极性。

在日常生活中，每个人都在自觉或不自觉地运用着经济学知识。例如，在自由市场里买东西，我们喜欢与小商小贩讨价还价；到银行存钱，我们要想好是存定期还是存活期。经济学对日常生活到底有多大作用？有一段关于春运火车要价的分析可以参考。

资料链接

春运火车票价还不够高——经济学思维试金石

春运期间“火车票应不应该涨价”这个问题，就是一块很好的检验人们是否建立起稳定的经济学思维品质的试金石。

学过经济学的人都知道，高峰期就要用价格来调整，价格规律可以有效缓解高峰期的问题。如果我们只是抽象地在经济学课堂上指着需求曲线这么说，没有人会不同意。

但我们一旦把它带入一个具体的商品——春运期间的火车票，人们的感情一下子就涌上来了，他们会搬出种种理由说春运火车票不该涨价。

人们反对火车票涨价理由大致有以下几个。

1）回家过年不是商品，回家不需要理由。

2）春节回家过年是刚需：不管价格多高，人们还是要回家过年，因此提价只会让铁路系统多赚钱，而不能降低人们回家过年的愿望。

3）春节运力不足：每到春运期间，我国就经历两次大规模的人口迁移，几亿人在短短的时间内，从一个地方到另外一个地方，很快又从另外一个地方回到原先的地方。如果能把铁路运输的运力提高到在春运期间不吃力的话，那么剩下的 11 个月，铁路的运力不就闲置了吗？这会造成多大的浪费，造成的损失又由谁承担呢？

4）垄断商品不是反对市场定价的理由：火车票之所以贵，之所以难买，是由于铁路垄断。既然铁路是垄断的，就应该对火车票实施调控，让火车票价格降下来。

实际上，一件商品，无论是垄断企业还是竞争企业提供的，价格都应该由市场决定。“春运火车票价还不够高”可以让我们还原经济学思维，更多地从经济学角度思考问题。

（资料来源：根据网络资料整理改编。）

在包括经济学初学者在内的大多数人看来，经济学既枯燥又乏味，充满了统计数字和专业术语，而且经济学总是与货币有割舍不断的联系。因此，人们普遍以为经济学的主题内容是货币。

其实，这是一种误解。经济学真正的主题内容是理性，其隐而不彰的深刻内涵就是人们理性地采取行动的事实。经济学关于理性的假设是针对个人而不是团体。经济学是理解人们行为的方法，它源自这样的假设：每个人不仅有自己的目标，还会主动地选择正确的方式来实现这些目标。这样的假设虽然未必总是正确的，但很实用。在这样的假设下发展出来的经济学具有实用价值，能够指导我们的日常生活，而且这样的学问因充满了理性而娱人心智，令人乐而忘返。因此，掌握正确的经济学知识，将经济学思考问题的方法运用到日常生活中，能够使人们更加理性地面对生活中的各种琐事，减少生活中的诸多烦恼。

三、经济学的基本分类

（一）微观经济学与宏观经济学

经济学的基本内容按照研究的具体领域、对象及角度的不同，可以划分为两大类：微观经济学和宏观经济学。

1. 微观经济学

微观经济学着眼于单个经济主体的经济行为，通过研究各有关经济变量之间的关系和相互影响，来说明价格机制如何解决资源的优化配置问题。

（1）微观经济学的内涵

微观经济学的内涵包括以下 4 个方面。

1）微观经济学的研究对象是单个经济主体的经济行为。单个经济主体是指组成经济的最基本单位，包括个人、家庭、企业。其中，个人和家庭又称为居民户，是经济中的消费者；企业又称为厂商，是经济中的生产者。在微观经济学的研究中，假设居民户和厂商经济行为的目的是实现最大化，研究消费者如何把有限的收入分配于各种物品的消费，以实现效用的最大化，厂商如何把有限的资源用于各种物品的生产，以实现利润的最大化。

2）微观经济学研究的方法是个量分析法。微观经济学又称为个量经济学。美国经济学家保罗·萨缪尔森（Paul Samuelson）强调了微观经济学个量分析的特征，即微观经济学是关于经济中单个因素——诸如一种产品价格的决定或单个消费者或企业的行为的分析。微观经济学研究的主要经济变量是：①效用、成本、价格、产量、收益等，这些是与价格理论相联系的变量；②工资、利润、利率、地租等，这些是与分配理论相联系的变量。

3）微观经济学解决的问题是资源配置。微观经济学从研究单个经济单位的最大化行为入手，来解决社会资源的最优化配置问题。因为每个经济单位都实现了最大化，整个社会的资源配置也就实现了最优化。

4）微观经济学的中心理论是价格理论。价格理论是揭示商品价格的形成和变动规律的理论。主流地位的价格理论分为完全竞争价格理论、垄断价格理论和垄断竞争价格理论。其中，完全竞争价格理论是价格理论的重点，也是区分不同价格理论学派的主要理论。

（2）微观经济学的主要内容

微观经济学的主要内容包括以下 5 个方面。

1）价格理论。在市场经济中，消费者和厂商的行为都要受价格的支配，生产什么、生产多少、如何生产及为谁生产均由价格决定。市场价格就像一只“看不见的手”，调节着各种经济主体的经济行为。通过价格的调节，社会资源的配置实现了最优化。微观经济学要说明的正是这一经济运行的全过程。因此，从这一意义上说，微观经济学的中心是价格理论，其他内容都是围绕这一中心问题展开的。

2）消费者行为理论。该理论研究消费者如何把有限的收入分配于各种物品的消费，以实现效用最大化。

3）生产者行为理论。该理论研究生产者如何把有限的资源用于各种物品的生产，以实现利润最大化，主要研究内容包括投入的生产要素与产量间关系的生产理论、成本与收益的成本与收益理论及不是市场条件下厂商行为的市场理论。

4）分配理论。该理论研究产品按什么原则分配给社会各集团和个人，各生产要素所有者的收入如何决定。

5）微观经济政策。该理论研究政府有关价格管理、消费与生产调节，以及实现收入分配平等化的政策，这些政策属于国家对价格调节经济作用的干预，它们是以微观经济理论为基础的。

（3）微观经济学的基本假设

需要强调的是，经济学研究是以一定的假设条件为前提的。根据所研究的问题和所要建立的理论的不同需要，假设条件存在差异。微观经济学有以下 3 个基本假设。

1）理性经济人假设。这一假设是指消费者和企业都是以利己为目的的“经济人”，他们自觉地按利益最大化的原则行事，既把最大化作为目标，又知道如何实现最大化，即他们是完全理性的。只有在这一假设的前提下，价格调节实现资源配置的最优化才是可能的。

2）完全信息假设。这一假设是指市场上每个从事经济活动的主体都对有关的经济情况具有完全的信息并具有对信息进行处理的能力，从而能够及时对市场信号做出反应，以实现其行为的最优化。

3）市场出清假设。这一假设是指产品市场、劳动市场、金融市场在市场机制的作用下能够自发地达到供需均衡的状态。在这种均衡的状态下，产品既无过剩，又无不足，资源可以得到充分利用，不存在资源闲置或浪费问题。因此，微观经济学是在假设资源充分利用的情况下研究资源的配置问题。

2. 宏观经济学

宏观经济学以整个国民经济活动为研究对象，利用总量分析方法研究国民经济中各有关总量的决定及其变化，来说明资源如何才能得到充分利用。

（1）宏观经济学的内涵

宏观经济学的内涵包括以下 4 个方面。

1）宏观经济学的研究对象是整个国民经济。宏观经济学研究的不是经济中的单个经济单位的经济行为，而是从总体上分析由这些单位组成的整个国民经济的运行方式与规律。

2）宏观经济学要解决的问题是资源利用问题。宏观经济学把资源配置作为既定前提，研究现有资源未能得到充分利用的原因和达到充分利用的途径，以及经济如何增长。

3）宏观经济学的研究方法是总量分析法。总量是指能反映整个经济运行情况的经济变量。该总量有两类：一类是个量的总和，把各个经济单位的单项数值加总求和，如国民收入、总投资、总消费等；另一类是平均量，如各种商品的价格水平。总量分析就是分析这些总量的决定、变动及相互关系，并通过这种分析说明经济的运行状况，制定经济政策。

4）宏观经济学的中心理论是国民收入决定理论。在宏观经济领域中，国民收入是一个基本的经济总量，它综合反映了其他经济总量及变动状况。宏观经济学以国民收入的决定为中心来研究社会资源的充分利用问题，分析整个国家经济的运行，其他理论都是围绕着这一理论展开的。

（2）宏观经济学的主要内容

宏观经济学的主要内容包括以下 5 个方面。

1）国民收入决定理论。这一理论从社会总需求与总供给的相互关系出发，分析国民收入的决定及其变动规律。通过对国民收入的决定及其变动的分析，说明国家经济资源的利用情况和整个国家经济运行的状况。

2）失业与通货膨胀理论。失业和通货膨胀是各国经济中最主要的问题，宏观经济学把失业与通货膨胀和国民收入联系起来，从分析其原因及其相互关系中找出解决这两个问题的途径。

3）经济周期与经济增长理论。这一理论把经济波动和增长结合起来，分析国民经济短期波动的原因、长期增长的源泉等问题，以期实现经济长期稳定发展。

4）开放经济理论。这一理论分析本国国民收入的决定和变动如何影响别国，以及如何受别国的影响。同时，考察在开放经济条件下，一国经济的运行和调节问题。

5）宏观经济政策。宏观经济学为国家干预经济提供理论依据，宏观经济政策为这种干预提供具体措施。经济政策包括：①政策目标，即通过政策的调节要达到什么目的；②政策工具，即用什么具体手段来达到目的；③政策效应，即经济政策对经济活动的作用。

宏观经济学是基于市场失灵的假设建立起来的，即市场机制是不完善的，政府有能力调节经济，纠正市场机制的缺点。自市场经济产生以来，市场经济各国就在繁荣与萧条的交替中发展，每隔一定时期爆发一次的经济危机就成为市场经济的必然产物。20 世纪 30 年代，资本主义历史上空前严重的大危机使经济学家认识到，如果只靠市场机制的自发调节，是无法克服经济危机与失业的，会在资源稀缺的同时产生资源浪费。因此，要使资源在合理配置的同时又实现充分利用，仅仅依靠市场机制是不够的，政府可以通过观察与研究认识经济运行的规律，并采取适当的手段对经济进行调控。整个宏观经济学正是建立在对政府调节经济能力信任的基础上的。

3. 微观经济学与宏观经济学的关系

微观经济学与宏观经济学是经济学的两大组成部分，二者既有区别又有联系。微观经济学与宏观经济学在研究对象、研究目的、研究方法和中心理论上都有不同，其主要特点比较如表 1-1 所示。

表 1-1　微观经济学与宏观经济学的主要特点比较

主要区别点	微观经济学	宏观经济学
研究对象	以单个经济单位为研究对象	以整个国民经济为研究对象
研究目的	以解决资源最优配置为目的	以解决资源充分利用为目的
研究方法	以个量分析为研究方法	以总量分析为研究方法
中心理论	以价格理论为中心理论	以国民收入决定论为中心理论

需要强调的是，微观经济学与宏观经济学的区分是相对的。宏观与微观、总量与个量，两者之间既相互区别又相互依存。尽管微观经济学与宏观经济学的划分有助于说明两个学科的性质不同，但严格地说，只有一个经济学。在实际经济生活中，经济分析往往同时涉及宏观与微观两个方面。

（二）实证经济学与规范经济学

经济学研究的根本方法主要有实证分析（positive analysis）方法和规范分析（normative analysis）方法。与之相应，经济学分为实证经济学和规范经济学。

1. 实证经济学

实证经济学采用实证分析方法研究经济问题。实证分析方法是指对经济现象、经济行为或经济活动及其发展趋势只做客观陈述和分析，通过揭示经济变量之间稳定的函数关系或因果关系，提出用于解释经济现象的假说或理论，再用经验事实来加以验证，并根据理论做出预测。实证经济学具有两个特点：①它力求说明“是什么”“是怎样”的问题，不涉及对社会经济问题的价值判断；②它所研究的内容具有客观性，研究结论的正确与否可通过经验事实进行检验。例如，“最低工资立法引起了失业”“通货膨胀与失业具有替代关系”

“扩大政府开支和减免税收会造成财政赤字”都是实证经济学的命题。

2. 规范经济学

规范经济学采用规范分析方法研究经济问题。规范分析方法是以一定的价值判断作为基础，提出经济行为的标准，并以此作为处理经济问题和制定经济政策的依据，探讨经济应该如何运行才能给社会带来最大福利。规范经济学具有两个特点：①它力求回答“应该是什么”“应该怎样办”的问题；②它所研究的内容具有主观性，研究结论的正确与否无法通过经验事实进行检验。例如，“失业问题远比通货膨胀问题重要，政府应该实行就业优先发展战略”就是一个典型的规范经济学的命题。

实证经济学与规范经济学强调用不同的方法来研究经济问题。实证经济学讨论的是经济社会的事实，规范经济学讨论的是价值判断。由于人们的立场和价值观念不同，对于应该做什么、应该怎么办的问题，不同的经济学家可能会有迥然不同的结论。在西方经济学的发展中，早期强调规范分析，19 世纪中期以后则逐渐强调实证分析。许多经济学家认为，经济学的实证化是经济学科学化的唯一途径，只有实证化，才能使之成为像物理学、化学一样的真正科学。目前，实证经济学仍然是西方经济学（尤其是微观经济学）的主流。但是，也有许多经济学家认识到，经济学并不能完全等同于自然科学，它无法完全摆脱规范问题，即无法回避价值判断。因此，应该把实证分析的方法与规范分析的方法结合起来。一般来说，越是具体的问题，实证的成分越多；而越是高层次的、带有决策性的问题，越具有规范性。

四、经济理论与经济模型

经济学所研究的经济现象必须是可以观察并能够度量的。各类机构每天都提供大量的经济信息，这些信息就是对各种经济现象的观察与度量的结果。但是经济学的任务并不仅仅是描述现象，或对这些现象进行分类度量，而是要对这些现象做出解释并发现规律。为了完成这些任务，需要借助经济理论（economic theory）与经济模型（economic model）。

经济理论是可以解释并预测人们经济选择的一般规律或原理。经济现象错综复杂，变化不定，为了把握经济规律，必须从实际出发，对纷繁复杂的经济现象进行科学的抽象，舍去次要的、个别的、偶然的因素，专门研究具有普遍性、必然性、决定性的因素之间的关系，从而形成系统的经济理论。经济理论是对经济实践的高度概括。任何经济理论都是有前提的，理论要舍弃不重要的东西，至于什么重要、什么不重要，则取决于经济学家的假设。

提出经济理论往往需要通过建立和检验经济模型。经济模型是进行经济分析的基本工具，经济理论是在建立与检验经济模型的过程中形成并得以发展的。

模型有两种类型：一种模型是具体的、可以看到的真实的事物，其目的是使人们对真实的事物有直观的认识；另一种模型是抽象的、无法看到的真实的事物，但可以根据模型来判断它所代表的真实事物的基本特征。经济模型属于后一种类型。

模型并不是详尽地描述真实世界所发生的一切，而是对真实世界的高度简化。例如，一个大气物理的模型：把一个水盆放在缓慢旋转的转台上（模拟地球自转），水盆的外侧环绕一个弯曲的电子加热器（模拟赤道和两极），可以看到水盆的外缘出现稳定的水流（热带信风），水盆中还有巨大的涡流（热带风暴），这是对大气系统高度简化的模拟。将系统简化为可以处理的东西，可以更深刻地认识复杂系统的本质，但其代价就是忽略了被简化的变量对系统的影响（如山脉对气候的影响）。因此，任何模型都是有前提的。

经济模型是现实经济社会的简单概括或理论抽象，它通常是用较为简明的文字表述、几何图形、数学公式描述和解释经济变量之间的关系，帮助人们深入分析纷繁复杂的经济现象和经济行为。例如，利用经济模型可以预测，在其他条件不变的情况下，若商品的价格上调 10%，消费者的需求将会下降的幅度。

五、经济学的发展简史

经济学作为一门独立的学科，是和资本主义生产方式同时产生并逐渐发展起来的。目前，经济学的产生和发展经历了 4 个重要阶段。

（一）经济学的萌芽——重商主义学说

重商主义产生于 15 世纪，全盛于 16 世纪和 17 世纪，最初出现于意大利，英国是重商主义尤其是晚期重商主义发展较为典型的国家。

重商主义认为，财富就是货币，就是金银，商业是致富之源。为了增加一国的财富，除了开采金银矿藏，有效的办法就是通过对外贸易，实现贸易顺差，从他国取得金银。在重商主义看来，为了国家致富，保证金银流回国内，必须实行有利的贸易差额原则，即多卖少买，保持顺差，因此主张积极的国家干预，如奖励国内工业，实施促进对外贸易的贸易保护主义政策。

重商主义是在资本原始积累时期产生的一种经济学说和政策体系，反映了资本原始积累时期资本主义经济发展的基本要求，但仅限于对流通领域的探索，其内容也只是一些政策主张，并未形成完整的经济学体系。因此，重商主义学说只能说是经济学的萌芽。

（二）经济学的形成——古典经济学

1776 年，世界发生的两件大事影响了后来 200 多年的历史：一个是乔治 • 华盛顿（George Washington）发表了《独立宣言》并成为一个新国家（美国）的国父；另一个是斯密出版了里程碑式的著作《国富论》，开创了古典经济学的历程，成为现代经济学之父。斯密是经济学历史上的一座灯塔，《国富论》的出版标志着政治经济学作为一门独立学科的诞生。

古典经济学最早产生于 17 世纪中叶，由威廉 • 配第（William Petty）开始，经斯密发展为完整的体系，后由大卫 • 李嘉图（David Ricardo）推向高峰。古典经济学将研究的中心从流通领域转向了生产领域。古典经济学派的主要观点是：财富应是物质产品，要增加财富必须增加物质产品。国家（政府）应实行自由放任主义，让价格机制和市场机制这只“看不见的手”来调节经济，通过资本积累和发展生产来实现物质产品的增加。

古典经济学研究的内容较广，既涉及国民收入决定、经济增长等宏观经济问题，又涉及价格、分配等微观经济问题，但并没有把两者明确区分开来。古典经济学时期，研究经济问题的著作大多被冠名为“政治经济学”，如李嘉图的《政治经济学及赋税原理》、托马斯·罗伯特·马尔萨斯（Thomas Robert Malthus）的《政治经济学原理》、让·巴蒂斯特·萨伊（Jean Baptiste Say）的《政治经济学概论》、约翰·穆勒（John Mill）的《政治经济学原理》等。

古典经济学反映了自由竞争资本主义时期资本主义经济发展的基本要求。因为这一时期，资本主义经济可以依靠自身力量来求得发展，重商主义推崇的国家干预已成为经济发展的障碍。

（三）微观经济学的建立——边际效用学派和新古典经济学

19 世纪 50 年代，德国经济学家赫尔曼·戈森（Hermann Gossen）在其《人类交换规律与人类行为准则的发展》一书中，认为价值取决于效用，并提出了“戈森定律”，该定律成为边际效用论的理论基础。1871 年，英国的威廉姆·斯坦利·杰文斯（William Stanley Jevons）、法国的里昂·瓦尔拉斯（Léon Walras）和奥地利的门格尔（Menger）几乎同时各自提出了边际效用价值论，提出了主观价值、个人效用和消费者在经济活动中的重要性，并领导了“新古典主义”的“边际革命”，开创了经济学的一个新时期。

新古典经济学不像古典经济学那样强调对生产、供给和成本的研究，而是转向了消费、需求和效用。他们将斯密的理论和边际分析的方法结合起来，实现了生产和分配的统一，解决了经济学的“价值悖论”。新古典经济学所信奉的仍然是自由竞争的思想，主张国家采取自由放任主义，让价格来实现社会资源的最优化配置。从这个意义上来说，它是古典经济学的延续，因此被称为新古典经济学。

毕业于剑桥大学数学系的阿尔弗雷德·马歇尔（Alfred Marshall）是新古典经济学的集大成者，他建立了现代微观经济学完整的理论体系，彻底让古典经济学完成了它的历史使命。马歇尔于 1890 年出版了《经济学原理》，成为历史上第一位将“政治经济学”（political economy）改成“经济学”（economics）的学者。他认为影响经济的是自然规律而非国家政策。他开创性地引入了需求曲线、弹性、均衡等概念，推进了斯密模型数量化，建立了一个以“均衡价格”为核心的经济学体系。《经济学原理》一书支配英、美经济论坛达 40 年之久，并对以后的经济学发展产生了深远的影响，尤其是他对微观经济的分析至今仍是现代西方微观经济学的基础。

（四）当代经济学

当代经济学以 20 世纪 30 年代凯恩斯主义的出现为标志，这一时期的中心是宏观经济学的形成与发展。这一阶段可划分为 3 个时期。

1. 凯恩斯革命时期

1929～1933 年，空前严重的世界经济大危机宣告了新古典经济学关于资本主义是一架能自行调节的机器，不会出现严重失业的神话的破灭。这场大危机后，西方国家的政府为了解决失业问题，日益加紧了对经济生活的干预。1936 年，英国经济学家约翰·梅纳德·凯恩斯（John Maynard Keynes）出版了《就业、利息和货币通论》，标志着现代宏观经济体系的形成。因此，凯恩斯被称为“宏观经济学之父”。

凯恩斯认为，社会总需求并不是经常与社会总供给相等的，总需求不足是资本主义经济时常存在的现象。总需求不足会导致失业，因此，要放弃自由放任原则，实行国家对经济生活的干预和调节。政府应当承担调节社会总需求的责任，运用财务政策和货币政策刺激消费，增加投资，以保证社会有足够的有效需求，实现充分就业。

2. 凯恩斯主义发展时期

第二次世界大战以后，西方各国加强了对经济生活的全面干预，凯恩斯主义得到了大力推广。20 世纪 50 年代，在美国，以萨缪尔森为首的一些经济学家将凯恩斯主义的宏观经济学与新古典经济学的微观经济学“综合”在一起，形成了所谓的后凯恩斯主流学派。这一学派的理论在相当长时期内构成了经济学教科书的主要内容，在西方经济学界占据主导地位。

3. 自由放任思想复兴时期

20 世纪 70 年代，西方各国出现滞胀，使得认为经济停滞和严重通货膨胀不会同时出现的凯恩斯主义陷入窘境，新自由主义经济思潮开始复兴，相继出现了以美国经济学家米尔顿·弗里德曼（Milton Friedman）为首的货币主义学派、以美国经济学家罗伯特·卢卡斯（Robert Lucas）为首的理性预期学派、以美国经济学家阿瑟·拉斐尔（Arthur Laffer）为首的供给学派。他们认为，凯恩斯主义的国家干预是形成西方国家经济滞胀的根源，因此从不同的角度论述了市场机制的作用，提出减少政府干预。

20 世纪 80 年代末，以罗纳德·哈里·科斯（Ronald Harry Coase）为代表的新制度经济学时兴起来。新制度经济学包括企业理论、产权理论、经济增长理论、制度变迁理论等，其理论的核心在于证明资本主义的种种制度都是“看不见的手”的不同形式，而且这些制度本身是由“看不见的手”缔造的，强调制度对社会经济生活的决定作用。

可以看出，每一时期的经济理论都是当时现实经济发展的要求在理论上的反映，由此也充分体现了经济学是一门致用的科学，具有服务于现实的特点和突出的学科价值。

美国经济学家、诺贝尔经济学奖得主詹姆斯·托宾（James Tobin）说过，我们不能保证学习了经济学理论的人就不会站到领失业救济金的队伍中，但不同的是他至少知道自己为什么会站到这个队伍中来。经济学是一门关于选择的学问，正如凯恩斯所言，经济学不是一种教条，只是一种方法、一种心灵的器官、一种思维的技巧，帮助拥有它的人得出正确结论。经济学提供给我们的主要是思想、启发和主见，是分析经济问题的方法和工具。

六、经济学研究中通常会犯的错误

经济学是一门既古老又年轻的学科。1776 年《国富论》的发表距今已有 200 多年的历史，这期间经济学取得了不小的成就，但在许多领域尚存亟待解决的问题。在对经济理论的学习与运用中，需要注意避免下列可能产生的推理谬误。

（一）保持“其他条件不变”

在经济学分析中，被大量使用的一个假设就是“其他条件不变”。在经济学推理中，为考察众多影响经济问题的因素中的某一因素的作用，一般假定其他因素不变的情况下，判断该被考察因素变化会带来什么样的变化。

如果忽略“其他条件不变”的假设，就可能得出错误的结论。例如，鸡蛋的价格比20年前上涨了很多，但对鸡蛋的需求量增加了。从表面上看，似乎可以推导这种现象违背了需求定理的结论，因为按照需求定理，需求量和价格的变化是反方向变化的。实际上，在需求定理中，有一个重要假定，即“其他条件不变”的情况下，需求量和价格的变化是反方向的。由于这20年不可能保持“其他条件不变”，如收入的增加、对鸡蛋偏好的增强等，它们的变化都可能使人们对鸡蛋的需求增加。因此，这一现象并不违背需求定理。

（二）合成谬误

合成谬误是指对于部分来说是对的事情，认为对整体来说也是对的。但事实可能并非如此，整体并不总是等于部分之和。例如，一个农民丰收，他的收入会增加，但如果所有的农民都丰收，他们的收入反而可能下降。这是因为大家都丰收会带来粮食供给量的增加，从而导致粮食价格下跌，收入可能不仅没有增加，反而可能减少。同样的道理，如果一个人获得更多的货币，他的境况会更好，但如果每个人都获得更多的货币，这就会导致物价上涨，会引起通货膨胀。

（三）后此谬误

后此谬误是指在考察因果关系时，因为A事件发生在B事件之前，而认为A事件引发了B事件。事实上，观察到事件A在事件B之前发生的事实并不一定能够证明A事件为B事件发生的原因。认为“在此事件之后”便意味着“因为此事件”可能犯了后此谬误。例如，临近春节前，蔬菜、肉类和水果等价格往往会上涨，如果认为是这些食物的价格上涨引起春节的到来，这就犯了后此谬误的错误。事实上，是春节引起人们对食物的需求增加，从而导致价格的上涨。

第二节　马克思主义政治经济学

一、马克思主义政治经济学形成的4个阶段

卡尔·马克思（Karl Marx）在《资本论》第一卷法文版序言中写道：“在科学上没有平坦的大道，只有不畏劳苦沿着陡峭山路攀登的人，才有希望达到光辉的顶点。”这段光彩夺目的名言，也是马克思致力于经济学研究的真实写照。

对资产阶级政治经济学的批判，是马克思创建无产阶级政治经济学的起点；批判资产阶级政治经济学的过程，也就是马克思创立无产阶级政治经济学的过程。在这一过程中，马克思在许多研究领域取得了独特的发现。弗里德里希·恩格斯（Friedrich Engels）曾经概括马克思在科学上最为伟大和重要的两个发现：一是创立了唯物史观，揭开了人类历史之谜，发现了人类社会历史发展的客观规律，实现了社会历史观的根本变革；二是创立了剩

余价值理论，揭示了资本主义剥削的秘密，发现了资产阶级社会产生、发展和必然灭亡的规律，实现了政治经济学的根本变革。

马克思经济理论体系包括它的各个理论、方法论、结构，经历了一个从不成熟到成熟的过程。根据以劳动价值论为基础的剩余价值理论（这是马克思经济理论体系的核心问题）的成熟程度，以及科学方法论的确立，可以把马克思经济理论的形成划分为 4 个阶段。

第一阶段：马克思经济思想的萌芽阶段（1843～1849 年）。

马克思于 1842～1843 年在《莱茵报》工作期间，遇到了要对所谓物质利益发表意见的难事，这成为他研究经济问题的最初动因。1843 年 10 月，马克思定居巴黎，开始系统研究政治经济学。他系统地阅读了英、法等国的经济学著作，并在 1843～1847 年写了大量的摘要、札记、批注和评论性笔记。在这期间，马克思和恩格斯合作完成了《神圣家族》《德意志意识形态》《哲学的贫困》《雇佣劳动与资本》《共产党宣言》等著作。这些著作在方法论、研究对象和一系列基础原理上为政治经济学的深入研究和理论的初步形成奠定了最初的基础。特别是 1847 年发表的《哲学的贫困》，就经济思想而论，是马克思政治经济学理论第一次科学的表述。它论及唯物史的一些基本原理和政治经济学的一系列原理，规定了政治经济学的对象和方法，并在利润的形式上研究了剩余价值的来源，这标志着马克思的剩余价值理论的萌芽。

第二阶段：马克思经济理论的初步形成阶段（1850～1860 年）。

1849 年 10 月，马克思在欧洲革命失败后迁居伦敦。1850 年 9 月，马克思恢复了政治经济学的研究工作，重新阅读并广泛研究了政治经济学家的著作，写下了 24 本笔记，即《伦敦笔记》。1857 年 7 月至 1859 年 6 月，马克思为了总结十几年来经济学研究的成果，为即将到来的革命运动提供理论武器，写成了一部宏大的《经济学手稿（1857～1858 年）》。这一手稿的最大贡献在于：它第一次提出了科学的劳动价值论和剩余价值生产理论即狭义剩余价值论，它是《资本论》的最初草稿。在这一时期，马克思经济理论的基本观点已经确立，基本体系已经初步形成。

第三阶段：马克思经济理论的基本完成阶段（1861～1867 年）。

1861 年 8 月到 1863 年 7 月，马克思为继续写作《政治经济学批判》这部著作，又写成了一部篇幅巨大的、有 23 个笔记本的《经济学手稿（1861～1863 年）》，这部手稿完成了包括剩余价值生产、实现、转化、分割全部内容的广义剩余价值理论的创建，被称为《资本论》第二稿。1866 年 1 月 1 日，马克思对《资本论》第一卷文稿开始进行誊清和润色工作。1867 年 9 月 14 日，《资本论》第一卷德文版在汉堡由迈斯纳出版社出版。它的出版在政治经济学史上开创了一个新时代。这部被誉为“工人阶级圣经”的著作的出版，是无产阶级政治经济学产生的标志。

第四阶段：马克思经济理论的进一步完善和发展阶段（1867～1883 年）。

马克思在 1867～1880 年，一方面对《资本论》第一卷德文版进行了修订，出版了第 2 版，并为第 3 版做了准备工作；另一方面，着手修订《资本论》第二卷和第三卷，对一些经济问题做了进一步研究。1883 年，马克思逝世后，马克思的《资本论》第四卷手稿第一次由卡尔·考茨基（Karl Kautsky）于 1905～1910 年分 3 卷 4 册出版。1867～1883 年，马克思通过《资本论》第一卷的再版和第二卷、第三卷的修订，使政治经济学的一些理论得到了进一步完善，并在其后得以发展。第二卷主要研究的是资本的流通过程和剩余价值的实现，是第一卷理论逻辑的继续，也是第三卷的内容的引言。第三卷主要揭示和阐明资本主义生产总过程的各种具体形式及其相关连带问题。恩格斯把第二卷、第三卷的出版比喻为“雷鸣闪电”，至此，“马克思的政治经济学理论成果完整地呈现在世人面前”。

二、经典马克思主义政治经济学的基本成就

经过历史检验的经典马克思主义政治经济学在当代仍然具有意义，主要表现为以下 4 个方面的成就。

1）它坚持以劳动者本身为经济学研究的对象，坚决捍卫人在生产力面前的主体地位和发展生产力上的主导性力量，抨击一切以人类不合理牺牲为代价的发展经济方法、制度和模式。这是马克思主义人性光辉在经济学上的体现。与此同时，它又不完全以阶级好恶来评价资产阶级的行为，而是坚持甚至主要坚持以时代发展要求为标准来看待资产阶级的历史性作用，以灵活态度对待农民等中小资产阶级。它不仅在价值上坚持劳动者尤其是无产阶级的主体性，还在方法上坚持根据生产力发展的进展来谈人类主体的意义、人类主体解放的方向及其阶段性，并竭力追求客观性和主体性的辩证统一。

2）它坚持以对经济学的基本解释为基础，揭示社会发展各领域的相互作用和相互关系，揭露资本主义现实各类虚假的社会观念，目的是希望形成一种指导思想，既能指导社会全面均衡发展，又能从关键环节入手推动社会发展。

3）它竭力根据现实的发展变化，不断修改自己的理论，承认自己在理论上的相对不足。

4）它虽然在价值上有否定当时现实资本主义的一般倾向，但它在根据理论指导现实行动时，总是根据现实条件来部分地贯彻自己的理论，并没有坚持要无条件地实现所谓的一般结论或拒绝采取一定的妥协，力求在现实社会、政治运动中，提高劳动者的组织性、觉悟，并改善劳动者的经济条件和政治地位。

三、马克思主义政治经济学的主要内容

经典马克思主义主要从生产力和生产关系的辩证关系的角度来看待文明的发展，包含资本主义的发展变化规律。总之，经典马克思主义政治经济学的积极性意义在于，从劳动者的立场看待资本主义经济发展及其问题，自然容易凸显资本主义经济需求不足、劳资矛盾和经济的周期性等弊端，容易促进工人觉醒和阶级团结。由此，在马克思主义指导或影响下欧洲大陆持续的工人运动，逐渐促使资本主义更加民主化和国家对经济进行有力调节，并促使西方正统经济学中混合经济思想的形成。因此，仅从西方经济发展的实际情形来看，马克思主义政治经济学有其独特价值。

（一）马克思主义政治经济学的研究对象

物质资料的生产是政治经济学研究的出发点。

1. 物质资料的生产是生产力和生产关系的统一

人类的生产活动是最基本的实践活动，是决定其他一切社会活动的东西。物质资料的

生产是人类社会生存和发展的基础。

2. 物质资料生产的总过程

物质资料的生产过程是一个经济运动过程。作为政治经济学研究对象的生产关系，具体体现在经济运动的各个环节上。因此，我们必须从物质资料生产总过程的各个环节来说明生产关系内在的一般关系。

物质资料生产的总过程，是由生产、分配、交换、消费 4 个环节组成的有机整体。生产是起点，消费是终点，分配和交换是连接生产与消费的中间环节。生产、分配、交换、消费互相制约、互相依赖，构成生产总过程的矛盾运动。

（二）马克思主义政治经济学的任务

马克思主义政治经济学既然以生产关系作为自己的研究对象，它的任务必然是通过对生产关系的研究，揭示各种生产关系产生、发展和变化的规律——经济规律。

经济规律是关于生产关系运动变化的规律，它是经济现象之间内在的、本质的、必然的联系。除了个别的在一切社会形态里都起作用的经济规律，经济规律都是历史规律。

经济规律同自然规律一样，具有客观性，即经济规律的产生和发挥作用，不以人的意志为转移。人们可以充分发挥自己的主观能动性，自觉利用经济规律，按照经济规律的要求来规划自己的行为，即通常所说的按照经济规律办事，克服工作中的盲目性，提高自觉性，以较快地实现预定的目标。

经济规律按它们发生作用的经济条件，大体上可以分为 3 类。①在一切社会经济形态中均发生作用的一般经济规律。②商品生产的基本规律——价值规律，在这些社会形态里都存在并发生作用。这种在某几个社会形态里都存在并发生作用的经济规律，一般称为共有经济规律。③只在某一种社会经济形态里发生作用的经济规律。剩余价值规律、资本积累规律只能在资本主义社会存在，而按劳分配规律只能在社会主义社会发生作用。这种只在某一个社会形态里存在并发生作用的经济规律，称为特有经济规律。

在一个社会形态里会有多个特有经济规律存在并发生作用，它们和共有经济规律一起构成该社会经济制度的规律体系。

（三）马克思主义政治经济学的基本知识

1. 商品

（1）商品二因素

商品二因素：使用价值和价值。商品是使用价值和价值的矛盾统一体。商品的使用价值和价值的统一性是互相依存、互为条件的。这主要表现在以下方面：①任何物品如果没有使用价值，就没有价值，因此不是商品；②未经人类劳动创造的物品虽有使用价值，但没有价值，不能称为商品；③有些物品虽有使用价值，也是劳动产品，但不是为了交换，而是用于自己的消费或无偿提供给别人消费，因此也不是商品。任何商品必须同时具有使用价值和价值两个因素。

商品的使用价值和价值既是统一的，又是互相矛盾的，即二者是相互对立、相互排斥的。这主要表现在：①使用价值是商品的自然属性，价值是商品的社会属性，它体现商品生产者相互交换劳动的社会关系；②商品的使用价值和价值对于生产者及购买者来说，只能实现其中一种属性，不能同时两者兼而有之；③商品使用价值和价值的矛盾只有通过交换才能解决，一旦交换失败，就意味着商品价值不能实现，使用价值不能进入消费，商品的内在矛盾也就充分暴露出来。

（2）劳动二重性

劳动二重性：具体劳动和抽象劳动。商品是由劳动创造的。商品二因素是由劳动二重性决定的。生产商品的劳动，一方面是具体劳动，另一方面是抽象劳动。

具体劳动同物质要素相结合，创造使用价值。作为创造使用价值的具体劳动是人类生存和社会发展的基础与条件，是不以社会形态的变化为转移的。

抽象劳动形成商品价值。抽象劳动是劳动的社会属性，反映商品生产者之间的社会关系，是社会劳动在商品生产中的特殊形式，同价值一样是一个历史范畴。

具体劳动和抽象劳动是生产商品同一劳动的两个方面，而不是两次支出的劳动。具体劳动创造使用价值，它解决的是人与自然之间的物质交换，但它并不是所生产的使用价值的唯一源泉。抽象劳动形成价值，它体现的是人与人之间的社会关系，它是创造价值的唯一源泉。

生产商品的劳动二重性，首先是由马克思发现并加以科学论证的。劳动二重性学说的创立使劳动价值理论建立在科学基础上，并为剩余价值理论的创立提供了理论前提。它是理解政治经济学的枢纽。

（3）商品价值量

商品的价值有质的规定性和量的规定性两个方面。从质的规定性来讲，它是物化在商品中的抽象劳动，是无差别的人类劳动的凝结。从量的规定性来讲，它是由实现在商品中的劳动量决定的。劳动量又是由劳动时间来衡量的。

若要考察商品价值量的规定性，则必须研究以下几个问题。

1）个别劳动时间与社会必要劳动时间。商品价值量不是由个别劳动时间决定的，而是由社会必要劳动时间决定的。个别劳动时间是指个别商品生产者生产某种商品实际耗费的劳动时间。商品价值量只能由社会必要劳动时间决定。社会必要劳动时间是指在现有的社会正常的生产条件下，在社会平均的劳动熟练程度和劳动强度下制造某种使用价值所需要的劳动时间。

个别劳动时间与社会必要劳动时间的矛盾运动，对于商品生产者的成败具有决定性的意义。如果某个商品生产者的个别劳动时间等于社会必要劳动时间，他生产的商品按社会必要劳动时间决定的价值量进行交换，那么他生产这个商品所耗费的劳动就会得到完全的补偿；如果个别劳动时间高于社会必要劳动时间，他生产的商品也只能按社会必要劳动时间决定的价值量进行交换，那么他生产这个商品所耗费的劳动就有一部分得不到补偿，在竞争中处于不利地位；如果个别劳动时间低于社会必要劳动时间，他生产的商品按社会必要劳动时间决定的价值量进行交换，那么他生产这个商品所耗费的劳动不仅能全部得到补偿，还可以得到更多的收益，在竞争中处于有利的地位。

2）简单劳动和复杂劳动。简单劳动是指在一定社会条件下，不需要专门训练和学习，一般劳动者都能胜任的劳动。复杂劳动是需要经过专门训练和学习，有一定技术专长的劳动。

简单劳动和复杂劳动在同一时间内所创造的价值是不同的。在商品交换中，不仅要把不同的具体劳动还原为抽象劳动，而且要把复杂劳动还原为简单劳动。简单劳动与复杂劳动的区别是相对的。随着科学技术的发展及文化教育水平的提高，过去的复杂劳动，现在可能成为简单劳动。整个社会区分复杂劳动和简单劳动的标准会不断提高。

3）劳动生产率和商品价值量。劳动生产率是指具体劳动生产使用价值的能力或效率。劳动生产率的高低取决于多种因素：劳动者的平均熟练程度，生产过程的社会组织，科学技术的发展及其在生产中的应用程度，生产资料的规模和效能，各种自然条件，等等。

无论劳动生产率怎样变化，同一劳动在同一时间内所形成的价值总量是相同的。劳动生产率的变化只影响单位商品内包含的价值量。商品价值量与体现在商品中的劳动的量成正比，与这一劳动的生产力成反比。

（4）简单商品生产的基本矛盾：私人劳动和社会劳动的矛盾

在以私有制为基础的简单商品生产条件下，生产商品的劳动，既是私人劳动，又具有社会劳动的性质，这是由商品生产赖以存在的基本条件决定的。商品生产者之间总是互相联系、互相依存的。每个商品生产者的劳动都是社会总劳动的一部分，生产商品的劳动又具有社会劳动的性质。

私人劳动的产品是否在品种和数量上符合社会需要，只有通过市场的商品交换，把商品卖出去后，他的私人劳动才被社会所承认。在资本主义商品经济中，私人劳动和社会劳动之间的矛盾发展为生产社会化和资本主义私人占有形式之间的矛盾，成为资本主义一切矛盾的总根源。

2. 货币

（1）货币的本质

货币是商品经济发展到一定阶段的必然产物，是商品内在矛盾发展的结果。货币的本质在于它是固定地充当一般等价物的特殊商品。它作为价值的代表，用来表现一切商品的价值。货币作为商品，同普通商品一样，具有使用价值和价值；但它又和普通商品不同，是充当一般等价物的特殊商品，即货币商品。

货币的出现使商品的一系列内在矛盾外在化了。内在于商品中的使用价值和价值、具体劳动和抽象劳动、私人劳动和社会劳动的矛盾，在简单价值形式中表现为商品与商品的外部对立，现在发展为商品与货币的外部对立。整个商品世界划分为两极：一极是各种各样的具体商品，另一极是货币。一切商品只有转化为货币，它的价值才得以实现。货币使商品生产者之间发生密切的联系，体现了商品生产者之间的经济关系。

（2）货币流通规律

1）金属货币流通规律。在一定时期内流通中所需的货币量是有规律的。决定商品流通所需货币量的因素有 3 个：①待实现的商品量；②商品的价格水平；③货币流通速度。前两个因素的乘积就是商品价格总额。

流通中金属货币量的增加或减少，不会引起商品价格的下降或上升。当金属货币量超过商品流通需要量时，一部分货币就会退出流通而成为储藏手段；反之，货币则自动进入流通。

2）纸币流通规律。纸币流通规律是以金属货币流通为基础的。

如果纸币发行量超过流通中所需要的金属货币量，意味着纸币所代表的价值或象征的社会劳动会变小，即发生货币贬值。在货币贬值的条件下，同样价值的商品，其价格会表现为更多的货币量。在资本主义社会，国家往往利用通货膨胀作为刺激经济发展和降低工人实际工资的手段。

如果纸币发行量少于流通中所需要的金属货币量，就可能有一部分商品因缺少流通手段而不能流通，从而导致通货不足、货币升值，进而引起物价持续下跌。这就是一般意义上的通货紧缩。

3. 价值规律及其作用

（1）价值规律

价值规律是商品经济的基本规律。凡是有商品生产和商品交换的地方，价值规律就客观存在并发生作用。

价值规律的基本内容和要求是：商品的价值由生产商品的社会必要劳动时间决定，商品交换按照由社会必要劳动时间决定的价值量进行。

在货币出现以后，用货币来表现商品的价值就是商品的价格。价值规律要求商品按等价原则进行交换。但是，这并不意味着在每次商品交换中价格与价值都是完全一致的。在实际的商品交换中，价格与价值一致反而是偶然的，价格与价值不一致才是经常的。这是因为价格虽然以价值为基础，但还要受多种因素的影响，特别是要受市场供求关系的影响：当某种商品供不应求时，购买者便争相购买，而销售者待价而沽，这必然会使价格上涨到价值以上；当某种商品供过于求时，商品生产者竞相求售，价格便随之下跌到其价值以下。随着供给和需求关系的不断变化，商品价格不断地和价值发生着上下偏离。

商品价格与价值偏离的现象，实质上是价值规律发生作用的结果，是价值规律作用的表现形式。这是因为：①商品价格的涨落总是围绕价值这个中心进行的；②从商品交换的较长时期来看，同一种商品的价格，时而高于价值，时而低于价值，其涨落部分可以相互抵消，因此它的平均价格同价值是一致的；③从不同商品的不同价格的涨落来看，无论价格怎样涨落，总是以各自的价值为基础。由此可见，价格背离价值，价格受供求关系的影响而自发地围绕着价值上下波动，并不是对价值规律的否定，而正是价值规律发生作用的表现形式。

（2）价值规律的作用

在不同社会制度下，价值规律对商品生产和商品交换的作用是不完全相同的。

在私有制商品经济条件下，价值规律有如下作用。

1）价值规律自发地刺激社会生产力的发展。

2）价值规律自发地调节社会劳动在社会生产各部门的分配。

3）价值规律促使商品生产者两极分化。

4. 劳动价值论在新时代的深化与发展

深化对创造价值的劳动的研究和认识，具体要求如下。①要拓展对创造价值的劳动种类的认识。总体工人创造价值。总体工人的范围不断扩大，知识劳动、服务劳动、管理劳动和交易过程中的劳动同物质生产领域的劳动一样，都是社会总体劳动的重要组成部分。②要拓展创造价值的领域。创造精神财富的劳动同创造物质财富的劳动一样，都是创造价值的劳动。因此，要向非物质生产领域拓展。③要正确认识价值创造与财富生产的关系。价值的创造不是孤立地进行的，总是与财富的创造过程结合在一起的。但价值创造与财富生产又是不完全等同的：在质上，只有劳动与其他生产要素相结合才能创造出财富，而价值是人类劳动的凝结；在量上，二者并不是同比例增长的，财富的增长与生产力水平及劳动生产率水平的提高成正比，价值的增长不一定与财富的增长成正比。

面对社会主义市场经济的新情况，同样要结合现代资本主义经济新现象、建设社会主义经济的新任务，来运用和发展马克思劳动价值论。劳动价值论与时俱进，既是马克思主义应具有的理论品质，又是时代发展和建设实践的要求。

（1）从局部劳动到总体劳动

在丰富劳动内涵的基础上，扩展生产劳动的外延，把生产市场所需要的商品与劳务的劳动都确认为创造价值的劳动，这是深化对社会主义社会劳动和劳动价值论研究的重要内容。马克思所处的历史时期，非物质生产领域及其资本主义生产关系还不发达，因此他主要以物质生产领域里的资本主义生产方式和交换方式为研究对象，而把非物质生产领域及其生产方式和交换方式舍掉。另外，虽然马克思也认为非物质生产领域的劳动只要采取资本主义生产方式，为资本家生产剩余价值，就是资本主义生产劳动，但由于当时非物质生产劳动大多数并不采用资本主义的生产形式，在数量上与物质部门相比显得微不足道的非物质生产领域的生产劳动也就被舍掉了。

随着社会分工和协作的发展，非物质生产领域从物质生产中分离出来，而且规模越来越大，生产劳动的领域也相应扩大。产品从个体生产者的直接产品转化为社会产品，转化为总体工人及联合劳动人员的共同产品；总体工人的各个成员较直接或较间接地作用于劳动对象。在联合劳动的条件下，直接对劳动对象进行加工的操作工人的劳动是生产劳动，各种辅助工人的劳动也是生产劳动；生产第一线的工人的劳动是生产劳动，远离第一线的科室人员的劳动也是生产劳动；在车间从事体力劳动的工人的劳动是生产劳动，从事脑力劳动的各种管理人员、科技人员的劳动也是生产劳动。生产劳动的概念大大扩展。

另外，随着市场范围的不断扩大和市场机制的日益完善，越来越多的企业内部分工逐渐外部化，导致生产的迂回线路拉长，劳动形式从个体形式转化为社会形式，直接产品转化为社会产品。生产劳动和它的承担者——生产工人的概念也必然随之扩大，出现从个体的局部劳动向企业内部总体工人，再向社会总体劳动的发展趋势。把创造价值的劳动定义为社会总体劳动，能够更全面地反映迂回生产中价值的形成过程。

（2）深化对劳动形式的认识

价值的存在形式与商品的物的实在性其实并没有任何关系，凝结在社会所需的商品和劳务中的劳动都是生产劳动。判断一种劳动能否创造价值的标准，应当包括 4 个方面的内容：①这种劳动的产品具有使用价值，同时又是交换价值的承担者；②这种劳动的产品有抽象人类劳动的体现或物化在里面；③这种劳动的产品必须进入交换领域，成为商品；④这种劳动所生产的商品的价值量，是由生产该商品的社会必要劳动时间决定的。根据这4条标准，知识劳动、管理劳动和服务劳动都能创造价值，知识产品和服务产品都具有价值。在市场所需要的产品或劳务上凝结了人类劳动，就创造了价值。仅从物质产品的角度来划分生产劳动，而把从事知识产品和服务产品的劳动及管理劳动等排除在创造价值的劳动之外，并不符合马克思劳动价值论的发展要求。随着第三产业尤其是高科技在国民经济和社会生活中作用的不断强化，我们不可能再把上述这些劳动继续置于创造价值的劳动领域之外。

1）知识劳动创造价值。在知识经济时代，知识的创新、传播和应用是现代生产过程中的重要环节，知识劳动是社会总体劳动的重要组成部分。在市场经济条件下，作为商品来生产和交换的知识产品同样具有使用价值、价值及交换价值。知识产品能够满足人们生产和生活需要的功能，就是它的使用价值；知识产品生产过程中所耗费的一般人类劳动形成价值实体；知识产品的价格就是交换价值。高智力性知识劳动是一种高熟练、高强度的劳动，它可以创造价值，在特定社会形式下，它还可以创造剩余价值，并体现为创新知识产品的高价值。

2）服务劳动创造价值。服务劳动领域的外延大体包括第三产业中除知识劳动以外的各个部门。服务生产领域的劳动者在提供特殊形态使用价值时所耗费的体力、脑力也可以形成价值。马克思使用的“物化”概念本质是“对象化”，劳动“物化”是指商品生产中的抽象人类劳动这一商品关系的“对象化”，体现于作为使用价值的一个劳动生产“物”或“对象”之中，并表现为这一个“物”或“对象”所拥有的价值规定性。

劳动力商品的使用价值是劳动的价值增值功能。劳动者生产出来的满足各种社会需要的多品类商品体的属性都是使用价值。

3）管理劳动创造价值。管理人员也是社会总体劳动工人的一部分，管理劳动是社会总体劳动的有机组成部分。集体劳动是人类生产劳动的一般形式。管理劳动实际上是一种高投入、高产出、高风险的劳动，因此，管理者仍属于劳动者。只是他的劳动比一般劳动者的劳动具有更大的能动性、复杂性和创造性，对企业的影响也更为深远。当资本家在生产过程中作为劳动的管理者和指挥者出现时，这种劳动是增加产品价值的劳动。在现代生产中，管理劳动和其他生产劳动一样，是生产过程的劳动要素，管理劳动与直接生产工人的劳动一起形成新的价值。更重要的是，管理者能够把分散的劳动者组织起来从事集体劳动。显然，管理劳动比个体劳动能够创造出更多的价值，也更有效率。

四、马克思主义政治经济学的当代意义

当前对马克思主义政治经济学的讨论，一方面，是在理论上继续围绕如何理解和发展马克思主义政治经济学，进而如何处理其与西方经济学的关系展开的；另一方面，可以看作是经济学界为完善社会主义市场经济进行的反思和努力。

当然，对社会发展道路进行必要的反思，是任何一个面临挑战和有所发展的社会都必然会发生的。例如，中国革命和社会建设中的每一阶段的每一次重大变化，都是基于对以

往发展道路的反思。当前，我国已进入全面推进我国现代化发展——全面建设小康社会或达到中等发达国家的关键阶段，改革也进入制度全面重塑的关键时期。可以说，我国的发展和改革进入决定性的攻坚阶段。未来如何发展，不仅将决定我们能否比较快地跨入现代社会，还将决定我们以什么样的方式跨入现代社会。因此，当前对作为中国共产党根本指导思想的马克思主义，特别是其政治经济学进行全面系统的深刻反省是迫切的。一部分是因为在马克思主义政治经济学具体领域的争论一直难以达成共识，同时对加深人类发展的全面理解也是必需的。正因为如此，进一步加强对马克思主义政治经济学的理论研究，丰富科学发展观在经济方面的内容是非常必要的。因为只有对马克思主义政治经济学有一个比较正确的理解，全面权衡其利弊得失，才能给它一个比较准确的定位，才能使我国的经济改革有一个比较明确的指导思想。当然，我们认为马克思主义政治经济学的优点和不足两个方面都有同样的参考价值。因此，需要从理论上、从理论和现实相结合的基础上，对马克思主义政治经济学进行全面分析。

中国共产党把马克思主义政治经济学与中国社会主义革命、建设和改革开放实际紧密结合并取得了丰富的理论成果，积累了丰富的经验。总结和把握中国共产党在创新马克思主义政治经济学上积累的经验，对于指导新时代中国特色社会主义伟大事业，对于马克思主义政治经济学创新和发展，都具有非常重要的意义。

（一）要坚持马克思主义政治经济学基本原理的指导

坚持和发展马克思主义政治经济学，坚持马克思主义政治经济学在我国革命、建设和改革开放中的指导地位，是由马克思主义政治经济学的科学性和阶级性决定的，是中国共产党的性质和历史使命决定的。

马克思、恩格斯运用唯物辩证法和历史唯物主义，以资本主义生产关系为主要研究对象，确立了科学的劳动价值理论和剩余价值理论，同时也揭示了一般商品经济的基本原理。马克思和恩格斯对未来社会经济制度进行了预测和揭示。列宁在社会主义建设道路上进行了有益的探索，取得了一系列的理论成果。马克思主义立场、观点和方法成为工人阶级政党领导革命和建设的指导思想。

中华人民共和国成立后，中国共产党坚持以马克思主义政治经济学基本原理来指导社会主义革命、社会主义建设和改革开放伟大实践。中国共产党坚持社会主义公有制不动摇，坚持按劳分配制度不动摇，坚持人民主体地位不动摇，在风云变幻的复杂国际环境和不断变化的国内环境下，保证社会主义性质和社会主义方向不变化，保证社会主义经济建设不偏离正确发展轨道。当然，中国共产党根据中国的实际情况，提出了社会主义初级阶段理论，指出我国正处于并长期处于社会主义初级阶段，党和国家的中心工作是进行社会主义经济建设。因为我国生产力水平比较低且发展不平衡，所以我国在生产资料所有制和收入分配制度等方面进行了改革，鼓励支持非公有制经济发展，允许多种分配方式存在。但是必须保持公有制的主体地位，坚持按劳分配的主体地位。

中国特色社会主义进入新时代，社会主要矛盾发生新的变化，经济发展进入新常态，经济由高速增长阶段转向高质量发展阶段，要推进供给侧结构性改革，部署经济发展新战略。经济建设任务艰巨，利益格局正在调整，体制机制改革进入攻坚阶段。面对新的形势、新的使命和任务，必须保持战略定力，坚持底线思维，就是要坚持马克思主义政治经济学的指导地位，不断探索公有制的实现方式，探索公有制与社会主义市场经济结合方式，不断以经济发展和改革的成就巩固公有制的主体地位。继续探索按劳分配和按生产要素分配结合的有效形式，达到公平和效率的真正统一。马克思主义政治经济学指导下的经济发展和改革成就使社会主义制度的优越性不断呈现出来，经济发展和改革成就彰显了马克思主义政治经济学强大的生命力。

（二）只有在建设、改革开放实践中才能发展马克思主义政治经济学

习近平总书记在十八届中央政治局第二十八次集体学习时的重要讲话中指出："马克思主义政治经济学是马克思主义的重要组成部分，也是我们坚持和发展马克思主义的必修课。"马克思主义最伟大的理论贡献之一就是要立足于实际进行不断的创新和发展，中国共产党也是在进行社会主义革命、建设和改革开放的实践中进行马克思主义政治经济学的发展和创新的。

中国社会主义建设和改革开放实践提出创新与发展马克思主义政治经济学的任务。理论来源于实践，理论是在解答实践提出的课题中形成的。马克思主义政治经济学在中国的发展历程已经证明了这一理论是在实践中得到不断发展的。中华人民共和国成立后，我国生产力水平低且城乡、地区、行业发展不平衡，马克思、恩格斯等设想的社会主义存在的条件在中国不完全具备。在这种情况下，社会主义社会是否存在商品生产和商品交换，这是实践提出的重大课题。以毛泽东为核心的党的第一代中央领导集体，在坚持马克思主义基本原则的基础上，认真吸取苏联的经验教训，结合中国的实际情况，认为只要存在两种不同的公有制形式，商品生产和商品交换就是必要和有用的，就要尊重价值规律。第十二届三中全会明确提出我国社会主义经济是公有制基础上的有计划的商品经济，商品经济的充分发展是社会经济发展不可逾越的阶段。社会主义决定了要坚持公有制，但在生产力水平比较低的情况下，要满足人民群众日益增长的物质文化的需要，仅仅依靠发展公有制经济是不够的，是否发展非公有制经济，这是实践提出的重大课题。中国共产党总结了正反两个方面的经验教训，形成了社会主义初级阶段基本经济制度理论，以公有制为主体、多种经济成分共同发展。长期坚持的计划经济造成体制机制僵化，使中国共产党对经济体制问题进行重新审视，计划经济和市场经济是否具有制度属性，社会主义能否搞市场经济，这是实践提出的重大课题。以邓小平为核心的党的第二代中央领导集体，总结国内经验教训并借鉴发达国家的实践，提出了社会主义市场经济理论。诸如此类，很多重大经济理论创新是在回答实践提出的课题中形成的。

社会主义革命、社会主义建设和改革开放伟大实践又以鲜活丰富的理论成果丰富和发展了马克思主义政治经济学。顶层设计和基层互动，人民群众具有开创性的实践活动，形成各具特色的做法，如承包制、所有权和经营权的分离、个体经济和私营经济的发展、市场作用的发挥等，创造了多样的发展模式并积累了丰富的经验。广大理论工作者不断总结和研究，中国共产党凝聚全党和全国人民的智慧，形成了指导经济建设的理论成果，丰富和发展了马克思主义政治经济学。当然，在实践中发展马克思主义政治经济学也是解放思想、冲破各种阻碍的过程。在新时代中国特色社会主义实践中，在中华民族伟大复兴中，

应继续解放思想，在实践中勇于探索，不断总结人民群众在实践中创造的经验，形成系统理论，开创马克思主义政治经济学新境界。

马克思主义政治经济学理论创新和中国特色社会主义实践创新是辩证统一的。马克思主义政治经济学理论创新指导和推动中国特色社会主义伟大事业不断创新与发展，不断创新和发展的中国特色社会主义伟大实践又不断以其丰富的经验和理论成果推动马克思主义政治经济学的创新和发展。马克思主义政治经济学理论创新和中国特色社会主义实践创新统一于全面建成小康社会、实现中华民族伟大复兴、建设社会主义强国的伟大事业之中。

（三）要坚持以人民为中心的立场

人民群众是历史的创造者，这是历史唯物主义的基本观点。马克思主义政治经济学的阶级性和中国共产党全心全意为人民服务的宗旨决定了创新马克思主义政治经济学必须坚持以人民为中心的基本立场。

创新和发展马克思主义政治经济学必须以满足人民群众对物质文化需求、对美好生活需要和维护人民利益为出发点。社会主义革命、社会主义建设和改革开放是中国共产党为了中国人民当家作主、过上幸福生活而进行的伟大实践。在实践中创新的政治经济学也是维护人民群众利益的理论体现。社会主义初级阶段基本经济制度理论，就是坚持社会主义方向，发挥各种经济成分的积极性，使创造社会财富的能量和潜力充分发挥出来，促进生产力不断发展，生产出丰富的物质文化产品。伴随生产发展的是人民群众收入水平的提高，最终会满足广大人民群众日益增长的美好生活需要。社会主义初级阶段分配理论也是要维护人民群众的利益，通过实现初次分配公平保障劳动者在分配中的利益不受侵犯，通过实现再分配的公平保障社会弱势群体的生存权和发展权，实现社会公平。社会主义市场经济理论的确立，也是为了改革阻碍生产力发展的经济体制，解放和发展生产力，从而更好地繁荣和发展经济，满足人民群众日益增长的美好生活需要。共享发展理念，就是坚持经济社会发展和改革成果由人民群众共享的理想和信念。总之，创新和发展马克思主义政治经济学就是为了更好地指导经济建设和改革开放，解放和发展生产力，使人民群众有更多的获得感和幸福感。

创新和发展马克思主义政治经济学要紧紧依靠人民群众。人民群众是社会主义革命、社会主义建设和改革开放的主体，是推动社会变革和发展的依靠力量。人民群众的智慧是无穷的，人民群众首创精神是宝贵的社会财富。小岗村的土地承包拉开了中国农村改革的序幕，个体经济和私营经济的发展使党和政府看到了非公有制经济在社会主义初级阶段对生产力的推动作用。股份制和股份合作制的发展使党和政府认识到公有制与公有制实现形式的不同，提出了公有制实现形式多样化的论断。离开人民群众的支持和参与，中国的革命、建设和改革开放事业将寸步难行。在中国特色社会主义新时代，中国共产党应该继续坚持以人民群众为中心的立场，凝聚人民群众的智慧和力量，依靠人民群众克服前进道路上遇到的艰难险阻，以经济发展成就和改革成果不断满足人民群众对美好生活的需要。同时，不断凝练人民群众实践创造的经验，创新更多理论成果，推动马克思主义政治经济学在中国得到快速发展。

（四）要重视马克思主义政治经济学的研究和宣传

要坚持马克思主义在意识形态领域的指导地位加强对马克思主义政治经济学的理论研究和宣传。实践证明，什么时候重视马克思主义政治经济学的研究和宣传，什么时候马克思主义政治经济学的发展就快一些，成果就多一些。曾经在一段时间，忽视马克思主义政治经济学的研究和宣传，认为马克思主义政治经济学对搞社会主义市场经济指导不强。在高校，马克思主义政治经济学有被边缘化的倾向，一些学校大规模地缩减马克思主义政治经济学的相关理论课程，造成该学科课程种类少、学分低，师资教学力量薄弱，这样的情况容易使校内学生忽视该学科的学习。党的十八大以来，党中央高度重视马克思主义的指导地位，习近平总书记多次提出要坚持和发展马克思主义政治经济学，及时纠正不重视马克思主义政治经济学研究和宣传的不正确做法。在党中央的重视和倡导下，理论界高度重视马克思主义政治经济学的研究和宣传，高校也很重视马克思主义政治经济学课程的开设。今后，应该继续加强马克思主义政治经济学的教学，加大马克思主义政治经济学的研究和宣传力度，特别是重视研究和宣传中国特色社会主义政治经济学，使马克思主义政治经济学不断中国化、大众化，使马克思主义政治经济学在解释和回答中国现实问题时更具说服力，更能被人民群众所接受。

当然，在研究和宣传马克思主义政治经济学的时候，不能排斥西方发达国家在发展市场经济过程中创造的优秀文明成果，应该学习借鉴并注意吸收。马克思主义政治经济学就是在吸收借鉴前人和同时代经济学家优秀成果的基础上建立起来的。资本主义在马克思、恩格斯逝世后 100 多年的发展过程中，不但取得了很大的经济成就，而且创造和形成了一系列经济理论。我们在坚持和发展马克思主义政治经济学的过程中，要注意学习和借鉴其他国家特别是西方发达国家经济学研究的积极成果；在教学中要处理好马克思主义政治经济学和西方经济学的关系，秉持理智的态度来进行研究和运用。

第三节　实践讨论课：马克思主义政治经济学的时代性

议题设置一：劳动力商品的价值决定理论是否过时

劳动力商品作为商品也具有使用价值和价值二因素。劳动力的使用价值就是劳动力的消费过程，即劳动过程。劳动力商品的使用价值的特殊性，在于它是价值和大于自身价值的源泉，越用越有价值。劳动力的价值也要由生产和再生产劳动力所需要的社会必要劳动时间决定，这个社会必要劳动时间可以转化为消费一定量的生活资料的价值。劳动力的价值，是由生产、发展、维持和延续劳动力所必需的生活资料的价值来决定的，因此劳动力商品的价值包括 3 个部分：第一，维持劳动者自身生存所必要的生活资料的价值；第二，维持劳动者繁衍后代所必需的生活资料的价值（只有这样才能使这种商品在市场上永远存在）；第三，劳动者接受教育和训练所支出的费用。除此之外，劳动力商品的价值决定还具有特殊性，包含历史的、道德的因素。它的价值是一个变数，而不是一个常数。

案例：中国农民工的工资是否由供求关系决定

众所周知，随着我国城镇化进程的加快，大量农民离开农村来到城镇里务工和生活。根据国家统计局发布的数据，2021 年，全国农民工总量为 29 251 万人，比 2020 年增加 691 万人，增长 2.4%。其中，本地农民工为 12 079 万人，增长 4.1%，占农民工总量的 41.33%；外出农民工为 17 172 万人，增长 1.3%，占农民工总量的 58.67%。中国农民工因其庞大的队伍而成为特殊的群体，他们是中国城镇化进程中的后备军。据统计，2021 年农民工平均月工资是 4432 元，能够基本保证在城镇里生活的需要。为什么农民工得到的是 4432 元的月工资呢？这取决于劳动力价值。如果劳动力价值太低，货币工资太低，低于劳动力最低生存需要，农民工在城镇里根本无法维持生计，就会选择离开城市返回农村。

在西方经济学里，"分享工资理论"已经跨越 18 世纪末 19 世纪初的"生存工资理论"、19 世纪中叶的"工资基金理论"、19 世纪末 20 世纪初的"边际生产率工资理论"和 20 世纪中期的"劳资谈判工资理论"，成为主要的工资理论。分享经济增长的红利、分享企业发展的好处，已经成为民众的基本共识。在中国，很多人对工资的认识更多还停留在"生存工资"阶段。资本收益过分压低劳动报酬的例证是，工资总额占国内生产总值（gross domestic product，GDP）的比重一直在下降。根据 2021 年国家统计局和美国劳工部公布的数据，中国的人均可支配收入为 3.51 万元，而中国的人均 GDP 为 8.14 万元，中国的人均收入占人均 GDP 的比重约为 43%。如果按照人均可支配收入的中位数 3 万元来计算，则这个比重约为 37%；但这个比重在发达国家普遍较高。按照美国劳工部公布的数据，美国的人均收入约为 3.9 万美元，美国人均收入占人均 GDP 的比重约为 57%。也就是说，在我国 GDP 高速增长的时期，工资总额的增长却在下降。那么，这些钱都去了哪里？"生存工资"这个由古典经济学家斯密和李嘉图描述的理论，更多地揭示了资本主义原始积累时期的一个现实——从长远来看，在工业化社会中，工人的工资等于它的最低生活费用。也就是说，工资只能保持在维持其生存、使其勉强糊口的水平上。很多人甚至认为，正是这种"生存工资"成就了中国的竞争优势。在这种情况下，违反劳动力价值决定规律，以劳动力低成本优势参与国家竞争是不可持续的，中国的经济增长方式的转变也会遥遥无期。

启示：劳动力价值的最低限度就是劳动者本人最低限度的生活需要，低于这个需要，劳动者就不能生存下去。在现实生活中，劳动力价值的货币表现就是工资，而最低限度的生活需要就是"生存工资"。在我国，有相当一部分人群得到的就是"生存工资"，但如果按照供求决定价格的理论，这些人是拿不到工资的。因此，劳动力商品的价值决定理论没有过时。

（资料来源：根据网络资料整理改编。）

议题设置二：从包子的故事看供给侧结构性改革[①]

包子铺的现实情况：很多包子做出来了，但是卖不出去（通常说的内需不足或产能过剩）。

于是，从需求侧做文章，号召人们买包子，并促进包子外销。但从效果来看，人们买包子还是不踊跃，而且外销基本饱和。这意味着在需求侧做文章的空间已经不大。

于是，把目光转到了供给侧。一看供给侧，问题出现了。原来是包子做得有问题，好吃的包子有限，无法下咽的包子做了很多。这样，新的思路就有了。多做好吃的包子，少做或不做无法下咽的包子（即供给侧改革，发展新兴产业，提供适销对路的产品，去库存，消灭过剩的产能）。

这个思路对不对呢？当然对。

但谁也没想到的是，大量好吃的包子做出来了，结果销量还是没增加多少，很多人还是不买包子，而是买两个馒头配点咸菜吃。因为他们买不起，包子 10 元一个，一笼就是 100 元（夸张点，便于算账）。馒头 5 角一个，两个 1 元就搞定了。这看起来还是需求的问题。但需求的问题在哪？是价格，10 元一个包子实在太贵了。

于是，找到了老板："你的包子卖得这么贵，这怎么行啊？降降价，销路不就上去了吗？

但没想到，老板诉苦：他也知道包子贵，10 元一个包子人们不愿意买。这一个包子里，除去要交的税，原料中的面、肉、菜虽然不贵，但运费贵，物流成本约 1 元，房租 1 元，加上人工成本还有其他费用，一个包子才赚两角。所以他没法降价。

问题的症结在哪里呢？就在供给和需求的中间地带。这个中间地带的扭曲造成了企业生产的产品没有利润，消费者购买的产品也非常贵。

结论是什么？就是只有疏通中间，才能打开两侧（供给与需求）。

理解供给侧结构性改革，必须在全面把握宏观政策、产业政策、微观政策、改革政策、社会政策"五大政策支柱"和去产能、去库存、去杠杆、降成本、补短板"五大任务"的基础上，注重激活供给侧的"四大要素"，紧扣劳动力、资本、创新、政府 4 条主线推进供给侧结构性改革。

1）要着力优化劳动力配置。立足地区产业特色和优势，着力加快发展以旅游业、物流业为重点的现代服务业，引导更多劳动力向旅游业、物流业、现代农业等方向流动。积极抢抓国家新型城镇化综合试点契机，推进区域建设，深化户籍制度改革，引导农村剩余劳动力向城市有序转移，加强职业教育培训，提高劳动者素质。

2）要优化土地和资本配置。巩固农村土地确权登记工作成果，进一步完善市、县、乡三级共享土地承包信息管理平台，推进农村土地流转。加强基础设施投资，推进部分城建项目和公共服务向社会资本开放，提升资本使用效率。加大投资于人的力度，特别是对相对贫困地区的投入，全面提升群众幸福感。

3）要提升全要素生产率。推进大众创业、万众创新。强化产学研结合，提升产业创新能力，加快企业落后产能淘汰，化解产业产能过剩风险。规范各类融资行为，开展金融风

① 根据孙老师，2016. 让包子告诉你何谓供给侧改革[J]. 人生伴侣：上半月（5）：1 改编。

险专项整治，有效化解政府债务风险。

4）政府自身要落实供给侧结构性改革。着力转变政府职能，规范运营“中介超市”，清理各种不合理收费，帮助企业降低经营成本。推进行政综合执法体制改革、扩权强镇改革等，为经济发展松绑给力。进一步营造稳定连贯的政策环境、优质高效的政务环境、宽松和谐的社会环境。

议题设置三：“路径依赖”原理——铁轨轨距的由来

经济学上的“路径依赖”原理的含义是：有些事情当你做出第一个选择时，那么未来的道路就被不可逆转地决定了。最能说明“路径依赖”原理的例子就是铁轨轨距。美国使用的铁轨轨距是 4.85ft（1ft=0.3048m），这个数据是从何而来的呢？原来这是英国铁路的标准，因为美国早期的铁路是英国人设计建造的。那么，英国的标准又从何而来呢？答案是最初的英国铁路是由建电车轨道的人设计的，而 4.85ft，就是电车轨道的标准。

继续溯源，电车轨道的标准从何而来？原来最早是以马车的轮宽做标准的。那么马车的轮宽——这个 4.85ft 究竟从何而来？答案在古罗马人手里。4.85ft 正是古罗马战车的宽度。古罗马人为何使用 4.85ft 作为战车的轮距呢？答案就是 4.85ft 是两匹拉战车的马的屁股宽度。

1937 年，铁轨轨距的国际标准是 1435mm，这沿袭了美国 1835 年的规格。美国最早的铁轨承袭了英国的规格。据英国第一条蒸汽机推动的铁路设计师乔治•史蒂芬森（George Stephenson）的儿子罗伯特•史蒂芬森（Robert Stephenson）后来回忆说：1435mm 轨宽也不是他父亲定的，而是从家乡地区承袭来的。他说 1435mm 的轨宽没有任何科学理论上的依据，纯粹是因为已经有人在用了。

1937 年，国际铁路协会做出了统一的规定：1435mm 为国际标准轨距（以下简称准轨），1520mm 以上的为宽轨，1067mm 以下的为窄轨。世界上大约 60%的铁路采用准轨，不过即使到现在，世界上也还有 30 多种不同的轨距。中国现有铁路采用的是 1435mm 准轨。需要提醒的是，测量轨距宽度的轨距尺是《中华人民共和国计量法》规定的强制检定计量器具。

课后阅读

生活中的经济学

一名出租车司机谈起了他的生意经：“我做过精确的计算，我每天开车 17h，每小时的成本是 34.7 元……我每天要交 380 元，油费大概 210 元。如果一天开车 17h，平均每小时的固定成本 22.35 元交给公司，每小时的油费是 12.35 元。”

这名出租车司机接着说：“有一次，一个人打车去火车站，问怎么走。他说这么……这么走。我说这样走太慢，要先上高架桥，再这么……这么走。他说，这样走就绕远了。我说，没关系，你经常走你有经验，先按我的走法，等里程表显示 50 元了，我就翻表，你只给 50 元就好了。按你说的那么走要花 50min，我带你这么走只要 25min。最后，按我的走法，多走了 4km，快了 25min，我只收了 50 元。乘客很高兴，省了 10 元左右。这 4km 对我来说就是 1 元多的油钱，我相当于用 1 元多买了 25min。我刚才说了，我 1h 的成本为 34.7 元，我多合算啊。一般一个出租车司机一个月拿三四千元回家，做得好的大概 5000 元。我所在的公司有 2 万多个出租车司机，只有 2～3 个每月能拿到 8000 元以上，我就是其中的一个，而且很稳定，基本上不会有大的波动。”

（资料来源：根据网络资料整理改编。）

思 考 题

1. 简述稀缺性问题产生的原因。
2. 什么是微观经济学？
3. 简述价值规律。
4. 简述宏观经济学与微观经济学的关系。
5. 经济学研究中通常会犯的错误有哪些？
6. 简述马克思主义政治经济学的当代意义。

第二章 铁路运输与经济发展

知识目标

了解交通运输对经济发展的影响，理解运输经济学的概念，明晰运输基础设施的性质与经济特性；掌握铁路运输经济学的概念、铁路运输业的特点和铁路运输产品的特性；了解铁路运输经济学的研究前提、研究对象、研究内容、相关学科及运输经济学的形成与发展。

能力目标

能够运用铁路运输经济学的相关特性分析铁路运输对于国家经济发展、国防建设等的重要作用，能够分析影响交通运输经济性的因素及“春运经济学”等现象。

导入案例

火车在世界上的发明与应用

说到火车，有人认为火车只是一种交通工具。要知道它也是人类社会进步的一个标志性里程碑。火车的发明与创新，与所有其他发明一样，都是为了满足社会需要而问世的。

18 世纪初，随着社会生产力的发展，人们急需一种比马车装得多、跑得快的新型车辆。在这种状况下，英国人詹姆斯·瓦特（James Watt）发明了蒸汽机，这种机器比马的力气大多了，它一问世就引起人们的注意。有些人想将“大力士”蒸汽机装在车上，代替人力或者畜力来使车辆前进。说来有趣，这种大胆设想首先在军事上得到实现。当时，欧洲各国的军队为了满足作战需要，纷纷采用口径越来越大和射程越来越远的大炮。由于炮的重量不断增加，用人推马拉的办法很难保证大炮及时跟随部队作战。法国一位炮兵军官针对这一问题研制了用蒸汽机推动的蒸汽机车来牵拉，从而开辟了以机器为动力的现代车辆蓬勃发展的道路，也为火车的诞生打下了基础。

此后不久，这种冒着黑烟、喘着粗气的车先后在英国和德国出现，如英国 1804 年制成的蒸汽机车。不过，它的模样和先前不大一样：有的将锅炉移到车子的中间，并罩上罩子，两头还装几排座位；有的把锅炉移到车后部，而在前面坐人的地方装了一个车厢；等等。蒸汽机车有点近代汽车的气派。

与大多数新事物的出现经受的遭遇一样，在当时马车占主要地位的欧洲各国，蒸汽机车处处受到非议和排挤。就英国、日本来说，那时各城市的邮政厅都使用大量的马车来运送邮件。为了维护自身利益，邮政厅便和大大小小的马车主联合起来共同对付新问世的蒸汽机车，并要求政府对蒸汽机车加以种种限制。后来，英国政府也站在马车主一边来反对蒸汽机车，并规定了许多条条框框。例如，对蒸汽机车做出如下规定：蒸汽机车在行驶时，必须有手持小红旗的人在车前 55m 处跑步前进，以招呼行人避让；在有马的地方，不许蒸汽机车的锅炉放气，不许蒸汽机车在街上鸣汽笛；蒸汽机车在农村路上行驶时，车的时速不得超过 6km，在城市不得超过 3km……尽管面对各种阻力，历史的车轮还是滚滚向前。1825 年 9 月 27 日，从英国斯托克顿到达林顿的第一条铁路正式通车，这宣告了世界上第一列火车正式问世，并在以后的几年中得到不断的完善，最终取代了马车。

还有一些资料提到，地铁的产生和修建的原因是反对修建铁路的人太多，铁路沿线居民和害怕被火车抢走生意的马车主强烈反对修建利物浦和曼彻斯特之间的铁路。因此，铁路不得不改变线路，在沼泽地上通过。尤其是在利物浦市，反对修建铁路的人更多。由于不能在市内修建铁路，不得不开挖 1.8km 的地下隧道供火车行驶。铁路只得由地上转为地下，由此也为另一种交通工具（地铁）的创新奠定了基础。这一段供火车通过的地下隧道，虽然算不上真正的地铁，但在地铁的发展史上还是占有一定位置的。正是这件事使发明地铁的英国人认识到，火车在地下行驶是完全行得通的，它为火车开辟了新的通路。

（资料来源：根据网络资料整理改编。）

第一节　运输经济学

一、交通运输对经济发展的影响

交通运输活动是人类经济活动中一种极为重要的劳动分工。这种分工实际上包括两个方面：一是要进行交通基础设施建设和交通运输工具的制造活动；二是要进行运输活动，即人和物的位移。

交通基础设施建设和交通运输工具的制造活动对区域经济的影响主要包括直接影响和间接影响。直接影响是指交通基础设施建设和交通运输工具的制造活动对 GDP 的直接拉动。交通运输投资与其他投资相比，具有投资量大的特点，其对 GDP 的影响也较大。以京沪高速铁路为例，平均每千米投资达 1 亿元人民币。间接影响则主要是指在交通运输基础设施的建设过程中，建设人员因消费需求而引起的相关产业部门乘数扩张带来的经济增长，因各类需求而使生产部门扩大再生产引起的经济增长，以及基础设施建设带来的产业结构变化。

运输活动对区域经济的影响主要体现在交通运输基础设施建成后对区域经济发展的影响。交通运输基础设施建成和投入运营后，将使区域间的货物、人员等要素快速流动成为可能，改变不同地区之间的时空距离，从而能够在更大的范围内实现资源配置，也会对区域经济的发展产生深刻影响。从世界各国经济发展的实践看，一个国家的交通运输对经济的发展影响是确实存在的。

那么，交通运输究竟是如何促进区域经济发展的？或者说交通运输对区域经济发展的作用机理是什么？对于这个问题，学术界从不同的角度分析了交通运输对区域经济发展的作用机理。但是，很多学者仅重视交通运输作为直接投资对区域经济增长所起到的推动作用，而忽视了交通运输业的出现是社会生产力发展到一定阶段后劳动分工的产物。分工是经济学里很重要的一个观点，几乎无人否认分工是经济增长至关重要的源泉。因此，分析交通运输对区域经济发展的作用机理，应该从交通运输作为社会分工的产物对区域经济发展内部影响的角度出发。

（一）交通运输促进企业内部分工——斯密的劳动分工理论

劳动分工是指人类社会经济活动的划分和独立化、专门化。具体地说，分工是人们在经济活动过程中技术上的联合方式，即劳动的联合方式。劳动分工是生产力发展到一定阶段的产物；而劳动分工又通过工作的简化和专业化提高了效率，促进了生产力的发展。

斯密在《国富论》中开篇讨论了分工对生产力的影响，并将劳动分工作为经济生活的核心现象来看待。他指出，劳动生产力最大的增进，以及运用劳动时所表现出的更大的熟练、技巧和判断力，似乎都是分工的结果。斯密特别以扣针工厂的劳动力分工为例说明劳动分工可以给社会带来经济利益。他考察过一个扣针工厂，该厂把扣针的制造分为 18 种操作。这个小扣针工厂雇用了 10 个工人，这些工人按专业化分工用非常简陋的设备生产扣针，10 个工人每日可制成 48 000 枚扣针，平均每人一天可生产 4800 枚扣针。但如果没有专业化分工，一个工人一天绝对不能生产 20 枚扣针，甚至连一枚扣针也制造不出来。斯密认为，分工导致生产力的提高，其原因有 3 点：①劳动者的技巧因业专而日进，各劳动者的工作由于终身局限于一种单纯操作，必然能够大幅提高其技巧；②当劳动者由一种工作转到另一种工作，要在不同的地方使用不同的工具时，在开始工作时很难立即全神贯注地积极工作，必然要损失一些时间，因此分工导致的专业化可以节省劳动时间；③由于专业化分工使人们把注意力集中在单一事物上，这样更能发现达到目标的更简易、更便利的方法，由此使得节省劳动的机器得以发明和采用。

斯密关于分工对生产力的促进作用的分析仅限于马克思所说的个别分工，即分工只是在企业内的劳动分工。正因为如此，斯密认为分工受市场范围的限制，因为如果市场范围过小，即使分工能够提高劳动效率，但受到市场需求的限制，人们也不能得到分工所带来的好处，因此不能激励人们进行某种专业化的生产活动。他还以苏格兰高地的铁钉为例进行了分析，认为在苏格兰高地那样的偏远地区，维持不了一个专门制造铁钉的工人的生活，因为在那里一年也销售不了他一日制造的产品的数量，因此在这种地区也不会出现专门制造铁钉的工人。正是在这种分析的基础上，斯密注意到人口密度和运输条件对社会分工的影响。他认为，人口密度较高的地区的市场范围相对较大，有利于社会分工；而对于运输条件，他认为水运相对于陆运而言，其运输距离更远，市场范围更广阔，因此从产业布局的角度看，产业应该分布在沿海、沿河一带。

但斯密关于交通运输对区域经济的影响的分析主要基于企业内的个别分工，没有对分工与市场范围二者之间的关系进行深入考察，尤其是在交通运输对扩大市场范围，从而促进社会分工和经济发展的作用机理方面没有进行深入研究。

（二）交通运输促进社会分工——马克思的分工理论

马克思也强调社会分工对生产力的促进作用：一个民族的生产力发展水平，最明显地表现在该民族分工的发展程度上[①]。但与斯密相比，马克思不仅考虑了企业的个别分工，还考虑了社会分工。正是在这个基础上，马克思对于交通运输对区域经济发展作用机理的分析比斯密更加深入。

马克思首先考察了企业内部的个别分工和社会分工二者之间的关系。马克思指出："因为商品生产和商品流通是资本主义生产方式的一般前提，所以工场手工业的分工要求社会内部的分工要达到一定的发展程度。相反地，工场手工业分工又会发生反作用，发展并增加社会分工。随着劳动工具的分化，生产这些工具的行业也日益分化。"马克思特别指出了产业间分工存在的相互作用机制，即工业部门生产方式的变革，必定引起其他部门生产方式的变革。尤其是那些因社会分工而孤立起来以致各自生产独立的商品，但又作为总过程的阶段而紧密联系在一起的工业部门。因此，有了机器纺纱，就必须有机器织布，而这两者又使漂白业、印花业和染色业必须进行力学和化学革命。个别分工和社会分工之间的相互作用导致产业和社会经济结构的自发演进。在此基础上，马克思特别考察了交通运输在社会分工发展中的作用：以家庭副业的小农业和城市手工业为"枢纽"的社会所拥有的交通运输工具，完全不能再满足拥有扩大的社会分工、集中的劳动资料和工人，以及殖民地市场的工场手工业时期的生产需要，因而事实上已经发生了变革。工场手工业时期遗留下来的交通运输工具成为具有狂热的生产速度和巨大的生产经营规模，大量资本和工人不断由一个生产领域投入另一个生产领域并具有新建立的世界市场联系的大工业所不能忍受的桎梏。交通运输业逐渐地靠内河轮船、铁路、远洋轮船和电报体系而适应了大工业的生产方式。马克思进一步指出，只是到了最近几十年，由于大规模的铁路建设和远洋航运事业的发展，用来制造原动机的庞大机器才产生出来[②]。

（三）交通运输促进产业分工——杨格和赫希曼的产业分工理论

美国经济学家阿林・杨格（Allyn Young）在其1928年的论文《报酬递增与经济进步》中对斯密的分工与市场关系的理论做了进一步发展。杨格发展了斯密关于分工程度由市场范围决定的观点，他注意到分工和市场范围之间存在着相互作用的关系。他指出，分工取决于市场规模，而市场规模又取决于分工，经济进步的可能性就存在于上述环境中。这一理论被后人称为"杨格定理"。杨格对交通运输与区域经济增长的效应分析的贡献在于，在单个企业中，要遵循边际报酬递减规律，那么仅仅从单个企业或者单个产业的规模化效应角度，是无法真正理解经济进步的。从产业分工的角度来看，通过产业间和产业内部的分工是完全可能实现规模报酬递增的。杨格对于产业间分工的发展与市场规模之间的相互作

---

① 中共中央马克思恩格斯列宁斯大林著作编译局，2012. 马克思恩格斯选集（第一卷）[M]. 3版. 北京：人民出版社：25.

② 马克思，1975. 资本论（第1卷）[M]. 中共中央马克思恩格斯列宁斯大林著作编译局，译. 北京：人民出版社：386.

用，通过迂回的生产方式实现收益递增的条件，以及这些因素之间如何相互作用导致一种自我累进的过程，并没有进行深入的研究。但杨格关于产业间分工的发展可以导致报酬递增的思想，为我们研究交通运输的发展与经济增长之间的关系提供了有益的理论思路。

发展经济学的重要代表人物阿尔伯特·赫希曼（Albert Hirschman）1958 年在《经济发展战略》中对杨格关于分工的思想进行了吸收和发展。赫希曼认为，人类生产活动包括社会间接生产活动和直接生产活动两类。这里的社会间接生产活动并不同于我们平常所理解的为了生产某种产品而首先制造生产工具的迂回生产，而是指与直接生产活动并不直接相关，但是进行生产所必需的一些活动。具体形式包括进行一次、二次和三次产业活动所不可缺少的基本服务，如交通运输、通信、动力、供水、教育等所有的公共服务。赫希曼将制度因素视作社会间接生产活动的一部分。赫希曼认为，虽然间接生产活动与直接生产活动不直接相关，但对直接生产活动产生影响。在一定的范围内，间接生产活动与直接生产活动存在一定的替代关系。赫希曼将直接生产活动与间接生产活动作为影响社会总产出的两个要素，构造了一个简单的经济模型，深入分析了社会间接生产活动与直接生产活动之间的关系。交通基础设施属于赫希曼所认为的间接生产活动。我们可以利用赫希曼关于直接生产活动与间接生产活动的思想，结合生产函数分析交通基础设施与其他生产活动及与整个经济增长之间的关系。

二、运输经济学的内涵

运输经济学是经济学的基本组成部分之一。它是研究运输业作为物质生产的一个独立领域，是研究运输业发展规律的一门科学。将运输业在社会劳动分工过程中划分为独立的物质生产领域，是在 19 世纪前期，即资本主义生产方式时期，随着铁路和轮船的出现与发展而完成的。因此，运输经济学作为一门科学，主要研究资本主义运输经济和社会主义运输经济。

运输经济学与其他部门的经济科学一样，是与政治经济学密切相关的。政治经济学研究生产过程中人与人的经济关系，即研究人类社会在其发展的各个阶段中，管理生产和分配物质财富的规律。运输经济学研究那些决定各种社会制度发展的经济规律在运输业中是如何表现的。这门科学同样考察决定生产关系的各种制度对运输业发展的影响和它们之间的相互关系。

资本主义运输经济学研究资本主义生产方式和资本主义的经济规律，特别是价值规律、剩余价值规律、平均利润率和生产价格，以及在生产无政府状态和竞争的条件下自发起作用的其他规律对运输业的工作和发展有何种影响，运输业本身对资本主义的发展对它固有的对抗性和不可调和的矛盾在强化和尖锐化中有何影响。

在社会主义社会，全部生产用固定资产（包括运输业的固定资产）属于人民，没有剥削的现象，起作用的是另一些经济规律。社会主义的基本经济规律是在采用最新科学技术成就的基础上，用不断提高和改善社会生产及提高劳动生产率的方法更好地满足人民不断增长的物质文化需要。一切为了人民，一切为了人民的福利，这就是社会主义生产的目的。

与基本经济规律同时起作用的规律还有国民经济有计划按比例发展的规律、劳动生产率不断增长的规律、按劳分配规律、价值规律和社会主义积累规律等。

社会主义运输经济学包括铁路运输经济学，是研究社会主义经济规律在运输业方面的作用，以及这些规律在社会主义国家的经济活动中，在运输业的各企业、各单位经济活动中，是如何被实际运用的。

社会主义运输经济学研究作为物质生产领域的运输业在经济上的本质和特点，运输业和其他国民经济部门相互关系上的特征，各种运输业的技术经济特点，以及各种运输业作为国家统一运输体系中的组成部分之间的相互关系。

社会主义运输经济学与资本主义运输经济学不同，其最重要的特点之一是研究编制运输业发展计划和工作计划的各项基本原则，而在研究时密切联系整个国民经济的计划编制工作。

运输经济学同样研究制定客货运价的最合理的原则和运输企业中组织经济核算的方法。

社会主义的铁路运输经济学（与其他各种运输经济学一样）研究运输业的生产条件和提出科学建议，只有遵循这些条件和科学建议，才能达到用最少的社会劳动消耗量来高质量地满足国民经济和居民的运输需要。它研究运输业各部门和运输企业的基本经济特点与它们之间在技术经济方面的相互关系，并找出运量和运量结构、运输业的技术装备、各种技术作业过程、运输业职工劳动组织各方面的特点，以及这些特点对运输工作的效益和运输工具的运用有哪些影响及它们的影响程度大小。

运输经济学的任务不仅在于确定这些相互关系方面的总特征，还在于确定每种运输业单独的和国家统一运输体系总的这些相互关系在数量上的比例关系。

作为一门课程，铁路运输经济学研究运输过程中各种经济因素、运营因素和技术因素之间的相互影响，这些影响的特征及它们在数量上的表现。特别是各因素对运输成本和铁路运输业的基建投资效益、劳动生产率、盈利率及铁路工作其他各项经济指标产生的影响。这些指标包括运量、运量结构、铁路运营的技术装备类型和运营条件［轨距、线路数量（单线、双线或三线）、坡度特征、牵引动力种类、列车重量和列车编组长度、列车运行速度、发送批量的大小、各种技术作业过程的特点］，以及其他因素。

为了对上述相互关系进行正确估价和在数量上进行测定，必须精通经济学，同时要精通铁路运输业的技术装备和它们的技术作业过程。

在现代条件下，各种运输业的工作是密切联系的，因此研究某一种运输业的经济学，必须补充研究其他各种运输业的经济学原理和它们之间的最有效的协作方法。

运输经济学（其中包括铁路运输经济学）的研究对象不是各种各样的运输业，而仅是研究服务于物质产品流通领域的运输业及客运运输业。因为只有这种运输业才是从社会劳动分工过程中被划分出来的，而与农业、采掘业、加工工业一起成为特殊的、独立的物质生产领域。

服务于流通领域的运输业，把产品的生产者和消费者联系起来，这就是完成各企业间、各地区间和各国间的货物运输。服务于流通领域的主要是公用的通用运输业，以及管道运输业和高压输电线路——电力运输业。

工业企业的铁路专用线在服务流通领域中起重要作用，这种专用线把企业和整个铁路网联系起来，而各部门的汽车运输也起这种作用。在苏联交通部所属铁路所承运的货物中，占全部装卸工作量的 4/5 左右是在各企业的铁路专用线上办理的。因此，公用铁路工作和铁路专用线工作在技术作业（工艺）上是互相关联的。鉴于此，研究专用线的工作和发展方面的经济问题同样应密切联系干线运输的工作和发展方面的经济问题。

仓库（大型粮仓、石油库等）与运输业一样都是流通领域的物质基础。全部货流的运输是否合理、是否存在重复运输、运输的均衡性水平如何，在很大程度上取决于仓库的布局、仓库的容积、仓库工作的专业化程度及其他条件。

三、运输基础设施的性质与经济特性

基础设施是国家为发展生产和保证生活供应创造共同条件及提供公共服务的部门、设施和机构的总称，包括公共设施（电力设施、通信设施、自来水设施、卫生设施、污水排放设施、垃圾收集与处理设施、管道煤气供给设施等）和公共工程（运输设施、为灌溉和泄洪而建设的大坝和运河工程设施等），其中运输设施包括道路、铁路、车站、港口与航道、机场等。

虽然经济学者对基础设施的实质、内容、职能和分类有不尽相同的认识，但因为运输业具有统一的服务职能和服务公共性特点，将运输业纳入基础设施部门的看法一致，并且把它划为直接为物质生产过程服务的生产性基础设施。

（一）运输基础设施的性质

作为运输基础设施的道路、铁路、航道、客站、货站、港口、机场等，具有一些不同于其他基础设施的性质。

1. 社会公益性

根据经济学原理，基础设施具有不同程度的公益性，运输基础设施也不例外。国家用纳税人缴纳的税费修建的基础设施，其受益者虽然是社会成员，包括纳税人自己，但受益者和贡献者并不一定一一对应，一个社会成员的贡献与受益并不完全相当。例如，消费者可以免费或低于成本使用部分运输基础设施。再如，运输基础设施会带来沿线土地升值、居民出行方便程度提高、工商企业货物运输成本降低等社会效益。这种现象反映了运输基础设施作为全社会使用、全社会拥有的社会公益性质。

2. 级差效益

有些运输基础设施具有级差效益。例如，公路因为等级不同，在提供相同的服务时，产生不同的效益；完成相同的运输工作量，使用高等级公路的效益高于使用一般公路的效益，与不同等级的土地存在级差地租一样。这种效益性质决定了高等级公路的补偿形式可以采用区别于一般公路的补偿形式。具体地说，就是可以对使用者进行“直接买卖交易”，通过交过路费的方式对高等级公路进行价值补偿。目前，我国对高速公路实行过路收费就体现了这种性质。其他运输基础设施也有类似的情形，但公路是比较典型的一种。

3. 商品属性

运输基础设施在本质上是公共产品，但也具有一些商品的属性。例如，它有使用价值和价值，有级差效益等，这些都是运输基础设施具有商品属性的表现。因此，世界上一些国家对运输基础设施的建设采取多渠道集资、发行股票、经营权转让等形式进行，或者对其采用收费（类似一般商品的一手交钱、一手交货的交换形式）的方式进行。对于这些运输基础设施，既不能将其看成是纯粹的公共产品或社会公益事业，又不能片面强调其商品属性，从而简单地以市场竞争机制来运作和规范，以免造成浪费和混乱。

4. 先行性

任何地区的经济发展或地区之间的专业分工和商品的交流都是以安全、高效的运输为前提的。经济的发展必然要求先建设运输通道和相关的基础设施，只有具备了高效率的运输体系，才能实现地区的经济发展，才能把国民经济的各个部分连接起来，才能使一个地区的经济融入更大的经济市场中。相反，如果一个地区的运输业滞后于经济的发展速度，势必导致对经济发展的制约和干扰，造成不必要的浪费，阻碍经济的发展。一个能充分发挥作用、完全满足国民经济不断增长需求的优良交通运输体系，对国民经济和社会发展具有决定性意义。

在经济建设过程中，交通运输业超前发展，是商品经济高度发展和社会化大生产的客观要求，是由商品经济的本质特征所决定的，是社会经济规律的体现。世界发达国家的经济发展历程表明，在其整个经济发展过程中，都有一个运输业超前发展的阶段。这条经验被经济学家总结成一个普遍性的经济规律，即交通运输对国民经济发展的适当超前性规律。

（二）运输基础设施的经济特性

运输基础设施是由运输线路及其附属设备、各种港站及其附属设备构成的网络，这个网络在其所覆盖的运输服务区域是一个整体。

1. 运输基础设施投资巨大

一般来说，运输设备由两大部分构成：一类是不可移动的基础设施，另一类是可移动的运载设备。它们的数量和质量标志着一个国家的运输业乃至国民经济发展的水平。在国民经济各产业部门中，运输业是投资数量最大的部门，特别是构成运输体系的公路与铁路线路、航道和各种港站，投资额巨大。因此，运输业是典型的资金密集型产业，具有较高的进入壁垒。

2. 运输基础设施具有规模经济特性

规模经济是指因生产规模变动而引起的收益变动，在所有生产要素同时增加或减少时，即当整个生产规模变动时，所发生的收益就会出现变动。但收益的变动往往与生产规模的变动是不呈比例的。当规模扩大后，如果收益增加的幅度小于规模扩大的幅度，则称为规模收益递减；如果收益增加的幅度大于规模扩大的幅度，则称为规模收益递增；如果规模增加的幅度与收益增加的幅度相等，则称为规模收益不变。规模收益不变是从规模收益递增转化为规模收益递减之间的过渡阶段所发生的一种状态，通常不能持久。

由于运输基础设施具有投资大、能力大、使用时间长等特点，一旦投产，往往在一定时期内可以不投资或少量投资就能大幅度提高供给能力。因此，在一般情况下，运输基础设施具有较高程度的规模收益递增的规律。以高速公路为例，如果将日通行 10 000 车次的四车道高速公路规模扩大 50%，达到六车道时，日均通行能力可以增加 150%，达到 25 000 车次。其他运输基础设施，如飞机场、港口、客货站场等都有相似的规律。掌握运输基础设施的规模经济规律，对于运输规划、运输建设项目的可行性论证，以及其他运输问题研究都具有重要意义。

3. 运输基础设施具有范围经济特性

范围经济是指与分别生产每一种运输产品相比，共同生产多种运输产品的平均成本可以更低。运输网络覆盖区域广、服务网点多，可以为社会提供满足不同需要的服务产品，存在明显的范围经济。由于运输产品的特殊性，运输行业的规模经济与范围经济无法分开。

4. 运输基础设施具有网络经济特性

网络经济是指由于运输网络的规模经济和范围经济的共同作用，运输产出扩大引起平均运输成本下降的现象。具体表现为：①在运输线路长度和服务网点数量不变的情况下，运输产出扩大会引起平均运输成本下降；②在网络上的运输密度不变的情况下，随着运输网络幅员（运输线路长度和服务网点数量）增加，运输产出扩大会引起平均运输成本下降。

5. 运输基础设施具有不可分割性

运输基础设施在建设和使用上有很强的相关性，具体表现在以下 4 个方面：①一条线路的平均成本会随着运输密度增加而不断下降；②单个运载工具的载运量增加会使单位产品的平均成本下降；③运载工具规模扩大会使平均成本下降；④港站能力扩大会使平均成本下降。

运输网络是一个整体，具有不可分割性。对于公路、铁路和航道等运输线路而言，其建设一次至少要求在两个社会经济活动中心之间全线完成。运输基础设施具有不可分割性，无论是线路还是港站，其地面及其以上的设施与其所占土地之间都是不能分割的。例如，铁路线路上的信号、钢轨、轨枕、路基与所占土地密不可分。在形成的运输产品价值中，既包括线路设施的价值，又包括所占用土地的价值。运输设施在使用中不能按里程或按区域分割，其整体性一旦被破坏，便不能为社会提供完整的运输产品。

6. 运输基础设施具有沉没成本特性

沉没成本是指由于过去的决策发生的而现在或将来的决策无法改变的成本。运输基础设施建成后，如果废弃就会产生很大的经济损失。

7. 运输基础设施具有自然垄断特性

运输业与一般物质生产企业的区别在于，物质生产企业可以在同一地点设立两个互相竞争的项目，而铁路在相同到发点间修建平行线路或在同一地点建设两个车站，会因重复建设造成资源浪费，甚至客观条件根本就不允许这样做，港口、机场、公路建设也是如此。

这就造成运输基础设施的垄断，这种垄断是客观条件造成的。

四、影响交通运输经济性的因素

在现实中，任何区域都是开放的。不同区域之间通过贸易活动，依靠商品（服务）的流向和流量关系，在空间上体现区域之间生产力布局的相互影响。古典经济学家在分析区际贸易时没有考虑运输成本，即在假定生产要素和产品可以不需要任何费用的情况下由一个经济区域转移到另一个经济区域；而实际上，任何两个经济区域之间总是存在一定的空间距离的，产品或者服务的位移总是需要花费一定的成本和时间的。在考虑了区域空间距离后的区际经济联系模型中，区域贸易联系受以下几个因素的影响。

1. 区域间运输规模

在不考虑区域现实空间的情况下，只要两个区域间存在贸易可能，就可以发生区际贸易。但现实的情况是：两个区域间的空间距离是存在的，在存在地理空间的情况下，要实现区际贸易就必然发生产品或者服务的位移，就需要交通运输，并且区际贸易量的大小受交通运输规模的限制。因此，即使两个区域间存在贸易的可能，但由于受到交通运输规模的限制，一些区际贸易也不可能发生。最明显的例子就是，很多欠发达地区拥有丰富的资源，但由于受到运输条件和规模的制约，不能将丰富的资源运出来，与区域外面的贸易不能发生，其资源优势也不能得到有效的利用。

2. 运输费用

在两个区域间商品存在价格差的情况下，通过区域贸易可以消除区域商品间的价格差异，其结果是一个区域由于外来商品的进入价格降低。但是，在将商品从一个区域转移到另外一个区域的过程中，总要花费一定的费用。因此，只有当运输费用小于两个区域间的商品价格差时，区域贸易才成为可能；当运输费用足够大时，即使两个区域商品价格差异很大，区域贸易也不会发生。

3. 运输时间

每个时点上的供给和需求，从每个区域的角度看，区域间的供给和需求都是在不断发生变化的。一个区域一个时点上的供给和需求存在差异，但可能在下一个时点这种供给和需求的差异就会消失。在不考虑运输时间的情况下，一个区域的供给和需求的差异可以通过区域贸易实现平衡。但在考虑运输时间后，这种通过区域贸易来平衡供求差异的活动就会受到运输时间的影响，即只有在运输时间小于区域供求从失衡到均衡的时间，区域贸易才会发生。同时，很多产品（如水果、鲜活产品等）的生命周期将会受到运输时间的制约。如果运输时间过长，即使存在贸易需求，区域贸易也无法实现。

4. 交易费用

在区域贸易中，交易双方要支付搜索费用、谈判费用及履约费用等交易费用；但在古典经济学家眼里，交易是不存在费用的，一个区域不付出代价就能知道另外一个区域的市场信息和消费者的需求，从而可以利用自身的资源优势、劳动生产率生产出对方所需要的产品。现实的情况是，信息交流需要成本，可能因为距离太远、信息不发达，一个区域并不知道另外一个区域所需求的产品信息。因此，即使两个区域存在贸易可能，也可能因信息不通、双方协调沟通难度过大而影响区域贸易。

由此可以得出结论，运输经济性的存在使得区际贸易的范围相对缩小，运输费变高，交易的数量变少。也就是说，空间运输距离越接近，不同空间经济实体间进行贸易的优越性和可能性就越大。这就是所谓的贸易递远递减规律。

第二节　铁路运输业的特点与铁路服务产品（服务）的特性

辩证唯物主义和历史唯物主义的方法是研究国民经济及其各个部门（当然也包括运输业）发展过程的科学方法。这一方法规定研究经济现象必须密切联系其产生、发展及其存在的环境。同时应特别注意研究对这些现象的产生和发展有决定意义的那些条件和矛盾。这一辩证唯物主义的原理完全适用于作为一门科学和一门课程的铁路运输经济学。

铁路运输经济学作为部门经济科学和作为一门课程要在本质上加以区别。这是由于运输经济学（作为一门科学）所研究的铁路工作及其在发展中的许多经济问题已在一些专门的经济课程中加以研究，许多运输业经济问题已在一些技术和技术作业（工艺）中加以论述。本节只研讨那些在别的课程中未加研讨的主要经济问题。

一、铁路运输业的特点

（一）基础性

我国地域辽阔，客货运输需求旺盛，使得铁路成为综合交通运输体系结构中的骨干，在国民经济体系中具有基础性作用和全局性影响。另外，铁路运输业对保障国民经济正常运行、维护国家统一和社会安定、建立合理的产业结构、巩固国防具有重要的作用。基础性是铁路运输业区别于其他行业和部门的主要特征，主要表现在以下两个方面：①铁路是连接各地区和各部门国民经济的纽带；②铁路运输以其运距长、规模集约、连续性强等特性，突破了地域广阔对国家整体性和国民经济联系性的空间阻隔，将全国各地区和各部门国民经济有机地连接起来。铁路运输对我国国民经济的整体性和联系性作用，使其成为经济总体性增长的必要条件。

铁路是不同层次、不同特征的旅客运输需求载体。铁路运输具有安全、快速、舒适、便捷的运输特点，能够很好地满足跨区域长途客运、中距离城际客运及短距离城郊客运等不同类型旅客的出行需求。考虑到我国当前的经济发展水平，铁路是大多数人出行的首选交通方式，而对于不同收入水平和消费层次的旅客出行需求，铁路提供了不同档次、不同价位的运输产品。尤其是在我国城镇化进程中伴随着大量人口跨地域、大范围地转移，铁路运输作为人口转移和流动的主要运输方式，为我国城镇化发展做出了重要贡献。

铁路是均衡我国资源分布和工业布局的重要手段。我国北部地区、中西部地区资源丰富，而东部地区资源稀缺，造成大量资源及原材料由东北、中西部地区向东部地区转移，形成东部地区资源需求带与东北、中西部资源供应带的经济格局，产生大量的重质长途货流，如北煤南运、西煤东运、北木南运、北油南运、西油东运等。铁路运输具有大通道、大网络的运输优势，在中长距离和规模性运输领域具有不可替代性，其承担了我国重质长途货流的主要份额，有力地促进了各类资源在全国范围内的流通与交易，克服了我国资源分布和工业布局非均衡性对国民经济发展形成的制约，既为资源优化配置提供了有利的运输载体，也为经济增长提供了基础性前提。

铁路是改善我国区域间社会经济发展不均衡性的重要手段。历史和自然因素使得我国存在经济发展落后地区，产生的主要原因是交通不便，导致这些地区的资源和产品难以与其他地区形成交换和交流。如果这些地区被铁路运输线网所覆盖或辐射，就能在更大空间范围内融入国民经济发展中，从而加快自身经济发展的进程。铁路运输具有更长距离、更大空间、更多样化和更密集的经济辐射性，相比其他运输方式，对弥合地区间社会经济发展的非均衡性发挥着极为重要的作用。

铁路为各类经济活动提供了较低的社会成本。铁路运输具有低成本、大运力、规模化等优势，是各类经济活动降低运输成本的一种理想方式。各类经济主体对铁路运输产品的选择会降低经济运行的总体成本，为社会经济生活提供一个较低的运输成本基础，从而为社会福利最大化创造有效前提。

铁路运输在国民经济发展中具有不可或缺的基础性地位与作用，可以有效支撑经济增长。铁路作为重要基础产业必须得到持续、稳定的发展，从而保障国民经济稳定、协调、健康、持续地发展。

（二）网络性

铁路运输生产和组织结构的网络特性是铁路运输业的基本属性之一。首先，铁路运输线网布局为典型的网络结构；其次，铁路运输生产活动是由多个过程环节组成的过程网络系统，通过“集、装、运、卸、散”等单元相互衔接；再次，铁路是一个由设备联网、生产联动组成的大系统，由路基、轨道、供电设施、机车、车辆、通信、信号、安全装备等多个子系统高度衔接组成的复杂系统。铁路运输组织是复杂的系统工程，应以系统的观点、集约化的形式和统一指挥的方式来全面统筹技术装备、运输调度、运输产品和安全控制等。因此，网络性决定了必须对铁路运输组织过程进行集中统一调度指挥。

（三）准公共性

根据公共产品和私人产品的特点及判断标准，铁路运输产品属于准公共产品中的俱乐部产品。俱乐部产品是一种拥挤性质的公共产品，具有能够排除他人消费的特点，可以理解为消费者在没有超过一定数量时，该产品具有非竞争性，但当消费者超过一定数量时，就会发生拥挤现象，从而破坏产品的非竞争性。对铁路运输产品而言，只有当消费者（乘客）的数量达到一定量后，才会出现拥挤和竞争现象，之前是不会出现拥挤和竞争现象的，具有非竞争性。另外，从排他性的角度而言，铁路运输产品很容易做到排他。如果一个乘客购买了实名制车票，就不允许其他人再购买该座位上车；如果一个乘客购买了该铁路运输服务，其他人就失去了获得该服务的机会。因此，铁路运输服务具有排他性。综上分析，铁路运输服务属于可以排除其他人消费的具有拥挤性质的准公共产品。

（四）正外部性

铁路运输业的外部性与其基础性密不可分，其外部性反映了铁路运输业与社会公共利益间的关系。铁路运输业的社会效益远远大于其自身经济效益，社会各部门、各企业和个人能够极大地从铁路运输业所产生的效益中直接或间接受益，这体现了铁路运输业的正外部性特征。

铁路作为社会基础性设施，对社会经济增长的贡献是巨大的。惠特曼•罗斯托（Whitman Rostow）指出，工业化初期和中期铁路运输业通常是社会先行资本的重要组成部分，是经济迅速增长的重要基础性条件。国内外学者对于铁路运输业对其他产业的贡献均倾向于持肯定态度。大量研究表明，铁路基础设施的改善具有显著的生产率效应。货运量与经济增长之间具有长期均衡关系，验证了交通运输业能够带动整个国民经济的发展。同时，铁路基础设施的发展能在一定程度上降低相邻地区的运输成本，进而对相邻地区产生正的空间溢出效应。刘生龙和胡鞍钢通过考察经济增长和运输基础设施的关系，认为基础设施现代化将进一步加速我国工业化、城镇化、信息化和国际化进程，若考虑交通运输的外部性，则交通运输投资对我国经济增长的贡献率更大。相较于其他运输方式，如公路、航运、航空等，铁路在环境影响上也具有正外部性。一是节约了土地资源，特别是大多高速铁路线路采用高架线形式建设；二是运用了大量的高科技，降低了铁路运输对空气、声音、水等环境资源的影响。

（五）自然垄断性与市场性

1. 自然垄断性

铁路运输业具有明显的自然垄断性。虽然不同的运输方式之间具有一定的可替代性和竞争性，但不同的运输方式具有自身的技术优势，难以被其他运输方式完全替代和构成竞争。例如，在短距离范围内，公路可以对铁路形成竞争，但在长距离范围内，铁路比公路具有明显的距离优势。同时，从铁路自身结构来看，在一个运输通道内建设两条相同的平行铁路线路是不经济的，也是土地、环境等所不能允许的，从某种层面也表明铁路具有自然垄断性是自然的选择。

铁路具有网络布局、联动运行、指挥集中等生产特性，作为国民经济的大动脉，其在整个国民经济运行中发挥着极其重要的作用。在市场经济条件下，中国铁路企业不仅要参与运输市场竞争，还要承担国土开发、民族交往、抢险救灾、军事物资等大量社会公益性和国家安全性运输任务。例如，青藏铁路、兰新高速铁路等项目的建设主要是从社会稳定、政治意义、国防建设、民族利益等方面考虑的，而不是从经济效益方面考虑的。不靠国家铁路部门集中人力、物力、财力、技术去建设、管理和运营，而靠市场自由竞争，让一个或数个企业完成这些重点工程的建设是根本不可能的。因此，铁路行业的生产集中特性和垄断是自然形成的，有利于国民经济的运行和社会全局的发展。从铁路细分角度，可将铁路设施划分为路网基础设施和客货运服务两部分。路网基础设施主要是固定设备，这些设备使用寿命长，沉没成本巨大，一般受规模经济影响，在使用能力达到最大通过能力之前，使用的边际成本下降，或者说存在一个最小的使用规模，低于这个规模就存在不经济现象。因此，路网基础设施具有强自然垄断性。客货运服务主要是利用移动设备来实现的，移动设备的使用寿命短，沉没成本相对较低，一般在技术性淘汰前就已经因物理性能的改变而更换。因此，客货运服务具有弱自然垄断性。

2. 市场性

汤普森（Thompson）认为，运输的固定和移动设备的不同特性影响这些不同部门的制度制定，固定部分的供给成本高、使用寿命长和规模经济形成了垄断倾向，而移动部分进入门槛低，具有灵活性，缺少规模效应，形成了竞争倾向。铁路按照不同业务和资产的不同属性，可以在部分业务中形成竞争，同时并不影响实现盈利和社会福利的最大化。

客观而言，铁路运输业同时具备公益性和市场性，客货运营的公益、商业对偶性是显而易见的，而对具有强自然垄断性的路网基础设施，同样存在公益性和市场性。铁路的社会经济属性是部分的自然垄断性，是私人物品和公共产品的混合，是公益性与市场性的混合。世界银行通过对基础设施产业的竞争潜力、消费属性、盈利及成本回收、公共服务义务和外部性特征等进行量化提出了“可销售系数”指标，如表 2-1 所示。该指标体现了市场企业提供产品或服务的可能性，系数越大则可能性越大。

表 2-1　基础设施部门可销售系数

经营活动	竞争潜力	消费属性	盈利及成本回收	公共服务义务	外部性特征	可销售系数
铁路路基和车站	1	2	3	2	2	2.0
铁路货运	3	3	3	2	2	2.6
铁路客运	3	3	3	2	2	2.6
城市公共汽车	3	3	3	1	2	2.4
城市有轨交通	3	3	2	2	2	2.4
干线和支线道路	2	2	2	3	3	2.4
城市道路	1	2	2	3	1	1.8

注：竞争潜力——大为 3，一般为 2，小为 1；消费属性——私人属性为 3，俱乐部属性为 2，纯公共消费行为为 1；盈利及成本回收——大为 3，一般为 2，小为 1；公共服务义务——大为 3，一般为 2，小为 1；外部性特征——大为 3，一般为 2，小为 1。

根据公共产品理论，公益性产品应当由政府提供，市场性物品应当由市场提供，通过表 2-1 可以看出铁路的混合性质。对于类似铁路这种混合性质的产品来说，如何进行定量划分，而不是简单定质分类，成为十分重要的课题。铁路新线的建设也不是简单地由政府或者市场来提供的，可以通过投融资体制的多元化来实现。铁路面临困境的关键就在于公益性与市场性在投资、运营等各个层面的交叉。

二、铁路运输产品（服务）的特性

铁路运输产品（服务）具有以下特性。

（一）运输产品具有无形性

运输不生产新的物质产品，运输产品是没有实物形态的产品。以货物运输为例，货物作为劳动对象进入运输过程并不像一般商品生产，劳动对象经过物理或化学的变化形成新的使用价值形态。运输既不改变所运货物的物理状态和化学结构，又不改变其使用价值，而只是使物品发生空间位置的变化，从而改变它的使用价值的状态，完成消费的准备。具有特定物质形态的物品，无论是工业产品还是农副产品，它们都具有一定的物质形态，或固态，或液态，或气态。由于具有物质形态，人们可以辨识，可以通过触摸对产品进行直接观察。产品的物质形态往往是顾客认识产品的第一步，也是顾客决定购买与否的重要因素。服务则不具有以上特点，通常不具有特定的物质形态。如果不提供服务过程，人们就很难感受服务的存在，也就不能对服务进行事前观察、试用。但为了发生空间转移，旅客或货物要直接利用运输工具，与司乘人员或其他路面服务人员发生接触。因此，运输服务在厂家和用户之间必须建立直接联系，要面对面地提供服务、接受服务，用户对服务质量的认识是非常清晰和敏感的。换言之，人们对产品的感知是静态的，而对服务的感知必须在服务过程中进行动态的认识。

（二）运输产品不能储存

工农业产品的生产和消费，表现为在空间和时间上相分离的两种行为。产品作为成品离开生产过程之后，作为和生产过程分离的商品转入流通，最后进入消费。运输产品的生产和消费是同一过程，其使用价值与其生产过程不能分离，不能在生产过程之外流通，只能在生产过程中同时被消费。因此，运输产品的生产和消费这两种行为是合二为一的，在空间和时间上是结合在一起的，不能被储存、保管。

（三）运输服务具有一定的物质属性

运输服务对人类社会可以产生非常重要的效用，是人类生活、生产活动所必不可少的组成部分。但是，运输服务只能产生使人或物实现空间移动的效果，不能像制造业或农业那样创造有形财富，它是无形的、看不见的、摸不着的，物质属性弱。因此，世界各国均把运输业列为第三产业，以区别于其他物质生产部门。但运输业的物质属性是存在的，运输服务是与时间、空间有关的活动，而时间和空间是物质存在的基本形式。因此，运输服务过程是可以被体验的。

（四）运输服务具有综合性和有限性

服务的功能大多数是单一性的，运输服务则不然。虽然发生空间移动是运输服务的核心，但围绕空间移动这一目的还需要为顾客提供其他的服务内容，包括餐饮、睡眠、购物、行李寄存、旅行指南等，所有这些服务综合起来才构成运输服务的全部内容。从运输服务涉及的内容看，运输服务具有综合性，但受条件所限，如受火车和飞机的空间、路线、旅客密度等因素的影响，运输服务中每项内容的服务数量和质量都不可能充分地发挥，而是提供有限的服务，特别是重点提供基本服务。例如，列车的餐饮条件有限，人们肯定不会像在家里、饭店那样方便和舒适。在有限的条件下，运输服务的基本服务项目必须得到保障，如列车的开水供应、车厢卫生的保证等是不可缺少的。

（五）运输服务具有过程性

运输在提供人和物的空间转移时必然发生时间消耗，即使最现代化的运输工具也不可能像通信服务那样把服务时间缩短为近乎零的状态。由于运输时间存在时间消耗，运输服务必须在位移活动中提供全过程服务。这种全过程服务：一方面说明运输服务不能发生间断，必须连续地进行；另一方面说明运输服务要注意各环节的有机衔接，从购票、登载到输送、离开，全过程提供系列化服务。

（六）运输产品具有公共产品特性

公共产品是指不缴纳费用而人人都能享受的产品。纯粹的公共产品具有两个基本特征：①非排他性，公共产品是向整个社会提供的，消费是集体的，其效用不能被分割成若干部分而分别由不同的消费者享用；②非竞争性，公共产品满足公共需要，不限于某个人或集团享用，其受益对象之间无利害冲突。

公共产品享用的非竞争性具有两层含义：①边际生产成本为零——这是公共产品消费者增加和产量增加导致的，边际生产成本并不一致；②边际拥挤成本为零——公共产品是共同消费的，不存在消费中的拥挤现象，每个共同消费者的消费都不影响其他消费者的消费数量和质量。

根据上述特性，运输产品在一定条件下具有公共产品特性，如不拥挤的公路、非满载的快路旅客列车等。增加一个消费者，不用增加生产的固定成本，也不会影响其他消费者的消费。部分运输产品消费者不用支付全部费用，如某些铁路支线客货运输、市郊铁路旅客列车、城市内部的公共交通等。

第三节　铁路运输经济学研究

一、铁路运输经济学的研究前提

研究铁路运输经济问题，需要考虑自然资源分布、人口分布、生产力布局、铁路网空间布局、铁路机车车辆类型与配置、铁路运输组织技术等因素。铁路运输服务于社会经济，自然资源分布、人口分布、生产力布局决定了铁路运输需求的分布，进而决定铁路网空间布局及铁路设备配置。当各种铁路设备配置一定时，部分铁路运输成本便已确定。因此，对铁路运输经济问题的研究是在自然资源分布、人口分布、生产力布局基本确定的条件下，研究如何进行铁路网空间布局及铁路设备合理配置与使用的问题。

1. 自然资源分布

对铁路运输影响较大的自然资源是土地（包括地质、地理、气候等自然条件）和矿产。

土地条件决定着人口分布，影响旅客运输需求的空间分布。矿产资源分布与生产力布局一起决定各种矿产品运输的距离、走向和每条运输路径上的流量。这些因素影响铁路网空间分布及每条线路的设备配置和使用效率，从而影响铁路系统的成本与效益。

我国幅员辽阔，自然资源分布不均衡，带来大量的人和货物在空间上的长距离运输需求。为满足这些需求，铁路网的布局需要和运输需求的空间分布相适应，并合理配置每条线路的运输能力。某条铁路的运输能力由线路的能力、沿途车站的能力、机车车辆的能力组成，配置线路运输能力既要根据需求的大小，又要综合考虑铁路线路、车站、机车车辆的配套，使其形成的线路能力与需求相适应，尽可能地降低建设与运营成本。

2. 人口分布

我国人口众多，旅客运输在铁路运输中占有较大比例。铁路在中长途旅客运输及大需求量短途旅客运输中具有不可替代的作用。

人口分布与生产力布局一起决定客流在空间上的分布，也在一定程度上决定铁路网空间布局。因此，人口分布对铁路的建设成本、运营成本具有很大的影响。

人口分布除了地域上的不均衡，还有城乡比例问题。由于铁路运输的技术经济特性，满足相同数量的旅客运输需求时，城市尤其是大城市人口集中，运输成本较低；农村人口分散，运输成本较高。

3. 生产力布局

生产力布局尤其是工业布局对货物运输需求的影响很大。一方面，工业生产的原材料需要从产地运往生产地，这部分运量由生产力布局和自然资源分布共同决定。另一方面，工业产品需要运往消费地，其中一部分与工业生产有关，其空间分布与生产力布局相关；另一部分与生活有关，其空间分布与人口分布相关。

为满足工业生产的运输服务需要，铁路网空间布局应与生产力布局带来的运输需求的空间分布相对应。

工业行业门类众多，产品种类更多，需要的原材料种类、数量各不相同，产量及其去向也各不相同，因此不同品类的原材料和产品需要的运输设备、运输条件也不一样。要满足这种结构复杂的运输需求，铁路部门需要配备不同的运输设备，采用不同的运输组织方法。这些在一定程度上决定铁路货物运输的成本。

因此，生产力布局及产业结构是研究铁路运输经济的一个重要前提条件，研究其变化是铁路运输经济研究的一个重要方面。

我国地域辽阔、人口众多，土地资源分布和人口分布不对称，农业生产资料、农副产品的运输是铁路运量的重要组成部分。人口分布、农业生产资料产地分布、以农产品为原材料的加工工业布局等因素共同影响铁路货物运输需求的空间分布。

4. 铁路网空间布局

铁路网空间布局对铁路建设成本影响巨大，并对铁路系统的运营成本产生长远的影响。与铁路建设成本有关的还有沿线地理、地质条件，而沿线条件是由路网空间布局决定的。

影响铁路网空间布局的因素除了自然资源分布、人口分布、生产力布局等产生的运输需求分布，还有社会因素，如各地区的社会经济平衡发展问题、国防安全问题、自然灾害防治问题等。

5. 铁路机车车辆类型与配置

在铁路网规模、布局及运输需求结构与分布一定的条件下，铁路机车车辆类型与配置是影响铁路运输生产成本的一个重要方面。不同类型、不同型号的铁路机车，在完成相同运输工作量的情况下，其产生的成本效益是不一样的。不同用途、不同型号的车辆，其使用效果也不相同。

铁路机车车辆既要与铁路网上不同线路的技术等级、技术条件相配套，又要与各线路沿线的运输需求相适应。一条线路的机车车辆类型与配置一旦确定，就会在较长的时间内对该线路的运输经济效果产生影响。

6. 铁路运输组织技术

当上述因素确定后，影响铁路运输经济效果的最后一个因素是铁路运输组织技术。在其他条件不变的情况下，不同的运输组织方案，产生的运输效果是相同的，但其生产流程、成本是不同的。决定运输组织方案优劣的是铁路运输组织技术，包括运输组织人员的综合素质。

二、铁路运输经济学的研究对象

铁路运输经济学是经济学的一个分支，是以经济学的理论和方法，探讨与运输有关的各种问题的一门学科。它是一门交叉科学，属于社会科学的范畴。

铁路运输经济学用经济学的理论与方法，研究如何有效地在运输和其他经济活动之间分配资源，以及如何有效地利用已经分配于运输部门的资源。也可以说，铁路运输经济学研究特定的范围，即与运输有关的经济问题。

铁路运输经济学的研究对象是运输产业的基本理论、运输经济规律、运输需求与供给，以及体现上述理论、规律和供求的基本原则、制度及具体方法。

运输经济规律包括两个方面的内容：①一般经济规律在运输业中的表现和作用；②运输业本身特有的经济规律。研究经济规律，不仅要从生产关系和上层建筑的角度去研究，还要结合运输部门的生产力研究生产关系，重点是研究运输生产力的合理组织，从形成运输生产力的诸要素、宏观经济环境对运输业的相互作用、运输总需求和运输总供给的内在联系探索与揭示运输部门内在的客观经济规律。上述基本理论和运输经济规律构成铁路运输经济学的基本理论框架。运输需求和供给是铁路运输经济学研究的基本内容之一。

铁路运输经济学研究运输生产力与生产关系的矛盾和运输需求与供给的矛盾，是经济科学大系统中的一个子系统、一个分支学科。由于它的研究领域是整个运输部门，研究对象是该部门的基本理论、经济规律和运输供求，从这个角度来看，这个学科是一门中观经济学，属于实用经济学的范畴。由于铁路运输经济学还要研究具体的政策、宏观管理原则、管理体制、价格、成本、效益及其具体方法，不仅需要研究运输经济活动的定性方面，还要结合运输生产的技术方面及其数量方面来揭示经济活动的内在规律性。因此，铁路运输经济学必然要运用技术、数学等自然科学知识，这使它具有微观经济学的性质，并兼有社会科学和自然科学互相渗透的交叉科学特征。

在社会主义市场经济条件下，铁路运输经济学不仅要联系运输业的性质和特点，从运输市场、运输企业和政府（包括运输主管部门）宏观调控层面，分别研究其地位、作用和运行方式，以及对运输资源配置产生的影响和效果，揭示其发展变化的规律和运输业作为一个整体与社会经济发展的相互关系；还要探索运输企业如何有效地利用运输资源，使有限的运输资源得到较合理的配置和利用，在当前运输供给有限的情况下，保证最大限度地满足社会生产和人民生活的需要，同时使企业获得尽可能大的经济效益。

三、铁路运输经济学的研究内容

铁路运输经济学的研究内容，由铁路运输经济学的体系结构决定。铁路运输经济学的学科体系是按照经济运行的模式构建的，这一模式具有以下特点。

1. 企业是国民经济的基本组成部分

企业是独立自主、自负盈亏、充满生机和活力的市场主体，构成市场经济的微观基础。企业以经济效益最大化为基本目标，按照市场经济规律和市场规则参与市场的经济活动，以实现资源的微观优化配置。

2. 市场是经济主体从事经济活动的舞台

市场机制是经济调节的基本机制，也是一种竞争机制。在竞争的条件下，价格信号将引导企业行为，企业为了自身利益就必须对价格信号做出灵敏反应，积极而迅速地调整自己的生产经营活动，调整其资源配置，以便将其投入到能获取最大经济利益的地方。企业在完成这种调整的过程中，客观上也调整了社会资源流向，使其得到合理配置。

3. 政府是市场的管理者和宏观经济的调节者

政府作为社会总体利益的代表，是市场的管理者和宏观经济的调节者。行政协调机制主要用于弥补市场机制的失灵，通过间接调控手段，纠正微观市场主体配置资源的不足或空缺，最终实现资源的优化配置。

四、铁路运输经济学的相关学科

与铁路运输经济学有关的学科，可分为经济学、运输地理学、铁路运输规划学、运输工程学、铁路运输组织学和经营管理学等领域，这些领域之间相互联系和交叉。

铁路运输经济学为其他相关学科提供必要的经济理论基础。在开展运输地理研究、进行运输规划、从事运输工程设计和施工，以及运输企业经营管理中，都需要运用铁路运输经济学的理论和方法对相应的方案进行评价和可行性研究，以作为决策的依据。

五、运输经济学的形成与发展

运输经济理论的研究，可追溯到 18 世纪后期。1776 年，斯密在《国富论》中论述了运输（主要是帆船和马车运输）对社会分工、对外贸易、促进城市和地区繁荣等方面所起的重要作用和政府在运输设施方面的开支等问题。铁路出现以后，更多的学者参加了对运输经济问题的讨论。19 世纪 20 年代，李斯特（List）把运输作为国民生产力的一个因素进行研究，从振兴资本主义工商业的角度，提出了重视交通研究的国民生产力理论。

1844 年，杜比特（Dupuit）发表了以费用效益观点研究运输投资和运价问题的《论公共工程的效用》，该文章被认为是第一篇运输经济学专论。该文章论证了如何评价桥梁工程或其他公用事业的经济收益和效用问题，首次提出边际概念，在经济学的边际主义研究中具有重要地位。

1850 年，伦敦大学教授 D.拉德纳（D.Lardner）出版了《铁路经济》一书，讨论了运输进步的历史及其影响，以及铁路的各种运营管理和成本、运费、利润等问题，还讨论了铁路与国家的关系。

19 世纪 50 年代，马克思在他的经济学研究中提出了大量非常宝贵的运输经济思想。在运输业的性质方面，马克思明确指出，运输属于物质生产性活动，货物运输与纯粹流通性的商业活动不同，是生产过程在流通过程内的继续，物质生产的内容包括使物质发生空间位置变化的运输。因此，运输业是除了开采业、农业和加工制造业以外的“第四个物质生产领域”，是特殊的生产和流通部门。

马克思从多方面论述了运输革命给社会经济带来的影响，包括为工业运来偏远地方的廉价原料，不断为工商业开拓远方市场；运输业的发展加强了地区间的联系，拓宽了商品流通的范围；使商品产地及销地的位置和距离发生相对变化，改变了资源的配置；加速了人口和资本的集中，促进了城市的发展；运输业的发展需要物质基础，这些物质基础的不断消耗构成了对工业生产的巨大需求，刺激着工业生产的发展，铁路等现代运输业带动了其他工业的发展；运输业加速瓦解了各国小生产的分工方式，促使资本主义经济体系全面形成，同时激化了资本主义的经济和社会矛盾。

在运输价值和运输费用方面，马克思认为，运输工人的劳动创造新价值，和其他商品的交换价值一样，都是由其消耗的生产要素（劳动力和生产资料）的价值加上运输工人的剩余劳动所创造的剩余价值决定的。运输追加的价值量，与运输业的生产力成反比，与运输距离、货物的体积、重量和易损坏程度成正比。

1878 年，奥地利经济学家 E.萨克斯（E.Sax）出版了《国民经济中的运输工具》一书，采用理论分析的方法，把边际效用学说引入运输经济学，着重讨论一般的运输政策、运输业运营活动的经营。他的思想对运输经济学的学科形成起到很大作用。在其后一段时期内，运输经济理论的主要内容沿着政策论和经营论这两个方面发展，直到后来经营论中的运输财务、会计、统计等内容因学科的分化与发展而逐一分离出去，形成相互独立的应用经济学科。

运输经济学的理论体系初步形成于 20 世纪 30 年代。1935 年，美国经济学家 D.P.洛克林（D.P.Lochlin）出版了《运输经济学》一书，标志着运输经济学成为一门独立的学科。

这一时期的运输经济学除了进一步完善传统的经济学说，研究运输经济中的供求、成本和价格理论以外，还重点研究现代交通体系和运输政策、运输经济中的宏观理论、投资经济效益，而公路、航空和海运科学的研究与运筹学、系统科学的发展，为运输经济学的深化、发展和系统化提供了条件，同时为壮大自身的理论体系奠定了基础。

第二次世界大战以前，汽车运输在欧美国家向铁路运输提出挑战，其他运输方式也得到迅速发展，这种变化自然反映到运输经济学中。1940 年，E.约翰逊（E.Johnson）等出版了《交通运输：经济原理与实践》，开始全面讨论包括铁路、水路、公路、航空和管道等运输方式的运输经济问题，包括它们之间的竞争与协作。

第二次世界大战以后，各种运输方式的发展、变化和经济学在宏观、微观理论方面的进步，吸引了较多经济学家逐渐加入运输经济学的研究。

20 世纪 60 年代以后，西方国家各种运输规划方面的研究和运输对环境影响的研究，吸引了很多工程专家参与其中，运输经济学在投资和成本效益分析方面取得了较快进展。这期间，由于世界银行在运输方面的贷款项目，发展中国家遇到的交通运输问题也引起了经济学家的注意，他们着重研究运输与经济发展的关系。20 世纪 70 年代以后，世界经济在能源、环境等方面的危机提出了新的运输经济课题，同时西方国家的运输业管理政策发生了很大变化，对这些问题的探讨逐渐反映在运输经济著作中。

20 世纪 70 年代中期，诺贝尔经济学奖（1975 年）获得者加林 • 库普曼斯（Tjalling Koopmans）在“稀缺资源的最佳配置”理论中提出的运输计划最优模式，进一步丰富了运输经济学。

20 世纪 80 年代以后，新技术革命继续发展，发达国家的高技术产业发展已经成熟，世界性的产业结构调整基本完成，世界从工业社会发展到信息社会。现代交通和通信技术成为信息社会的重要标志，成为现代社会生产的 5 种动态物质——物质流、人流、信息流、资金流、技术流的重要组成部分的载体。因此，运输经济理论越来越多地同新兴学科的发展交织在一起，其交叉学科的特点更加突出，向着横向综合化方向发展。

部分西方经济学者认为，运输经济学的理论基础是福利经济学。他们认为，运输业是提供公共产品的行业，在相当长一段时间内，公路、江河、运河等都是政府兴建或自然界提供的，使用者不必付费，运输基本上属于外部经济，存在外部性，其理论有待于基础理论的发展。

课后阅读

春运经济学解释

每年春运时节，火车票该不该涨价就成了一个热门话题。火车票价格问题实际上是有限的火车运力如何在人群中分配的问题。有 1000 人想坐火车回家，铁路系统只能提供 800 个座位，谁上车、谁不上车就成了一个问题。事实上，给定供不应求这个基本矛盾，火车票的分配是不存在“完美”解决方案的，因为无论怎么解决，最后都会有 200 人不能坐火车回家。

面对供不应求的情况，经典的解决方案在绝大多数情况下也是正确的解决方案，就是提价。物以稀为贵，因为火车票稀缺，所以贵，这是一个很简单的道理。因此，那些提价的主张有其合理性。但必须意识到的是，火车票提价是有分配后果的。这里面有两层不同含义的分配后果。如果整个人群的收入都是一样的，唯一不同的是他们坐火车回家过年的意愿，那么通过提价可以有效地让那些最想坐火车回家的人最终买到票，这样的分配后果恐怕无可厚非。问题是人们的收入不完全一样：有些人很有钱，有些人一般有钱，有些人没什么钱。在很轻松地通过价格手段挤出 200 人的时候，我们必须意识到，这被挤出的 200 人不会是一个随机的群体。因此，第一层次的分配含义是，通过提价挤出的是不是弱势群体？这样如果让价高者得，那么最后没有票的人会不会都是不富裕的人？

例如，买到票的人在车票提价之后必须付出更多的钱才能回家。因此，提价的第二层次的分配含义是，乘客要支付较高的票价。

因此，反对火车票提价的人也是有理由的。有人会认为，反对提价的理由似乎适用于任何商品。难道说任何时候提价都得考虑分配后果？从某种程度上说确实如此。这也是通货膨胀是一个经济体面临的大敌的原因之一。不是所有人都在通货膨胀的时候受损，通货膨胀对于低收入群体的影响更大，因此通货膨胀往往会产生严重的政治后果。但应对通货膨胀的办法不应该是限制提价，而是从根源消除通货膨胀，如收紧货币。

针对春运火车票的问题，春运火车票至少有以下 4 点使它不同于一般商品。

1）春运回家的需求是一种弹性很小的需求。虽然春运是一种刚性需求，但这种需求明显过度了。刚性需求是指人们会不惜一切代价回家过春节。春节团聚对绝大多数中国人很重要，因此不会因票价贵而不回家。这意味着，如果通过提价来抑制客流，那么价格只有提得很高才能奏效，这就加剧了前面提到的分配问题。

2）春节回家是一个非此即彼的选择：回家或者不回家。房子也是必需品，但房子贵了，可以选择买得小一点、住得远一点，而不是完全没有房子住。回家就不一样，不能选择回一半家，只能选择回家或者不回家。因此，火车票提价和居民用水提价的结果是不一样的。居民用水提价的结果是所有人可能都会少用一点水，最后达到节约用水的目的。火车票提价的结果是减少了 200 名乘客，而不是让每名乘客少坐 20%的空间，这还是加剧了前面的分配问题。

3）铁路的供给对价格不敏感，不论是短期还是长期。正常的商品，如果供不应求，则价格上涨，那么很快供给就会上来，然后把价格降下去，因此价格的上涨是一个正确的价格信号，可以拉动供给。铁路运力的增长和价格没有直接关系，通常是按照计划来的。

4）春运票价的水平并不直接影响经济效率。水价定低了，会造成水的浪费；电价定低了，会造成电的浪费；春运票价定低了，不会造成运力的浪费——没有人会因火车票便宜而多坐几次火车。

归根结底，春运票价不仅仅是一个价格问题，更是一个分配问题。

（资料来源：根据网络资料整理改编。）

思 考 题

1．简述运输基础设施的性质。
2．简述运输基础设施的经济特性。
3．网络经济是什么？
4．影响交通运输经济性的因素有哪些？
5．简述铁路运输业的正外部性。
6．简述铁路运输产品（服务）的特性。

第三章 高速铁路与国民经济发展

知识目标

了解高速铁路的定义和竞争优势；了解我国高速铁路的发展状况；理解高速铁路对我国城镇化发展的意义，以及高速铁路建设对 GDP 的拉动作用。

能力目标

能够分析高速铁路对我国城镇化发展的影响；能够阐述高速铁路建设对 GDP 的拉动作用。

导入案例

“八纵八横”加密形成　看我国“米”字形高速铁路网有多强

2022 年 6 月 20 日，作为中国“八纵八横”高速铁路网的重要组成部分，郑渝高速铁路全线贯通运营。随着济郑高速铁路濮阳至郑州段、郑渝高速铁路及郑州航空港站“携手”开通运营，标志着河南省已建成以郑州为核心的“米”字形高速铁路网，并实现 17 个省辖市全部通高速铁路。

数据显示，2012～2021 年，我国铁路固定资产投资累计超过 7 万亿元，增产里程 5.2 万 km。到 2021 年年底，全国铁路营业里程达到 15 万 km，其中高速铁路 4 万 km。铁路已覆盖全国 81%的县，高速铁路通达 93%的 50 万人口以上城市。基本形成布局合理、覆盖广泛、层次分明、安全高效的铁路网络。

2012～2021 年，“四纵四横”高速铁路网全面建成，“八纵八横”高速铁路网加密形成，有力支撑了国家重大战略。

郑渝高速铁路开通后，河南省在全国率先建成“米”字形高速铁路网，铁路发展将为区域经济社会发展提供更加有力的支撑。

随着河南“米”字形高速铁路网勾画成型，以及中原城市群城际铁路网相关线路引入，郑州铁路枢纽将衔接北京、徐州、济南、阜阳（合肥）、重庆、广州（武汉）、兰州（西安）、太原（焦作）8 个方向，形成由京广、徐兰、郑渝、郑太、郑阜、郑济等干线及城际铁路构成的环形放射状特大型铁路枢纽。

四通八达的高速铁路网将加快推动交通区位优势向枢纽经济优势转变，引领河南跑出高质量发展“加速度”。

高速铁路开通，意味着人流、物流、信息流、资金流的流动效率将迎来重大提升。

据了解，配合郑渝高速铁路建设开通，一些高端装备制造业、现代服务业领域的优质项目已经早早在沿线布局。铁路作为国民经济大动脉，有力促进了国家战略实施和经济社会发展。

下一步如何推动铁路高质量发展？可以重点做好以下 3 个方面的工作。

1）科学有序地推进铁路建设。推动实施一批“十四五”规划重大项目，完善“八纵八横”高速铁路网，优化普速铁路网布局，解决西部铁路“留白”太大的问题，大力发展城际、市域铁路，打造一体化综合交通枢纽。

2）持之以恒地提升运输质量。全面优化货运布局，大力发展多式联运，持续推进运输结构调整，稳步推进高速铁路按设计标准达速运营，不断提升运输服务信息化、智能化水平。

3）坚定不移地推动安全发展。夯实铁路安全生产基础，提升安全管理水平，深化沿线安全环境治理，确保铁路安全持续稳定。

（资料来源：根据王连香，2022．数读中国|“八纵八横”加密形成 看我国“米”字型[1]高铁网有多强[EB/OL]．（2022-06-25）[2022-07-12]. http://finance.people.com.cn/n1/2022/0625/c1004-32456248.html．改编。）

第一节　高速铁路的定义、竞争优势及其发展

一、高速铁路的定义

1．国外高速铁路的定义

高速铁路简称高铁，狭义上仅指道路系统，但从国际上看，高速铁路的定义相对宽泛，它包括高速铁路领域下的众多系统。根据国际铁路联盟（International Union of Railways，UIC）的界定：高速铁路是指铁路系统所有元素的组合，主要包括轨道系统、动车组列车和运营服务。

20 世纪初至中叶，德国、法国、日本等国持续开展了大量关于高速列车的理论研究和科学试验。1903 年 10 月 27 日，德国用电动车首创试验速度 210km/h；1955 年 3 月 28 日，法国用两台电力机车牵引三辆客车，试验速度达到 331km/h[2]。20 世纪 60 年代，高速铁路终于进入实用阶段；20 世纪 70 年代，随着能源危机、环境污染等问题的出现，汽车市场趋于饱和，更多科技被广泛应用于高速铁路的研发，铁路进入了第二次发展时代。

1970 年 5 月，日本在第 71 号法律《全国新干线铁路整备法》中规定：“列车在主要区间以 200km/h 以上速度运行的干线铁道称为高速铁路。”这是世界上第一个以法律条文形式明确的高速铁路定义。

1985 年 5 月，联合国欧洲经济委员会（the United Nations Economic Commission for Europe，UNECE）在日内瓦签署的《国际铁路干线协议》中规定，凡新建重要国际铁路干

① “型”应为“形”。
② 王普，2006. 高速铁路建设发展概况研究[J]. 郑铁科技通讯（4）：4-6.

线的列车最高运行速度，客运专线应能达到 300km/h，新建客货混运线列车混用型高速铁路应能达到 250km/h，即高速铁路的速度定义标准为客运专线 300km/h，客货混运 250km/h。1996 年，欧盟委员会在《全欧高速铁路系统互通性的 1996 年 7 月 23 日理事会指令 96/48/EC》中对高速铁路的定义是：在新建高速专用线上运行时速至少达到 250km 的铁路，或在旧线改造时速达到 200km 的铁路，可称为高速铁路。铁路速度一般可以划分为常速、中逗、准高速/快速、高速、特高速 5 种类型，如表 3-1 所示。

表 3-1 铁路速度划分标准

类型	时速/（km/h）
常速	100～120
中速	120～160
准高速/快速	160～200
高速	200～400
特高速	>400

2. 我国高速铁路的定义

我国已成为世界上铁路发展最快、系统技术最全、集成能力最强、运营里程最长、运行时速最高及在建规模最大的国家，我国高速铁路引领着世界高速铁路发展的潮流。

根据我国《铁路安全管理条例》（2014 年 1 月 1 日起施行）第一百零七条的规定，高速铁路是指设计开行时速 250km 以上（含预留），并且初期运营时速 200km 以上的客运列车专线铁路。2015 年 2 月 1 日起施行的《高速铁路设计规范》（TB 10621—2014）是我国正式发布的首部高速铁路设计行业标准，其也规定高速铁路为客运专线，并明文规定只能运行动车组列车，禁止传统列车上高速铁路。因此，我国高速铁路定义的要点是时速不低于 250km 及客运专线，并兼顾技术标准和功能定位，具有高速型客专（高速客运专线的铁路）的特点，即“客专配高速，高速行客专”。因此，客运时速 250km 且客货共线的顶级快速铁路，如广东省的深茂铁路、厦深铁路等，都不属于中国标准的高速铁路。

我国高速铁路有两层含义：技术型高速铁路是设计速度 250km/h 以上、初期运营速度 200km/h 以上的客运列车专线铁路；路网型高速铁路是设计速度 200km/h 以上的主通道、区域连接线和城际铁路。

技术概念上的高速铁路，其本质属于线路等级划分，涉及具体工程指标参数。根据《铁路线路设计规范》（TB 10098—2017），我国国家铁路等级分为高速铁路、城际铁路、客货共线 I 级和 II 级铁路、重载铁路。技术型高速铁路必须是客运专线，正常情况下只开行构造速度 200km/h 以上级别的动车组列车。

路网概念上的高速铁路，泛指中高速度指标的铁路，仅宏观上大致与中低速度指标的普速铁路区分。在实际建设中，路网型高速铁路需要因地制宜地选择速度等级，地形地质及气候条件复杂的困难地区可适当降低，部分地区线路还需预留货运功能，无特别硬性规定。

高速铁路是运输市场竞争和科学技术进步的重大成就，不仅反映了铁路在线路、桥梁、隧道、机车、车辆、通信、信号、供电、运输等领域的一系列技术进步，而且导致设计、施工、运营和维修等方面根本性的技术和管理变革。高速铁路包含新型的牵引动力技术、制动技术、轮轨技术、弓网受流技术、车辆结构和列车空气动力学、列车运行自动控制技术、系统安全性和可靠性技术、信息和通信技术、灾害的预测监控技术、运输计划和智能调度技术、旅客服务系统（客票预售和站车服务等）、设备运用、整备和维修一体化管理、环境保护等软硬技术的成果，是铁路运输现代化的标志与体现。

二、高速铁路的竞争优势

与其他运输方式相比，高速铁路具有独特的竞争优势。运输属性是铁路运输服务产品的使用价值属性，它表明其在社会经济系统中的用途，主要体现在公交化、舒适性、安全性、正点率、能耗少、效益高等方面。

1. 公交化

城际公交化是城市化进程中铁路运输服务产品的发展趋势之一。铁路运输服务产品的公交化主要反映在高速铁路的大容量运输能力和很高的发车频次方面。

从发车频次来看，目前我国高速铁路几乎都能满足最小行车间隔 4min 及其以下的要求，其中京津城际客运专线及武广高速铁路的最小行车间隔均可达到 3min。

从客运容量看，高速铁路由于其发车频次的优势，大容量的运输能力优势明显。以京沪高铁为例，单日开行旅客列车最高可达到 666 列。2023 年 12 月 10 日，京沪高铁对外宣布该线旅客发送量已突破 2.1 亿人次。

2. 舒适性

运输工具的舒适性是衡量运输服务产品的重要指标之一。近年来，人民生活水平不断提高，人均收入逐年稳步提升，旅客对运输方式舒适性的要求还会逐步提高。

铁路运输产品的舒适性主要表现在服务态度较好、候车时间较短、购票方便、运行平稳、设施设备先进、旅客平均空间较大等方面。高速铁路可以做到每 3～5min 发一列车，旅客基本上可以做到随到随走，不需要候车。西欧、日本等国家的高速列车还采取周期化运行、站台按车次固定化等措施，进一步方便了旅客乘车。

3. 安全性

安全性也是衡量运输服务产品质量的重要指标之一，是旅客最关心的因素之一。安全性主要体现在交通事故的次数和程度上。

高速铁路具有良好的安全性能。由于高速铁路在全封闭环境中运行，又有一系列完善的安全保障系统，其安全系数是任何交通工具所无法比拟的。高速铁路事故率及人员伤亡率远远低于其他现代交通运输方式。因此，高速铁路被认为是迄今为止最安全的运输方式。

4. 正点率

从国外及国内已运营线路实际情况看，高速铁路列车运行普遍具有很高的正点率，终到误差时间小于 5min 的概率在 90%以上。其中，法国高速铁路目前达到平均晚点时间为 30s，特别是行车密度很高的日本仍能达到正点率 98.5%，平均晚点时间不超过 1min。表 3-2 为日本、法国、德国高速铁路正点率比较。

表 3-2 日本、法国、德国高速铁路正点率比较

晚点时间/min	正点率/%		
	日本高速铁路	法国高速铁路	德国高速铁路
≤1	92.5		
≤3	98.1	90	
≤5	98.5		90
≤10	99.1		

此外，西班牙 AVE 高速列车承诺晚点 5min 退赔全部票款，正点率也因此大幅提高。从马德里发往瓦伦西亚的列车数由 1992 年通车时的 8 次增加到 2022 年的 20 次，除去每天凌晨的几小时，在马德里阿托查火车站每隔 1h 准时开出一班列车，速度大幅加快。

5. 能耗少

在日本，私家车、出租车、公共汽车、普通列车、新干线、轮船、飞机平均每千米人均能耗分别为 280kcal（1kcal=4.184kJ）、1290kcal、247kcal、100kcal、123kcal、295kcal、394kcal，设新干线能耗为单位能耗，则对应比例依次为 4.72∶10.49∶2.01∶0.81∶1.00∶2.40∶3.20。另外，高速列车利用电力牵引，不消耗石油等宝贵的不可再生液体燃料，可利用多种形式的能源。

高速铁路不仅能耗低，还能综合利用资源。由于高速铁路采用电力机车牵引，其能源来自多方面，可以综合利用资源，特别是可以利用丰富而廉价的水利资源，而当前的航空和绝大多数高速公路交通工具只能以高级汽油作为能源。

虽然高速铁路比机场占地多，但比高速公路占地少。6 车道高速公路路面宽约 37m，而双线高速铁路路基宽约 11m，前者约为后者的 3.4 倍。一条高速铁路的用地宽度约为一条 4 车道高速公路的 1/3，而一条高速铁路完成的运量至少相当于一条 8 车道高速公路。在相同运量下，高速铁路所需用地只相当于 4 车道高速公路的 1/6～1/4。从巴黎到里昂高速铁路的占地面积小于巴黎戴高乐机场的占地面积。

电气化高速铁路基本上消除了粉尘、油烟和其他废气污染，且噪声污染较低。例如，设航空运输每千人公里产生的噪声为 1，大轿车产生的噪声为 0.2，高速铁路产生的噪声仅为 0.1，高速铁路比高速公路产生的噪声低 5～10dB。私家车、公共汽车、飞机、轻轨、新干线的二氧化碳（CO_2）排放比分别为 7.5∶3.17∶5∶1.5∶1，新干线 N700 系 Nozomi 列车的人均二氧化碳排放量只有 B777-200 客机的 1/12。

6. 效益高

高速铁路是推动经济起飞的动力，可以产生良好的社会经济效益。

1）人均工程造价和人均运营成本低，投资回收快。1964 年 10 月全线开通的日本新干线，1966 年开始盈利，1972 年收回全部投资。1980 年，东海道和山阳新干线盈利约 27 亿

美元，1985 年达到 43 亿美元。日本东海道新干线运营 8 年后即全部收回线路修建和机车车辆购置费。法国高速铁路东南线 1981 年投入运营，10 年后即收回全部投资。

2）带动相关产业的配套发展。高速铁路大量修建后，高速列车制造业及相关的零件、部件、组件产业的供应链必将迅速扩大。牵引供电、通信信号、列车运行控制等配套产业也随之兴旺。冶金、机械、电子、自动控制等高新技术由于高速铁路的需求必将迅速发展，为国民经济可持续发展提供原动力。

3）快速高效的高速铁路分流了大量旅客，极大地减轻了原有干线的运输压力，消除了阻塞现象，为人们的出行节省了大量时间，累计节约了大量的社会时间价值。同时，还吸引了大量资金进入沿线地区，工厂、企业数量猛增，促进了铁路沿线地区的城镇化进程，创造了新的就业机会，这些地区国民经济产值和个人经济收入均大幅增长。

在整个现代化程度提高的情况下，人们的时间精细化管理能力进一步提升，高速铁路的技术经济优势使其在一定范围内成为一种更为经济、有效的运输方式。

三、我国高速铁路的发展

我国铁路向高速铁路的发展并非一蹴而就、一路坦途。1949 年后的 40 年间，我国铁路长期在低速徘徊。直到 1990 年，我国的铁路客车平均运营时速仅为 48.3km，最高时速只有 100km。相对于国民经济的高速增长，铁路运营能力远远不能适应经济社会发展的需求。

我国高速铁路技术从 1990 年开始科研攻关。在当时，我国虽然有普速铁路领域很强的建设能力和运营经验，但没有涉足快速和高速铁路实践。随后，我国铁路人开始了向日本、德国和法国等高速铁路先行者学习，并结合实际需要，坚持自主创新。

1. 高速铁路创新发展

我国高速铁路展现出强大的自主创新能力。我国高速铁路坚持政府主导，以企业为主体，引进关键技术与集成创新相结合、工程实践与消化吸收相结合、原始创新与改进提高再创新相结合，产学研用一体的高速铁路技术创新路线。坚持走这条路线，极大地推进了我国高速铁路的技术进步。

（1）第一阶段：技术引进（2004～2008 年）

2004 年，我国准备全国普及高速铁路，但是自己无法设计和制造，于是决定通过技术引进发展高速铁路。这一阶段，我国通过引进、消化、吸收，基本掌握了时速 200～250km 的高速列车制造技术。

（2）第二阶段：自主制造与自主创新（2008～2015 年）

我国对列车提出了新的要求，即时速达 380km。为了克服技术障碍，自 2008 年年底开始，我国建立了一个名为“226 计划”的特殊团队。这个团队的作用是解决关键技术问题。这个团队由青岛四方、中国中车、中车唐山公司，以及中国的 25 所大学、56 个关键实验室和 500 家原始设备制造商组成。其中，包括 500 多名研究员和约 10 000 名工程师。

（3）第三阶段：走出国门（2016 年至今）

目前，我国铁路已经掌握设计、制造适应各种运行需求的不同速度等级的高速动车组列车成套技术，具备极强的系统集成、适应修改、综合解决并完成本土化的自主创新能力，最终形成自主技术标准与设计，完成从“中国制造”向“中国创造”的转身。中国高速铁路技术已经处于世界先进行列，并开始角逐全球高速铁路市场，中国高速铁路正在大步走向世界。中国铁路“走出去”项目遍及亚洲、欧洲、非洲和北美洲。我国在雅万高速铁路、泰国曼谷—廊开高速铁路、匈塞铁路、俄罗斯莫斯科—喀山高速铁路上已取得重大进展。

雅万高速铁路，全称雅加达—万隆高速铁路项目，全长 142.3km，设计时速 350km，总投资约 60 亿美元。这是一个由两国政府主导搭台、两国企业合作建设的项目，也是中国高速铁路从技术标准、施工建造、运营管理和人才培训等全方位“走出去”的第一个项目。

泰国曼谷—廊开高速铁路，设计时速 250km，建成后形成中、老、泰铁路互联互通，是泛亚铁路网的重要组成部分。

匈塞铁路是连接匈牙利首都布达佩斯和塞尔维亚首都贝尔格莱德的电气化客货混运铁路，全长 350km，最高设计时速为 200km。塞尔维亚境内贝尔格莱德至诺维萨德段（简称“贝诺段”）率先开通运营，匈塞铁路诺维萨德至苏博蒂察边境段（简称“诺苏段”）将于 2024 年年底竣工，届时匈塞铁路塞尔维亚段将全部建成。

俄罗斯莫斯科—喀山高速铁路，全长 770km，这是使用中国高速铁路技术、由我国和莫斯科设计研究院共同设计的高速铁路项目。

中国高速铁路是我国自主创新的一个成功范例，从无到有，从引进、消化、吸收、再创新到自主创新，现在已经领跑世界。中国高速铁路展现出令人骄傲的自主创新成果。短短十几年，中国从没有一寸高速铁路，发展到拥有世界上运营里程最多的高速铁路。从“和谐号”动车组到完全自主知识产权的“复兴号”动车组，从“四纵四横”到“八纵八横”，不断发展的高速铁路技术、不断扩大的高速铁路版图，给人民群众带来越来越便利的出行体验。中国高速铁路通过“引进先进技术，联合设计生产，打造中国高速铁路品牌”的指导方针，已实现“引进技术—中国制造—中国创造”的跨越式发展，形成自主知识产权，使中国迅速成长为全世界公认的头号高速铁路大国。中国标准的高速铁路领域已逐步被世界认可。

2. 我国高速铁路线路规划

根据《“十四五”现代综合交通运输体系发展规划》第二章第三节：到 2025 年，综合交通运输基本实现一体化融合发展，智能化、绿色化取得实质性突破，综合能力、服务品质、运行效率和整体效益显著提升，交通运输发展向世界一流水平迈进。以“八纵八横”高速铁路主通道为主骨架，以高速铁路区域连接线为衔接，以部分兼顾干线功能的城际铁路为补充，主要采用 250km 及以上时速标准的高速铁路网对 50 万人口以上城市覆盖率达到 95%以上，普速铁路瓶颈路段基本消除。7 条首都放射线、11 条北南纵线、18 条东西横线，以及地区环线、并行线、联络线等组成的国家高速公路网的主线基本贯通，普通公路质量进一步提高。布局完善、功能完备的现代化机场体系基本形成。港口码头专业化、现代化水平显著提升，内河高等级航道网络建设取得重要进展。综合交通枢纽换乘换装效率进一步提高。重点城市群一体化交通网络、都市圈 1h 通勤网加快形成，沿边国道基本贯通。

根据 2016 年 7 月发布的《中长期铁路网规划》，在 2016～2025 年（远期展望到 2030 年）规划建设以“八纵八横”主通道为骨架、区域铁路连接线衔接、城际客运铁路补充的高速铁路网。

（1）“八纵”通道

1）沿海通道。大连（丹东）—秦皇岛—天津—东营—潍坊—青岛（烟台）—连云港—盐城—南通—上海—宁波—福州—厦门—深圳—湛江—北海（防城港）高速铁路（其中青岛至盐城段利用青连、连盐铁路，南通至上海段利用沪通铁路），连接东部沿海地区，贯通京津冀、辽中南、山东半岛、东陇海、长三角、海峡西岸、珠三角、北部湾等城市群。

2）京沪通道。北京—天津—济南—南京—上海（杭州）高速铁路，包括南京—杭州、蚌埠—合肥—杭州高速铁路，同时通过北京—天津—东营—潍坊—临沂—淮安—扬州—南通—上海高速铁路，连接华北、华东地区，贯通京津冀、长三角等城市群。

3）京港（台）通道。北京—衡水—菏泽—商丘—阜阳—合肥（黄冈）—九江—南昌—赣州—深圳—香港（九龙）高速铁路；另一支线为合肥—福州—台北高速铁路，包括南昌—福州（莆田）铁路。连接华北、华中、华东、华南地区，贯通京津冀、长江中游、海峡西岸、珠三角等城市群。

4）京哈—京港澳通道。哈尔滨—长春—沈阳—北京—石家庄—郑州—武汉—长沙—广州—深圳—香港高速铁路，包括广州—珠海—澳门高速铁路。连接东北、华北、华中、华南、港澳地区，贯通哈长、辽中南、京津冀、中原、长江中游、珠三角等城市群。

5）呼南通道。呼和浩特—大同—太原—晋中—长治—晋城—郑州—襄阳—常德—益阳—邵阳—永州—桂林—南宁高速铁路。连接华北、中原、华中、华南地区，贯通呼包鄂榆、山西中部、中原、长江中游、北部湾等城市群。

6）京昆通道。北京—石家庄—太原—西安—成都（重庆）—昆明高速铁路，包括北京—张家口—大同—太原高速铁路。连接华北、西北、西南地区，贯通京津冀、太原、关中平原、成渝、滇中等城市群。

7）包（银）海通道。包头—延安—西安—重庆—贵阳—南宁—湛江—海口（三亚）高速铁路，包括银川—西安及海南环岛高速铁路。连接西北、西南、华南地区，贯通呼包鄂、宁夏沿黄、关中平原、成渝、黔中、北部湾等城市群。

8）兰（西）广通道。兰州（西宁）—成都（重庆）—贵阳—广州高速铁路。连接西北、西南、华南地区，贯通兰西、成渝、黔中、珠三角等城市群。

（2）“八横”通道

1）绥满通道。绥芬河—牡丹江—哈尔滨—齐齐哈尔—海拉尔—满洲里高速铁路。连接黑龙江及蒙东地区。

2）京兰通道。北京—呼和浩特—银川—兰州高速铁路。连接华北、西北地区，贯通京津冀、呼包鄂、宁夏沿黄、兰西等城市群。

3）青银通道。青岛—济南—石家庄—太原—银川高速铁路（其中绥德至银川段利用太中银铁路）。连接华东、华北、西北地区，贯通山东半岛、京津冀、太原、宁夏沿黄等城市群。

4）陆桥通道。连云港—徐州—郑州—西安—兰州—西宁—乌鲁木齐高速铁路。连接华东、华中、西北地区，贯通东陇海、中原、关中平原、兰西、天山北坡等城市群。

5）沿江通道。上海—南京—合肥—武汉—重庆—成都高速铁路，包括南京—安庆—九江—武汉—宜昌—重庆、万州—达州—遂宁—成都高速铁路（其中成都至遂宁段利用达成铁路），连接华东、华中、西南地区，贯通长三角、长江中游、成渝等城市群。

6）沪昆通道。上海—杭州—南昌—长沙—贵阳—昆明高速铁路。连接华东、华中、西南地区，贯通长三角、长江中游、黔中、滇中等城市群。

7）厦渝通道。厦门—龙岩—赣州—长沙—常德—张家界—黔江—重庆高速铁路（其中，厦门至赣州段利用龙厦铁路、赣龙铁路，常德至黔江段利用黔张常铁路）。连接海峡西岸、中南、西南地区，贯通海峡西岸、长江中游、成渝等城市群。

8）广昆通道。广州—南宁—昆明高速铁路。连接华南、西南地区，贯通珠三角、北部湾、滇中等城市群。

（3）拓展区域铁路连接线

在“八纵八横”主通道的基础上，规划建设高速铁路区域连接线，进一步完善路网、扩大覆盖。

1）东部地区。北京—唐山、天津—承德、日照—临沂—菏泽—兰考、上海—湖州、南通—苏州—嘉兴、杭州—温州、合肥—新沂、龙岩—梅州—龙川、梅州—汕头、广州—汕尾等铁路。

2）东北地区。齐齐哈尔—乌兰浩特—白城—通辽、佳木斯—牡丹江—敦化—通化—沈阳、赤峰和通辽至京沈高速铁路连接线、朝阳—盘锦等铁路。

3）中部地区。郑州—阜阳、郑州—濮阳—聊城—济南、黄冈—安庆—黄山、巴东—宜昌、宣城—绩溪、南昌—景德镇—黄山、石门—张家界—吉首—怀化等铁路。

4）西部地区。玉屏—铜仁—吉首、绵阳—遂宁—内江—自贡、昭通—六盘水、兰州—张掖、贵港—玉林等铁路。

（4）发展城际客运铁路

在优先利用高速铁路、普速铁路开行城际列车服务城际功能的同时，规划建设支撑和引领新型城镇化发展、有效连接大中城市与中心城镇、服务通勤功能的城市群城际客运铁路。具体包括：京津冀、长三角、珠三角、长江中游、成渝、中原、山东半岛等城市群，建成城际铁路网；海峡西岸、哈长、辽中南、关中、北部湾等城市群，建成城际铁路骨架网；滇中、黔中、天山北坡、宁夏沿黄、呼包鄂榆等城市群，建成城际铁路骨干通道。

第二节　高速铁路与国民经济

一、高速铁路对我国城镇化发展的意义

高速铁路建设对我国城镇化发展起到巨大的促进作用。除北京、上海等少数城市高速铁路车站设在城市中心区域外，由于技术标准高、曲线半径大、市区拆迁成本高等因素，高速铁路车站选址一般远离原有城市中心。高速铁路车站等的建设对城市土地利用和城市布局的引导具有重要作用，是城市形成、发展的重要因素。

与既有线路相比，高速铁路更加适应现代高速旅行需求，其车站具有更强大的吸引力。

在高速铁路车站的吸引下，既有城市会逐渐向高速铁路车站方向发展，形成带状城市，与既有车站共同构成城市的两极。同时，高速铁路车站还能带动周边城镇的经济发展。

中国城镇化以城市群建设为基本依托，并以干线通道的交通运输作为支撑，这就给城镇化提出全新的要求。

1. 中国城镇化对于交通运输网络的需求

城镇化的快速发展带来城市空间布局的集聚和规模的扩大，随着经济发展水平的提高和人们可支配收入的不断增加，交通消费在个人收入中的占比将进一步增加，出行次数也相应增多，蕴含着巨大的客运需求。加快建设适合城镇化的交通运输网络，从而支撑城市群之间和城市群内部的交通运输，有利于推动城镇化建设。

（1）城镇化过程中交通运输需求的总量迅速增加

城镇化水平的提高，带来人口的流动，从而带来信息流、商品流、资本流的发展，整个社会将更加活跃，全社会的旅客交通运输需求也随之增大。

与发达国家相比，我国在完成城镇化以后，人均旅行次数会大幅增加。大量农村劳动力往返于城乡之间，使得城市群之间和城市群内部的人员流动数量大幅增长，同时大幅增加了通道干线和城市间的客运压力。城镇化的过程一般也是人均 GDP 增长的过程，人们收入水平的增加必然对旅游出行提出更高的要求，尤其是节假日和春运时期，繁忙干线的客运压力巨大。城镇化也带来产业的重新布局，人们生产和生活的区域会发生分离，大量通勤客流将出现在产业转移的区域，从而带来交通运输旅客运输的总量增加。

（2）城镇化过程中客运强度将大幅增加

城市是人类高强度集聚的地区，也是社会经济各种要素高度集聚发展的地区。城市可以利用其固有的规模经济优势，实现专业化分工和集中服务，这也带来城市内部、城市之间和城市群之间高强度的客流。

城市集群化是城镇化发展的必然结果，随着城市功能的重新布局，城市各区域的功能重新进行配置，新旧城区之间的人口将出现重新聚集，人们的通勤线路也会发生变化，核心城市和外围城市的客流强度将会进一步增加。

1978～2021 年，中国人均 GDP 从 379 元增加到 80 976 元，旅客运输需求总量从 1978 年的 25.4 亿人次增加到 2019 年的 176.04 亿人次。随着中国城镇化进程的加快，旅客运输需求将大幅增长。随着城镇化率的进一步提升，中国的人均 GDP 也会出现大幅提升，旅客运输需求将成倍增加，繁忙干线的旅客运输面临很大的挑战，迫切需要大运量的运输方式来满足需求，而民航和小汽车等客运工具又大大受到资源和环境的约束，只有高速铁路可以凭借其电力牵引和大运量等技术经济特性，满足城市群之间高强度、高密度、快速化的运输要求。

2. 城镇化要求高效的交通运输网络

协调推进城镇化是实现现代化的基础，城镇化总是与现代化相伴而行，而现代化要求有高效的交通运输网络配套，要求城市人员和资源在城镇化过程中进行流畅、便捷的集聚和扩散。不同的城市群有不同的分工，城市群内部也有分工，功能的多样化要求交通运输网络能够适应不同的需求，效率低下的交通运输网络无法应对城镇化过程中生产要素和人员的流动。尤其是高度城镇化后的城市群，需要有高强度的交通运输通道作为支撑。因此，交通运输网络特征必须与交通运输需求特征相适应。

只有建立客运快速化、货运物流化的智能型综合交通运输体系，才能真正发挥交通运输的基础性和动力性。旅客运输在现代化条件下，需求层次更加多样化，对全旅程在途时间的要求也越来越严格，只有在城市群之间和城市群内部建立快速和便捷的客运系统，才能真正满足现代化交通运输的要求。

3. 高速铁路的技术经济优势契合城镇化的发展要求

高速铁路是铁路运输在技术进步条件下的系统集成，是在广泛吸收全新的技术进步成果基础上发展起来的。随着自动控制技术、牵引和控制技术、空气动力学技术、现代施工技术及新工艺、新材料的革命性发展，铁路突破了轮轨极限速度的限制，使得铁路客运的高速化成为可能。

高速铁路继承了普通铁路的一些技术经济优势，同时通过技术创新带来了全新的技术特征，如旅行时间消耗少、输送能力强、安全性能好、确定性强、环境友好、舒适性高。这些技术经济优势正好契合中国现代城镇化对于交通运输业的要求。

二、高速铁路与城镇化的契合性

高速铁路凭借其技术经济优势，可以通过对城市群之间和城市群内部的交通支撑来带动城镇化的发展。高速铁路的技术经济优势满足城镇化的发展要求，主要体现在以下几个方面。

1. 输送能力大，可以联系城市经济带

在城镇化过程中，人口和产业布局集中的城市群之间及城市群内部，时空布局将产生重大变化，生产要素和人员往往突破边界的约束，进行资源和要素的重新整合，从而产生巨大的客运需求，这就要求在城市群之间和城市群内部进行大运量和高密度的交通运输网络，同时，在资源和环境约束条件下，高速铁路基于其技术经济优势正好可以满足城镇化的需求，高速铁路可以联动经济带，不仅可以作为城市群联系的干线通道运输方式，还可以兼顾城市群内部中小城市的交通运输服务。对于有高速铁路建设和运营客流需求的城市，即使设站距离可能比较小，也可以通过运输组织的优化来达到合理的客运效果。

2. 高速铁路网络特性决定城镇化过程就是交通运输网络增益过程

高速铁路的网络经济效益明显，在成网条件下，高速铁路的平均成本将大幅下降，而且随着新的枢纽和线路的入网，高速铁路系统的网络结构效益将成倍增长。城镇化的过程就是城市不断聚集、新城市不断涌现的过程。新的城市群的形成，必然需要加强与其他城市群的联系，只需将新的高速铁路接入既有高速铁路网，就能实现成倍的交通运输效率。

高速铁路网可以满足城镇化过程中城市群的发展需要，每个城市群的产生和扩展，每个城市的集聚与扩散，都将产生全新的高速铁路网络节点和枢纽。高速铁路网效率随着铁路枢纽的增加出现非线性增长，也可以完成对城镇化的基础设施支撑。

3. 高速铁路是节能和绿色的运输方式，可以满足城镇化对于交通的要求

研究表明，若以普通铁路每人每公里消耗的能源为 1 单位，则高速铁路为 1.4，公共汽车为 1.5，小汽车为 8.8，飞机为 9.0。使用电力的高速铁路不仅在单位能耗方面相对节约，也可以规避中国多煤、缺油、少气的能源风险。电力牵引的高速铁路在废气排放方面基本可以忽略不计，这对于城市群内部的环境保护非常重要。此外，高速铁路对土地的占用也相对较少，每 1km 高速铁路仅占地 4 万～7 万 m^2，1 条高速铁路相当于 1 条 6 车道高速公路，土地利用率比公路高 40%左右，尤其在城镇化过程中城市用地紧张的情形下其意义重大。

另外，高速铁路相对市区的距离要比民航机场近，通常可以很好地实现与城市公共交通的换乘，从而减少城市内部交通运输污染排放。

4. 高速铁路外部社会经济效益，可以引导城镇化的发展

高速铁路的发展将引导新型城镇化的发展方向和发展模式。到 2021 年年底，我国铁路已经覆盖全国 81%的县，高速铁路通达 93%的 50 万人口以上城市。高速铁路的发展使生产要素与商务活动的可达性发生翻天覆地的变化。高速铁路沿线地区人口集聚和产业升级，将诱发新城镇的形成，并通过压缩时空距离来降低城镇化的成本，增强已有城镇的产业竞争力和吸引力，并对城镇化过程产生强大的推动作用。

高速铁路技术的成熟和发展，颠覆了人们对于时空效应的认知，有机会并有能力拉近西部与东部的主客观距离，从而促进中国东西部地区协调发展。高速铁路沿线城市的时空距离的变化，使得沿线城市之间的联系更加密切，城市之间的产业互补和分工协作更加合理。通过高速铁路的扩散效应，将高速铁路沿线欠发达区域产业进行重新布局，与大城市的产业链进行对接，促生一批环绕中心城市的中小城市群落，建立起以中心城市为龙头，以大中城市为骨干，以小城市和城镇为依托，城市群内部协调发展、城市群之间密切联系的新型城镇化体系。利用高速铁路车站枢纽的区位优势，可以对车站周边进行房地产开发，带动周边区域商业、金融、旅游业的发展。

高速铁路不仅可以服务于既有城市群的客流，而且可以通过改善地缘政治状况，引导产业布局，从而引导城镇化的发展。交通运输不仅在运输供给短缺的情形下被动满足社会经济发展的需要，而且可以通过主动发展来引导社会经济发展。西部高速铁路建设必然会带来向西开放新的城市群，通过产业转移，促进西部地区产生新的经济增长区域，从而带动相关区域的城镇化进程。法国的旺多姆镇就是在高速铁路影响下发展起来的，借助高速铁路的辐射效应，该镇人口大幅增加，旅游业加速发展，基础设施迅速得到改善，目前已经蜕变为一个崭新的城市。

高速铁路建设是中国进行城镇化的必然选择，在城镇化过程中，城市群之间和城市群内部的高速铁路，不仅可以满足现代化运输的高效要求，而且可以带来高速铁路网络系统的增益。高速铁路作为铁路全新的技术进步成果，已经得到理论和实践的验证，高速铁路凭借其技术经济优势，可以满足中国城镇化建设对于交通运输大运量、高密度、低污

染、能源结构合理等要求。

高速铁路是面向现代化的交通运输方式，虽然部分线路在短时间内无法实现良好的经济效益，但高速铁路的运营可以为普通旅客带来相应的消费者剩余，从而促进城镇化的建设和发展。

三、高速铁路对相关产业技术的拉动效应

高速铁路建设相比传统铁路，其产业技术密集度更加明显，对铁路建筑业中的高技术产业、设备制造业、通信设备及其他电子设备制造业等技术密集型产业的拉动效应更加明显。

1. 机车车辆装备技术达到世界先进水平

按照“引进先进技术，联合设计生产，打造中国品牌”的总体要求，我国成功引进了世界上最先进的时速 200km 及以上动车组和大功率内燃机车、大功率电力机车技术，在此基础上，通过消化、吸收、再创新，掌握了关键技术，拥有了自主知识产权，使我国机车车辆装备水平实现重大跨越。在动车组技术方面，在前几年形成的时速 200～250km 动车组技术平台上进行再创新，成功搭建了具有自主知识产权和世界一流水平的时速 350km 动车组技术平台，实现了国产时速 350km 动车组的批量化生产。这些动车组在京津城际铁路运营实践中，表现出安全可靠、平稳舒适、节能环保等优良性能。2008 年以来，为适应京沪高速铁路运营的需要，在充分利用已有的时速 350km 动车组技术平台的基础上，进一步深化关键技术研究，新一代高速动车组和高速检测车研发工作取得重大进展。截至 2022 年年底，我国投入运营的动车组已达 4048 标准组、32 380 辆。在大功率机车研究方面，我国 6 轴 9600kW 大功率电力机车和 4413kW 大功率内燃机车整车已经投入运行，并形成具有完全自主知识产权的大功率机车产品系列。到 2022 年 8 月，全国投入运营的大功率机车达到 1.3 万台以上。车辆技术方面，自主研制的载重 70t 级通用货车、80t 煤炭专用货车、100t 矿石和钢铁专用货车批量投入运用，新型通用货车和经过技术改造的货车已达到货车保有量的 90%以上；货车车辆实现更新换代，全部达到时速 120km 的技术标准。同时，为适应高速铁路、提速线路和重载铁路维修需要，铁路部门大力扶持昆明中铁大型养路机械集团有限公司等企业，开展大型养路机械技术的引进、消化、吸收、再创新，大型养路机械的国产化率大幅提升，作业精度和运用水平不断提高。

2. 高速铁路技术达到世界先进水平

通过京津城际铁路的建设和运营，在解决轨下基础工程后沉降控制、大断面桥梁隧道设计施工、大吨位桥梁研制应用、轨道系统产业化等难题上取得了显著成果。在高速铁路的固定设施、移动设备、系统集成、列车控制、运营管理、环境保护等方面实现了一系列重大技术创新，形成具有我国特色的高速铁路技术标准体系，为建设京沪高速铁路等一大批客运专线提供了有力的技术支撑。

3. 既有线提速技术达到世界先进水平

通过实施铁路大面积提速，我国铁路全面掌握了时速 200km 及以上线路的设计、施工、养护和牵引供电、通信信号、列车控制等成套技术，进入世界铁路既有线提速先进行列。截至 2023 年年底，全国铁路营业里程 15.9 万 km，其中高速铁路营业里程 4.5 万 km。

4. 运输调度技术达到世界先进水平

我国铁路全面掌握了时速 200km 及以上列车运行控制技术（CTCS2），构建了 GSMR 移动通信无线传输平台，在京津城际铁路集成创新了时速 350km 列车运行控制技术（CTCS3D），在不同速度等级列车混合运行、高速线与既有线互联互通、地车安全信息连续传输、轨道电路对无砟轨道适应性等方面实现重大技术创新，我国铁路通信信号技术已接近世界前沿。列车调度指挥、客票发售与预订、货运大客户管理、建设项目管理等信息系统广泛应用，铁路网络与信息安全保障体系不断完善，促进了运输生产和经营管理效率的提高。

围绕高速铁路建设与运营，聚合了一个庞大的高新技术产业集群。公开数据显示，我国高速铁路每 1 亿元投资，对建筑、冶金、制造等上下游关联产业拉动产值在 10 亿元以上，可创造就业岗位 600 多个。例如，近年来，长三角铁路建设每年为上海、江苏、浙江、安徽提供超过 10 万个就业岗位；京沪高速铁路除了对直接相关的产业链具有拉动作用，还给环渤海和长三角地区经济发展带来强烈的衍生效应。按照铁路投资与相关产业 1∶10 的比例计算，京沪高速铁路两年拉动内需估算高达 1.2 万亿元，对促进沿线当地经济发展的效果十分明显。此外，值得一提的是，复兴号高速列车作为现代高新技术的集成，零部件数量达 10 万个以上，独立的技术系统超过 260 个，设计生产动车组零部件的核心企业超过 100 家、紧密层企业达 500 余家，覆盖 20 多个省份，带来了大量的就业岗位，这背后的潜在收益也是巨大的。

高速铁路产业链涵盖基建、车辆和配套设施购置、运营和维护四大部分。从受益的时间顺序、市场容量、利润率 3 个维度出发，按现阶段受益程度排序的子行业依次为铁路信息化设备制造、轨道交通装备及零部件制造、高速铁路建设等。

同时，高速铁路建设带动了相关产业链的发展，对钢材、水泥、建筑、机械、冶金、玻璃、电力、信息、精密仪器等具有重要影响作用。高速铁路优化了相关产业布局和资源配置模式，促进了产业结构升级，为淘汰落后产能、加快产业升级转型创造了条件。

四、高速铁路对 GDP 的拉动作用

高速铁路对 GDP 具有拉动作用，主要包括两个方面：一方面是高速铁路投资建设对 GDP 的拉动作用；另一方面是高速铁路运营产生的间接经济效益。

1. 高速铁路投资建设对 GDP 的拉动作用

高速铁路对经济增长的直接推动作用表现为作为国民经济的组成部分，其本身所创造的产出（增加值）的增加，直接引起 GDP 的增加，从而促进经济增长。高速铁路的这种直

接推动作用，随经济的发展会越来越强。关于高速铁路对经济增长的作用，可以从基础设施对经济增长的作用的变化中看出。

美国经济学家西蒙・库兹涅茨（Simon Kuznets）对发达国家产业演进历史规律的考察表明，随着经济的发展，基础设施所属的第三产业在国民经济中所占份额越来越大；而基础设施中交通运输和通信业创造的产值增加速度快于平均的经济增长速度。也就是说，交通运输和通信基础设施部门创造的增加值在国民经济中所占份额在增加。经济学家霍利斯・钱纳里（Hollis Chenery）和赛尔奎因（Syrquin）等进一步分析了产业结构中产业附加值结构的变动趋势及其在不同阶段、不同部门对经济增长的贡献，研究结果表明，随着经济的发展，初级产品生产业（主要是指农业）附加价值在国民经济中所占的比重一直在下降（由 39%降至 9%），制造业和社会基础设施产业所创造的附加价值一直在上升。

1）社会基础设施产业的附加值在国民经济中所占比重发生变化。从各阶段各产业附加价值结构的变化趋势来看，社会基础设施产业的附加价值在国民经济中所占的份额在增加，这说明社会基础设施对社会经济增长的直接贡献在不断上升，也说明基础设施产业直接推动经济增长的作用在增强。

对于交通运输基础设施与经济增长之间的作用关系，国内一些学者在库兹涅茨理论的基础上提出了“交替推拉关系”假说。该假说认为，交通运输方式演进的漫长过程，从运输业结构的角度可以分为两个本质不同的时期——渐变期和剧变期，它们交替占据主导地位，一种新的交通运输方式的出现会引起一次剧变期的出现，每两次剧变期之间的时期则属于渐变期。在特定的运输系统中，随着经济的发展，社会对交通运输的需求提出了新的要求。

这些要求在逐渐积累的初期，往往位于原有交通运输方式的极限之内，因此可以通过对原有运输系统的改造来满足。这期间，交通运输业对经济发展的作用往往比较隐蔽，主要体现为支持经济增长，处于相对被动的地位。若交通运输业的发展能够跟上经济发展的步伐，则交通运输业的作用不会显现，往往不为人们关注；如果交通运输业的发展跟不上经济发展的步伐，它就会以阻碍经济发展的消极方式来显示其在经济发展中的作用。然后，随着“积累”的进一步扩大，它将突破原有运输系统的极限，迫使新的交通运输方式的产生和发展。新的交通运输方式的产生及随之而来的迅速发展，必然要向社会提出强大的物质需求，从而造就一批新兴产业的产生与壮大。在这一时期，交通运输业对经济发展的作用比较明显，不仅表现在支持经济的增长上，而且体现在刺激经济的发展上，可以认为处于相对主动的地位，似乎是交通运输业推动了经济的发展。

无论是从库兹涅茨的实证考察还是基于“交替推拉关系”假说，都可以归纳出交通基础设施影响经济增长的 3 个主要因素：①交通基础设施本身投资的大小，即交通基础设施投资越大，则在国民经济中的比例越高，对经济增长的贡献越大；②交通基础设施的技术经济优势，即与以往的交通基础设施相比，新的交通基础设施能否带来一种新的交通运输方式的革命，使产品和服务加速流动，并对原有资源配置方式产生革命性的影响；③产业的带动作用，即新的基础设施的带动作用越强，对现有产业的影响越大，从而对区域经济社会发展的影响也越大。

高速铁路与一般的交通运输业相比，具有投资数额巨大、技术优势明显、涵盖产业多、建设周期长等特点，因此与其他运输工具相比，其对经济增长的贡献更大。高速铁路的建设主要包括铁路建设、车辆设备和运营管理。其中，土建工程投资是高速铁路投资构成中比重最大的部分，也是变化最大的部分。例如，京沪高速铁路，其土建工程总投资达到837亿元，占总投资的40%左右。

高速铁路运行速度的提高对列车上的各种设备提出较高的技术要求，机车车辆的建造成本和购置费用也大幅提高。从国外的经验来看，车辆设备成本在高速铁路中所占的份额达30%。以京沪高速铁路为例，每辆列车达2亿元。高速铁路的运行系统也是高速铁路投资的重要组成部分，这种投资特点使得高速铁路对GDP的拉动作用比其他基础设施更强，对国民经济的影响更大。

2）从高速铁路建设对GDP的前向影响来看，高速铁路修建后，为国民经济中其他产业部门提供了基础性服务，从而推动了相关产业产出的增加。例如，高速铁路的修建能将更多的产成品送到消费地，同时将更多的原材料运至生产地，这为原有生产部门扩大生产创造了有利条件，从而对生产企业和部门产生效果。对于这些部门的生产来讲，高速铁路实质上是一种必不可少的中间投入，高速铁路的发展为这些以高速铁路运输为中间投入的部门进一步扩大生产创造了条件。这些部门如果想进一步扩大生产，必然要求其他中间投入也按比例增加，进而对这些生产中间产品的部门产生效果。这些部门生产的扩大，又导致它们各自的中间投入相应地增长。一般产业的前向波及效应将受到产业自身特征的限制，因此，其前向波及效应覆盖面相对较窄，计量也相对简单。高速铁路是一种基础设施，国民经济的各个行业和部门都对其有需求，因此其前向波及效应涉及的面要广泛得多，其计量也相对复杂得多。

3）从高速铁路建设对GDP的后向影响来看，铁路建设可以创造巨大的市场需求和就业机会，这已为世人所公认。铁路既可以带动钢铁、建材、机械、电子设备和能源工业等相关产业的发展，又可以吸收大量的劳动力，提供就业机会。每1亿元铁路建设投资可以带动建筑业0.62亿元、金属制造业0.30亿元、金属冶炼及压延加工业0.37亿元、化学工业0.22亿元的总产出。高速铁路是建立在现代综合科学技术基础上的一个庞大的新型客运铁路系统工程，其投资大，带动的产业涵盖广，其所能引发的相关产业的发展是一般铁路无法相比的。高速铁路的修建将带动工程机械、桥梁及隧道专用钢铁、水泥、电力、建筑材料相关产业的发展，在轨道环节将带动轨道专用钢铁、轨道加工生产、机床、轨道辅助设备等相关产业的发展，在车辆采购环节将带动机车及车厢生产商、钢铁、车轴、轴承、座椅信息信号设备、计算机控制系统等产业的发展。以高速铁路的转向架为例，转向架作为高速铁路机车上一个至关重要的部分，包括车轮和空心软材、制动材料、转向架用钢材、枕梁材料、齿轮箱、轴箱材料、减振降噪材料等。在运营维护环节，高速铁路的修建将使养护耗材、零部件、相关易损设备的生产企业持续受益。

建设高速铁路不仅可以带动更多相关产业及其产量的增加，而且将大大促进这些产业的技术和产品质量的提升。例如，高速铁路要求具有长期稳定的路基、道床和高平直度钢轨的线路，这就要从土壤处理技术开始发展一系列的土建施工技术，设计制造特殊的大型施工机械。钢铁厂必须开发新型的轨钢机械满足高速列车的需求。高速列车的车厢内，要求在高速运行中保证旅客必要的乘坐舒适性，必须有良好的减振降噪技术、车厢门密封技术、空调和气压调节技术、卫生与排污技术、旅客信息与通信技术等。因此，高速铁路建设及其运营将不断扩大对这些中间投入的需要量，从而促进这些产品的生产部门扩大生产。这些部门生产的扩大又进一步对其各自的中间投入产生需求，于是又促进另外一些部门扩大生产。

以我国为例，大规模的高速铁路建设为产业链的整合和升级提供了巨大的舞台。北车集团唐车公司通过高速列车的引进、消化、吸收、再创新而焕发生机，企业发展理念脱胎换骨。该公司是我国第一家铁路工厂，其立足时速 350km 动车组生产、投资 7.5 亿元的工业化改造，不仅使企业摆脱了效益不佳、人才流失的困境，而且获得了来自德国西门子公司的铝合金车体订单，成为首家闯进发达国家高速铁路市场的中国企业。在京津城际轨道铺设现场，中铁二局集团有限公司工人将铁道轨间距误差控制在 0.5mm 左右，铁路建设进入精密工程的行列；在四川攀枝花钢铁（集团）有限公司，100m 的高精度无缝钢轨被首次锻造，让国内冶金工艺提升了一个大台阶……在高速铁路项目的拉动作用下，中国土木工程业与装备制造业的技术都在整体升级：高速动车组九大核心技术和十项主要配套技术，无砟轨道的设计、制造、施工、评估和检验技术，黄土、溶洞、软土等各种不利地质的防沉降技术等一系列技术难点，被产业链上的各家企业一一击破。轨道装备制造企业、土木建筑企业，与国内相关配套企业齐头并进，一条遍布 20 多个省份，涉及机械、冶金、建筑、电力、电子、信息等众多领域、上千家企业的高速铁路产业链被迅速培育成熟。正是产业链的整体升级，保证了关键技术不受制于人。高速铁路不仅有了中国标准，中国标准还将走向世界，美国、俄罗斯、印度等国纷纷正式表达了全套引进中国高速铁路技术的意向。

2. 高速铁路运营产生的间接经济效益

高速铁路运营还会带来一系列间接经济效益。

（1）高速铁路修建后带来的节省时间价值

旅行时间的价值计算，是通过以旅行时间的减少来增加其他活动的时间，再计算其他活动的时间价值来间接得到的。这是一种机会成本的计算方法，即计算放弃一种最可能的替代活动所损失的效益。人们的活动一般分为经济活动和闲暇娱乐活动。人们的旅行过程是一种闲暇活动，旅行本身不是目的，人们乘车是为了参加旅行终点的各种活动。人在旅行中并不为社会创造任何财富，但如果运输工具能够安全、快速地将人们送达旅行目的地，那么人们就可以有更多的时间、精力从事经济活动。高速铁路本身具有速度快的特点，能够为人们的旅行节省大量时间。另外，高速铁路一般修建在经济较发达的地区或者城市。在经济发达地区，生活节奏快，劳动生产率高，人们的市场观念强、收入水平高，故其单位时间价值也较高。同时，高速铁路线的人口多，客流量也大，因此高速铁路节省的总时间也多。事实上，对于作为公共服务基础设施的高速铁路来说，在其远大于自身经济效益的社会效益中，可计算的相当大的部分是以旅行时间节约的形式表现出来的。在正常状态下，乘坐既有铁路列车，从北京到上海需要 15～20h。京沪高速铁路的开通，使京沪两地间的火车旅程缩短至 5h 左右，平均每十几分钟发车一次，切实有效地改善了沿途各省份的经济及社会状况，也在相当大程度上节约了旅客的出行时间。

（2）高速铁路修建后的成本节省效应

高速铁路的成本节省效应是指高速铁路修建后改善了人们经济活动过程中的工作环境，降低了经济活动成本，节省了交易费用。经济活动的成本可以分为两大类：一类是发生在生产活动中的成本，称为生产成本；另一类是发生在交易活动中的交易成本。劳动、土地、资本的价格及数量是构成企业生产成本的重要因素。高速铁路的修建，有利于企业在一个更广的范围内寻求资源的最优配置方式，从而有利于企业降低生产成本。例如，企业为了贴近市场而不得不在经济发达地区选址。但经济发达地区的土地价格高，劳动力成本也高，而资本相对便宜，此时企业可能更多地支持南方经济的发展。但在高速铁路修建后，劳动力的流动更加频繁，此时企业可以将企业定位在土地价格相对便宜的地区，从而在其他条件不变的情况下降低自身的生产成本。以京沪高速铁路修建为例，长三角地区的民营企业众多，资本优势明显，京沪高速铁路的建设有助于长三角相对丰富的企业家带资本北上，与京津冀相对丰富的资源、技术与土地相结合，促进京津冀地区的发展。随着客货分流与货运能力的增强，京津冀地区甚至晋、蒙地区相对丰富的能源可以更多地南下，满足长三角经济增长对能源的巨大需求缺口，降低企业的能源成本，从而推动长三角地区的经济发展。

高速铁路对于降低企业交易成本的作用也是显而易见的。交易成本是指获得准确市场信息所需要付出的费用，以及谈判和经常性契约的费用。具体包括：①事先的交易成本，即签订契约，规定交易成本，规定交易双方的权利、责任等所花费的费用；②签订契约后，为解决契约本身存在的问题，从改变条款到退出契约所花费的费用。高速铁路修建后，高速铁路沿线的技术、信息、人才等流动更加频繁，从而可以避免市场中双方出现信息不对称的现象，降低企业的交易成本，最终促进企业效率的提高。

（3）高速铁路有助于带动就业

高速铁路对劳动就业机会的增加作用主要表现在以下几个方面。

1）建设高速铁路本身需要投入大量的劳动力。根据铁路工程概论预算定额的统计分析，新建 1km 铁路需要投入 10 万个劳动工日。高速铁路的施工复杂，工程难度大，因此需要投入的劳动力数量多。

2）建设高速铁路需要投入大量的材料和机械设备，这种需求可以刺激社会生产的发展。修建高速铁路需要大量的水泥、钢材等原材料，这对带动相关产业发展，使这些产业吸收更多的就业人数起到促进作用。同时，机车和相关电气设备是高速铁路投资的重要组成部分，高速铁路的修建能带动我国机车车辆生产企业、铁路电气设备生产企业等的发展，促使这些企业扩大自身生产规模，进而增加就业人数。

3）高速铁路的建成，必将带动电子、信息等一大批相关高新技术产业的发展。高速铁路作为高科技发展的产物，高度概括了铁路在牵引力、线路结构、行车控制、运输组织和经营管理等方面的先进技术，涉及机械、电子、信息、能源、材料、建筑、环保等科学技术领域。因此，其修建必然会带动相关产业的发展，吸收更多的人就业。

4）高速铁路运营后，可以改善旅行条件，节省旅行时间，提高地区的通达性，从而改善投资环境，吸引更多的外资，创造更多的就业机会。以京沪高速铁路为例，其沿线有许多拥有著名风景和文物古迹的城市，如兼具文化古都和现代都市风貌的北京，有“泉城”

美称的济南，五岳之首泰山的所在地泰安，孔府、孔庙所在地曲阜，位于太湖之畔的无锡，有“十朝都会之誉”的南京，旅游购物“天堂”上海，等等。这些原本各自独立的城市和旅游点，通过京沪高速铁路通道，形成一个旅游整体来吸引游客。这势必会带动这些地区旅游产业的发展，从而带动相关就业的发展。

（4）高速铁路有利于带动消费升级，促进经济增长

高速铁路带动消费升级，促进经济增长，主要体现在以下 3 个方面。

1）人们的收入增加带动消费升级，促进经济增长。高速铁路的投资建设将带动相关地区和产业收入的提高，从而使相关从业人员的收入提高；收入的提高又必然刺激消费，使社会最终需求增加；这又反过来刺激各部门生产的进一步扩大，导致消费水平的进一步提高。这种循环对相应部门会产生积极的效果。以日本新干线为例，高速铁路开通后，经济落后地区（如广岛、仙台、名古屋、福冈等地）的工业产出增速明显加快，不仅高于当时日本全国平均增速，也显著高于东京、大阪等经济发达地区，使东京、大阪的工业产值占全国比重分别从 20 世纪 60 年代初的 37%和 26%下降至 70 年代初的 35%和 20%。这种经济的快速增长又会带来消费的增加及相关产业的发展。沿线中小城市（如广岛、静冈、冈山、京都、岐阜等）与旅游相关的餐饮和零售消费快速增长，1964～1979 年的平均增速高达 55%，远超新干线建成以前 1958～1962 年年均 19%的增速。此外，新干线沿线中小城市服务业就业机会大增，从业人数增长明显加快。

2）人们的闲暇时间增多促进消费升级。高速铁路的成功修建及运营，将缩短沿线城市间的距离，从而使人们有更多时间消费，这也会带动经济增长。以旅游为例，在其他条件不变的情况下，乘坐高速铁路（与普通铁路相比）可以让人们有更多时间和精力去消费，而不是将时间和精力浪费在旅途中。

3）人们消费观念的变化可以促进消费。在信息、人员流动更加频繁的情况下，人们的消费观念也可能随之发生变化，即可能产生诱增效应。这也将促进消费升级，最终带动相关产业的发展。

第三节　京沪高速铁路实践

一、京沪高速铁路简介

京沪高速铁路（Beijing-Shanghai high-speed railway），简称京沪高铁，又名京沪客运专线，是一条连接北京市与上海市的高速铁路，是 2016 年修订的《中长期铁路网规划》中“八纵八横”高速铁路主通道之一。

京沪高速铁路于 2008 年 4 月 18 日正式开工；2011 年 6 月 30 日，全线正式通车，初期运营速度 300km/h。

京沪高速铁路由北京南站至上海虹桥站，全长 1318km，设 24 个车站，设计的最高速度为 380km/h。截至 2022 年 12 月，京沪高速铁路的运营速度达到 350km/h。截至 2022 年 12 月 31 日，京沪高速铁路已开通运营 11 周年，累计发送旅客 15 亿人次。

2020 年 1 月 16 日，京沪高速铁路股份有限公司在上海证券交易所主板挂牌上市，这标志着“中国高铁第一股”成功登陆 A 股，铁路股份制改造取得重大进展。2020 年 5 月 13 日，京沪高速铁路名列 2020 年福布斯全球企业 2000 强榜第 687 位。

二、讨论题目设计

请观看纪录片《中国高铁之京沪高铁》，回答以下问题：

1）京沪高铁是怎样设计论证形成的？

2）京沪高铁有哪些技术性创新？

3）京沪高铁带来了哪些交通运输方式的变化？

三、高速铁路的两面性

高速铁路形成城市间的紧密连接，实际上是一把“双刃剑”。随着高速铁路的开通所带来的流动便利，城市间生产要素在加速流动的同时，也会促使资金、人才、信息向发展环境优越、行政效能高的区域聚集。因此，规模大、实力强的城市所获得的利益会更明显，而投资环境不佳的地区会因消费水平低、经济发展落后、文化氛围不浓、城市环境不佳等而面临人才、企业等流失的窘境。这就是高速铁路经济所带来的负面的虹吸效应。

课后阅读

中国高速铁路九大世界之最

1. 世界最密、最长的高速铁路网

我国已建成四通八达、密如蛛网的“四纵四横”高速铁路网，目前比其他国家建成的高速铁路总里程还多，居世界第一位。

2. 世界运营速度最快的高速铁路列车

2017 年 9 月中旬，京沪高速铁路由“复兴号”动车组牵引，将列车运营时速提高到 350km，使其成为世界上运营速度最快的高速铁路列车。早在 2010 年 12 月 3 日，京沪高速铁路枣庄至蚌埠试验段上，“和谐号”380A 新一代高速动车组就创造了时速 486.1km 的世界高速铁路运行速度。

3. 世界建造标准最高的高速铁路

京沪高速铁路是世界上一次建成线路最长、标准等级和技术含量最高的高速铁路，其设计时速为 380km。以线路施工来说，京沪高速铁路的路基沉降的最大值未超过 2mm，桥梁墩台沉降未超过 1mm，大大低于 15mm 和 5mm 的规定标准；从运行安全性来说，创新设置有故障自我诊断、自动报警和处置等智能系统，保证了列车高速行驶时的顺利通畅。

4. 运营里程最长的高速铁路

2012 年 12 月 26 日，京广高速铁路全线开通运营，其运营里程长达 2298km，成为世界上运营里程最长的高速铁路。

5. 世界首条高寒地区最长高速铁路

哈大（哈尔滨—大连）高速铁路于 2012 年 12 月 1 日正式通车运营，全程 921km，运行时速为 350km。这是世界上第一条高寒地区的高速铁路，也是高寒地区运营里程最长的高速铁路。哈大高速铁路线冬季极端最低气温达-40℃左右，最大积雪厚度约 30cm，沿线土壤最大冻结深度达 205cm，这给高速铁路建造、施工和运营带来极大挑战。我国采用先进、成熟的适应高寒地区高速铁路的成套技术和经验，成功解决了这些难题。

6. 荣获多项世界第一的高速铁路动车组

我国自主创新研制的高速铁路动车组，以其优异的性能和特点获得速度、运送量、车体平稳舒适、节能环保等多项世界第一。动车组的运营时速达 350km，为世界最高运营时速，而其试验时速达 486.1km，可与飞机媲美。在高速铁路列车国家实验室的测试中，创造了 605km 的运行时速。由于动车组的流线型设计，车身阻力小，加之车体宽、容量大等，单位时间列车运送旅客量居世界首位。动车组车体的振动和冲动小，温度和湿度可调，刹车平稳。动车组采用电力牵引，零排放，而且刹车制动能量回收率达 90%以上，使其成为节能环保领先者。

7. 世界最大的高速铁路火车站

北京南站是目前世界上规模最大的高速铁路火车站，在高速铁路建设上引领世界高速铁路发展的新潮流。它突出了绿色环保和节能等新理念，是最先采用太阳能发电的高速铁路站，发电总功率为 350kW，主要用于补充车站用电需要。

8. 世界第一条商业化运营的磁浮高速铁路

2002 年 12 月 31 日，世界首条商业化运营的磁浮高速铁路在上海开通运行，时速达 430km。随后，我国研制了拥有完全自主知识产权的国产第一列磁浮高铁列车，时速高达 500km。磁浮高速铁路与轮轨高速铁路相比，其优点是运营时速可达 450～500km，而且启动快、爬坡能力强，且不产生车轮和轨道间摩擦阻力与噪声。

9. 全球最长的高速铁路大桥

京沪高铁线路丹阳至昆山段的丹昆特大高速铁路桥，全长 164.85km，为世界最长高速铁路桥，由 4000 多孔 900t 箱梁构成，于 2011 年 6 月 30 日投入使用。

（资料来源：根据网络资料整理改编。）

思　考　题

1．简述高速铁路的定义。
2．简述高速铁路的竞争优势。
3．简述我国高速铁路的发展历程。
4．高速铁路投资建设对 GDP 的拉动作用表现在哪些方面？

第四章 铁路运输需求

知识目标

了解运输需求的含义、分类和特征，了解运输需求产生的来源和影响因素。理解铁路运输需求函数和运输需求弹性。

能力目标

通过分析运输需求函数，进一步理解铁路运输需求弹性的相关内容，并运用相关知识分析现实问题。

导入案例

2022年春运的不同之处

与往年相比，2022年的春运在北京冬奥会及冬季电煤等大宗物资运输保障等多重复杂情况叠加下，仍然实现了旅客平安健康有序出行、货运量稳步增长的目标。特别是冬奥会期间首次实行了闭环管理交通组织模式，为重大活动交通组织积累了经验。

1. 客运量同比增长超20%

2022年春运客流呈现潮汐性特征。受高校避峰放假、分批开学影响，学生客流对春运影响较往年降低。春节假期国内旅游客流较往年有所减少。

来自中国国家铁路集团有限公司（以下简称国铁集团）的数据显示，2022年春运期间全国铁路共发送旅客2.53亿人次，同比增长16%。铁路等部门根据客票预售大数据和客流需求研判情况，精准安排运力，实施“一日一图”，建立运力动态调整机制，充分发挥中老铁路、拉林铁路、赣深高速铁路等新线作用，方便沿线群众出行。

各地铁路部门根据客流情况不断调整运力安排。面对春节前客流集中的情况，中国铁路南昌局集团有限公司与各地相关部门、企业积极协调，定制加开学生专列、务工专列、旅游专列等，方便特定人群的统一集中出行；为不断满足旅客多样化出行需要，中国铁路武汉局集团有限公司对去往沪杭温、广深等方向的部分列车推出执行票价7.5折至9折的差异化票价优惠。

2. 首建全球闭环管理交通模式

2022 年春运期间，我国隆重举办了北京冬奥会。相比以往的冬奥会，2022 年北京冬奥会交通服务保障面临巨大挑战，两地三赛区 180km 的时空间距、传统佳节下的全国人口流动、高频不确定的运输服务需求都在考验赛事举办城市的交通管理能力。

根据当时实际情况，北京冬奥会采取闭环管理，成为全球首次闭环管理交通组织模式。由于北京、延庆、张家口两地三赛区相距 180km，受疫情影响，不能像以往重大活动一样使用大运量地铁运输，方案全部需要重新制定。北京冬奥组委、北京市、河北省张家口市共同筹措了 6000 余辆服务用车和 1.3 万余名驾驶员，交通服务覆盖 32 个场馆、32 个服务设施、60 个注册酒店。

在铁路方面，根据冬奥组委要求，铁路部门科学制定了冬奥列车开行方案，提供了充足的运力支撑，实施闭环管理，推出“雪之梦”特色优质乘务服务。从 2022 年 1 月 21 日冬奥运输启动，至 2 月 25 日春运结束，共开行冬奥列车 1205 列，其中开闭幕式专列 9 列，冬奥列车服务品质赢得各国运动员和赛事工作人员的高度赞誉。

（资料来源：根据网络资料整理改编。）

第一节 运输需求概述

一、运输需求的含义

“需求”是经济学中经常使用的一个概念，它与“需要”这个概念既有联系又有区别。简单地说，需求是有支付能力的需要。运输需要是指货主或旅客对运输供给者提出的实现位移的要求。运输需求就是运输市场需求，是指货主或旅客向运输部门提出的希望实现货物或旅客空间位移的要求。运输需求产生的基础是运输能够满足客货空间位移的需要。有效的运输需求一般应具有两个条件：①有购买运输服务的欲望；②有购买能力。缺少其中之一就不是有效的运输需求。但对于第二个条件，从社会利益出发，有时是弹性的，因为有效的运输需求并不总是等于运输需要。有些需要被认为是非常有价值的，以至可以通过公共预算来满足。因为运输被看成是对人们生活质量产生重大影响的因素，人们有权享受这种最基本的服务，运输部门应该保证某种起码的供给。

总体来说，铁路运输需求是指社会生产和人民生活对铁路运输的要求。铁路运输需求由以下几个要素构成。

1. 流量

流量即铁路运输需求量，是指铁路运输需求的规模大小和数量多少。它与一般商品的需求量表示不同，因为铁路运输需求涉及空间位移的概念，所以有时需要用复合指标来衡量交通运输需求量。通常流量用两个指标来表示：①铁路运输量，以货物运输量（简称货量，单位：t）、旅客运输量（简称客运量，单位：人、人次）或车流量（车、车次）来表示；②铁路运输周转量，定义为铁路运输量与相应的运输距离的乘积，以货物运输周转量（简称货运周转量，单位：t·km）、旅客运输周转量（简称客运周转量，单位：人·km）、车辆周转量（单位：车·km）来表示。从车流量的大小可以判定选定时间内的运输实际情况，从而便于采取相应的运输管理措施。因此，运输量的准确检测在运输调控中占据十分重要的位置。

2．流向

流向即货物、旅客或运载工具空间位移的地理走向，从何处来，向何处去，反映了地域间社会经济和居民的运输联系。

3．流程

流程即铁路运输需求的距离，是指货物、旅客或运载工具进行空间位移的起讫点之间的空间长度，是反映铁路运输工作量的一个重要指标，一般用运距指标（km）来表示。

4．流时

流时即铁路运输需求提供服务所需的时间，包括运输服务的开始时间和完成时间。一般用起运时间和运达时间表示满足运输需求所需的时间。

二、运输需求的分类

1．按需求范围分类

运输需求从需求范围上可以分为个体需求、局部需求和总需求。

1）个体需求是指特定的货主或旅客所提出的运输需求，它因个别货物或旅客各自的特点而不同。从货运来看，有的货物需要严格的运输质量管理来保证自身安全，如油品、化学品、危险品等；有的货物则需要运费低廉，如煤炭、木材、矿石、粮食等大宗散货、低值品等；有的货物在运输时间上有严格要求，如鲜活货物、易腐烂变质货物等。旅客运输一般要求尽可能快速到达目的地，并同时保证安全、舒适。但不同年龄、不同性别、不同身份和不同职业的旅客因出行目的不同，对铁路运输服务有不同的需求。

2）局部需求是指不同地区因经济发展水平不同而产生的不同运输需求，或者因自然条件等不同原因而产生的对某种运输方式的不同需求。我国国土幅员辽阔，不同地区因资源、人口状况、经济发展水平的差异，而有不同的运输需求。例如，我国东部地区比较发达、运输需求量较大，西部地区的运输需求量则较少；东部地区不仅经济发达，而且因靠近沿海、地处长江中下游，可利用水运之便，5 种运输（铁路、公路、水路、航空、管道）方式相互配合；而西部边远地区无水运可以利用，则以铁路、公路运输需求为主。

3）总需求是从全社会、整个国家宏观经济的角度来考察的运输需求，即对旅客运输和货物运输整体所提出的需求，它是性质不同与具体要求不同的所有个别需求和局部需求的综合。

2. 按需求地域分类

运输需求从需求地域上可以分为区域内的客货运输需求、区域间的客货运输需求和通过（过境）运输需求。

1）区域内的客货运输需求是指旅客和货物运输的起讫点都在同一区域内的运输需求。它是由该区域内部的经济发展水平和人们的社会活动状况决定的，这是一种最基本的运输需求。

2）区域间的客货运输需求是指旅客和货物运输的起讫点有一方在某一区域内，而另一方则不在该区域内的一种运输需求。它反映区域之间在经济、社会和文化发展等各方面的关系，区域间的运输需求量越大，相关区域之间的经济、社会和文化发展关系也就越密切。

3）通过（过境）运输需求是指客货运输的起讫点都不在该区域内，旅客和货物只是利用该区域内的交通线和运输枢纽来实现其空间位移的一种运输需求。这种运输需求与该区域内的经济、社会和文化发展并不发生直接的联系，它主要取决于这一区域交通地理位置和运输设施的通行能力。在一些重要的交通枢纽及其相邻地区，有大量的运输需求。例如，大连港地处辽东半岛的南端，每年都有来自东北腹地的油品、玉米、大豆等经这里中转运往我国南方，这部分运输需求属于通过运输需求。外国进出口货物经过大连至满洲里间的中国路段进入西伯利亚陆桥，经过新亚欧大陆桥的连云港至阿拉山口间的中国路段进入欧洲，其所产生的运输需求称为过境运输需求。

3. 按需求性质分类

运输需求从需求性质上可以分为生产性运输需求和消费性运输需求。

1）生产性运输需求是与人类的生产、交换、分配相关联的运输需求。

2）消费性运输需求是以消费为目的的运输需求。

一般来说，货运中原材料、中间产品的运输都属于生产性的运输需求，最终产品的运输虽处于消费的前奏，但基本上属于生产性运输需求，因为它是生产过程在流通领域中的继续；而在客运中既有生产性运输需求，如乘车上下班、外出务工采购等，也有消费性运输需求，如旅游观光等。从经济学的意义上来说，这两种需求的性质是不同的，前者是生产活动在流通领域的继续，其费用计入产品生产成本；而后者是一种消费活动，其费用来自个人或社会的消费基金。

三、运输需求的特征

运输需求是一个矢量，具有大小、方向、空间分布和时间分布等特性。与其他商品需求相比，运输需求具有以下几个特征。

1. 派生性

在经济活动过程中，特别是在商品交换过程中，存在多种多样的商品和劳务需求，它们之间的关系并不是杂乱无章的，而是存在一定的依存关系和相互关联。从需求产生的角度分析，可以分为本源性需求和派生性需求，运输需求是一种派生性需求。派生性需求是指对一种商品或劳务的需求是由对另一种或几种商品或劳务的需求衍生出来的。引发派生性需求的那种需求即本源性需求。

运输需求的派生性十分明显，可以从货物运输需求和旅客运输需求两个方面来分析。

1）社会对货物运输需求的产生并不是源于货物运输本身，货物运输是社会生产在流通领域的继续，是实现工农业生产及产品交换的必要条件。因此，社会对货物运输的需求源于社会生产、产品交换和产品消费。货物运输需求变化受制于生产及交换的规模、范围和结构。整个生产和交换的规模扩大以后，货物运输需求会随之增加，否则将会相应减少，它们之间是一种正相关关系。货物运输需求既有生产性派生需求，也有消费性派生需求。

2）旅客运输需求也是一种派生性需求，如出差、旅游、探亲、访友所产生的运输需求。旅客运输需求既有私人消费性派生需求，如旅游、探亲访友等所引发的需求；又有公务活动性派生需求，如公务出差等引发的需求。

运输需求的派生性源于本源性需求，因此受本源性需求影响较大。例如，在时间方面，很多货物的生产和消费的季节变化比较明显，因此相关货物运输需求的季节性变化也比较明显；在空间方面，产业布局对货物运输的空间分布影响较为明显，很多货物运输的区域性和方向性很强，主要是资源配置和生产力布局的原因。旅客运输需求源于各类人员的出差、旅游、探亲访友等方面的需求，这些本源性需求的特性（如空间分布、时间分布、方向、规模等）决定旅客运输需求的特征。

2. 多样性

社会生产、交换及经济生活的复杂性，决定了运输需求的多样性。在货运方面，运输业承运的货物几乎涉及所有物品种类，在质量、体积、形状、性质和包装上千差万别，对运输要求各不相同；在客运方面，由于旅客的身份、收入、旅行目的等方面的不同，对运输服务在速度、准时、舒适性等方面的要求也不同。

3. 不平衡性

运输需求在时间、空间和方向上往往存在不平衡性。

运输需求最显著的特征之一是其随时间的规律性波动，具有时间上的不平衡性。这种不平衡性主要是由农业生产的季节性、消费及贸易活动的淡季与旺季、人类的生活节奏与节假日、旅游的季节性等因素引起的。

对于货物运输需求，从较长的时间来看，总体趋势是逐年增长的，波动较小。但在一年里，货物运输需求的波动性就比较大，从而产生各季度、各月货流的不平衡，形成运输工作的淡季与旺季。

货物需求在时间上的不平衡性，主要由所运货物的生产和消费的季节性引起，可以分为以下几种情况。

1）生产和消费都有季节性，如蔬菜、水果等。

2）生产比较均衡而消费有季节性，如化肥、农药等。

3）生产有季节性而消费比较均衡，如粮食、棉花、食糖等。

货运需求在时间上的不平衡，除与生产和消费的不平衡有关外，还有其他原因。例如，由于产、供、销各部门工作前松后紧，货运需求在一年中，经常是一季度少、四季度多，从而出现货流在分配上的前松后紧现象。

对于客运需求，从一条运输线或一个运输枢纽来看，一年内各季、各月、各天，甚至一天内的不同时间段，旅客运输需求都有所不同，有时差别还很大。这往往引起在不同时间内客流的变化，形成客流的高峰和低谷。

客运需求在时间上的不平衡性，主要是由人们出行的集中性造成的。人们出行常常集中在某一段时间，如我国法定的节假日和旅游旺季，人们往往在这些时间内探亲访友，或者到名胜古迹、旅游胜地旅游，从而形成有规律的客流变化。

社会主义市场经济的发展对运输需求的影响表现在两个方面：一方面，客运需求从总体上有较大幅度的增长；另一方面，在承办商品交易会、大型运动会等活动的地方和时间里，客流量有突发性的增长，加剧了客运需求的不平衡性。

空间和方向上的不平衡性主要起因于资源分布、生产力布局、地区经济发展水平、运输网络布局等。例如，盛产煤炭的地方多为煤炭需求的起始地；具有大型钢铁冶炼企业的地区通常是铁矿石运输需求的目的地等。

4. 时空特定性和规律性

对于个别运输需求来说，在时间、空间上具有特定性。例如，某一批货物，货主需要运输企业在要求的时间内从一地运到另一地，时间性和方向性都很具体、明确，这些要求在很多时候是比较苛刻的，因为无论是在时间上还是在方向上出现错误，对货主来说都可能造成巨大的经济损失。在旅客运输方面，出行的时间和空间是既定的，即时间、方向和目的是明确的。

单个的运输需求具有时空特定性，它们的集合在时间和空间方面往往表现出明显的规律性，在货物运输和旅客运输方面均是如此。我国春节期间，客流达到高峰已成为一种规律。空间上的规律性同样十分明显，京广、京沪、京哈三大铁路干线的客货流量明显高于其他线路，我国东部地区的客货运量明显高于其他地区。

5. 部分可替代性

与其他很多产品一样，运输产品也具有可替代性。在两地之间存在两种或两种以上运输方式的情况下，不同运输方式之间存在替代关系和替代效应，这也是运输市场存在竞争的基本条件。虽然不同运输方式之间的替代关系导致它们之间可能存在竞争，但它们之间的协同和协作关系同样是综合交通运输发展的重要趋势。一个高效的综合运输体系一定是各种运输方式一体化、协同程度较高的体系，也是交通运输部门竭力打造的体系。

运输需求的部分可替代性可分为外部替代和内部替代。外部替代是指运输需求可以被非运输需求替代。例如，随着现代通信与网络技术的发展，一部分旅客的流动可以被替代。

铁路货物运输的替代服务方式有公路运输、海洋运输和航空运输。在需要运输货物总量不变的情况下，其他几种运输方式的运价、运输效率、运输质量和运输速度的调整，都会影响对铁路货运的需求。例如，公路运价上升，人们就会减少对公路运输的需求，从而增加对铁路运输的需求；高速公路建设质量的提高和建设数量的增加，使公路运输更方便、更快捷，从而在近距离运输的情况下减少了对铁路货运的需求。

四、我国铁路客运和货运的需求结构

1. 铁路客运需求

不同需求层次的旅客会有不同的铁路运输服务需求。

1）经济需求层次。这一层次的旅客希望花少量的钱，保证在旅途中有座位，能满足其基本生理需求。这一层次的旅客若没买到座票，如果时间紧张或距离较近，也会选择铁路出行。

2）满足需求层次。这一层次的旅客希望在旅途中有卧铺，保证足够的睡眠时间，对列车的到发时刻、旅行速度、旅行环境、餐饮供应等方面均有较高要求。

3）享受需求层次。这一层次的旅客希望在旅途中不但不觉得疲劳，反而感到在享受旅行。他们除了需要舒适的环境，还需要铁路部门提供高质量的服务。

旅客需求层次的构成主要取决于人们的经济收入水平和消费观念。以往，我国铁路的需求对经济性要求较高，随着经济的发展，在客流结构上，远程客流对速度、舒适、方便和高质量服务的要求，城际客流对方便、速度的要求都将逐步提高；在时间点上，除传统的春运、暑运外，五一、十一长假，各地区旅游旺季客流与平时存在明显不均衡，这种不均衡既体现在时间上，又更多地体现在空间上。

2. 铁路货运需求

铁路货运需求是指因社会生产和人民生活的需要而产生的对铁路货运的要求。衡量铁路货运需求大小的量，有铁路货物运输量和货物周转量。如果仅反映货物运输量，不反映运输里程，就用铁路货物运输量来衡量铁路货运需求的大小。形成货运需求的条件有两个：对铁路货运的需要和形成铁路运输能力。社会生产和人民生活形成铁路货运的需要，随着生产的发展和人民生活水平的提高，这种需要会越来越大。

我国煤炭、原油、粮食、木材等资源分布及区域经济发展的不平衡，使得铁路货流流向、流量比较明显而稳定。铁路大宗货流的主要流向是由北向南、自西向东，比较稳定，而且主要集中于哈大、京沈、京广、京沪铁路主干线上，以及大秦、丰沙大、石太、京九、焦枝、宝成等几条南北方向的铁路和石德、陇海、浙赣、湘黔等几条东西方向的铁路主干线上。近年来，随着我国经济的平稳发展，货运方面对运输质量、速度、准确的要求都有了明显提高。

第二节　运输需求的产生及影响因素

一、运输需求的产生

运输需求包括旅客运输需求和货物运输需求，两种需求的产生来源存在明显差异。

1. 旅客运输需求的产生

旅客运输需求来源于生产和消费两个不同的领域。与人类生产、交换、分配等活动有关的运输需求称为生产性运输需求；以旅游、探亲访友为旅行目的的运输需求称为消费性运输需求。

2. 货物运输需求的产生

货物运输需求产生的来源主要有以下 3 个方面。

1）自然资源的地区分布不均衡，生产力布局与资源产地分离。例如，我国煤炭探明储量集中在北方，占 82%，其中山西、内蒙古、陕西的储量合计占 80.9%；铁矿石集中在河北、辽宁、四川、内蒙古，储量合计占全国探明储量的 62.5%。生产力布局不能完全与自然资源配合，就必然产生运输需求。

2）生产力与消费群体的分离。自然地理环境和社会经济基础的差异及各地区间经济发展水平和产业结构的差异，决定了生产性消费分布的存在。随着生产社会化、专业化的发展，生产与消费在空间上日益分离，就必然产生运输需求。

3）地区间商品的品种、质量、性能、价格上的差异。地区之间、国家之间在自然资源、技术水平、产业优势方面存在不同，产品的质量、品种、价格等就会存在很大差异，这必然会引起货物在空间上的流动，产生运输需求。

【思政小课堂】

粤港澳大湾区铁路客运需求分析

2015 年 3 月发布的《推动共建丝绸之路经济带和 21 世纪海上丝绸之路的愿景与行动》提出，充分发挥深圳前海、广州南沙、珠海横琴、福建平潭等开放合作区作用，深化与港澳台合作，打造粤港澳大湾区。2016 年 3 月，《中华人民共和国国民经济和社会发展第十三个五年规划纲要》明确提出，支持港澳在泛珠三角区域合作中发挥重要作用，推动粤港澳大湾区和跨省区重大合作平台建设。2019 年印发的《粤港澳大湾区发展规划纲要》提出，不断深化粤港澳互利合作，进一步建立合作共赢的区域合作关系，推动区域经济协同发展，建设富有活力和国家竞争力的一流湾区和世界级城市群。交通是湾区经济生活的命脉，是湾区发展的先行官。2019 年印发的《交通强国建设纲要》提出，构建便捷顺畅的城市（群）交通网，建设城市群一体化交通网，推进干线铁路、城际铁路、市域（郊）铁路、城市轨道交通融合发展。目前轨道交通作为湾区对外、对内的重要客运交通体系，主要包括国家铁路、城际铁路、城市轨道等制式，不同制式在线网发展、换乘衔接、客流发展、票务政策等方面呈现出不同特征。实现不同制式、不同主体在运营网络、资源及票务客运组织上一体化融合发展已成为粤港澳大湾区轨道交通融合发展的重要课题。

1. 粤港澳大湾区轨道交通网络系统

粤港澳大湾区是由香港、澳门两个特别行政区和广东省的广州、深圳、珠海、佛山、中山、东莞、惠州、江门、肇庆九市组成的城市群，是国家建设世界级城市群和参与全球竞争的重要空间载体。粤港澳大湾区轨道交通客运线路状况如表 4-1 所示。

1）基本呈现国家铁路、城际铁路、城市轨道等轨道交通线网一体化发展态势。

2）打造轨道上的湾区，向多层次、多模式、大规模轨道交通网络迈进。

3）各种轨道交通方式之间的衔接主要通过换乘站点实现，如表 4-2 所示。

表 4-1　粤港澳大湾区轨道交通客运线路状况

城市	国家铁路			城际轨道			城市轨道	
	数量/条	规模/km	线路情况	数量/条	规模/km	线路情况	数量/条	规模/km
广州	7	246	高速铁路——武广、贵广、南广、广深港客专；普速铁路——京广铁路、广深铁路、广茂铁路	5	51	广珠城际、广佛肇城际、惠莞深城际、广清城际、广州东环城际	16	532
深圳	3	132	高速铁路——广深港客专、厦深高速铁路；普速铁路——广深铁路	1	20	惠莞深城际	13	434
佛山	3	115	高速铁路——贵广、南广；普速铁路——广茂铁路	2	82	广珠城际、广佛肇城际	2	28
香港	1	23	高速铁路——广深港客专	0	0		7	231
澳门	0	0		0	0		1	9
珠海	0	0		1	42	广珠城际	1	9
中山	0	0		1	70	广珠城际	0	0
东莞	2	62	高速铁路——广深港客专；普速铁路——广深铁路	2	108	惠莞深城际、莞惠城际	0	0
惠州	1	64	高速铁路——厦深高速铁路	1	38	莞惠城际	0	0
江门	1	121	高速铁路——深茂铁路	1	16	广珠城际	0	0
肇庆	3	321	高速铁路——贵广、南广；普速铁路——广茂铁路	1	48	广佛肇城际	0	0
合计	21	1084		15	475		40	1243

表 4-2　广州市轨道交通衔接换乘模式

<table>
<tr><th rowspan="2">枢纽站</th><th rowspan="2">衔接方式</th><th rowspan="2">换乘枢纽介绍</th><th colspan="3">换乘形式</th></tr>
<tr><th>国家铁路—城际轨道</th><th>国家铁路—城市轨道</th><th>城际轨道—城市轨道</th></tr>
<tr><td>广州南站</td><td>国家铁路、城际轨道、城市轨道</td><td>同站体，车站架构按自下而上可分为地下一层（地铁 2 号线、7 号线及停车场）、地上一层（进出站层、购票层）和地上三层（高架候车层、西落客平台），共 4 层</td><td>付费区换乘</td><td>非付费区换乘</td><td>非付费区换乘</td></tr>
<tr><td>广州站</td><td>国家铁路、城际轨道、城市轨道</td><td>国家铁路、城际轨道在同一个站体，地铁站在铁路站场下方，需出站换乘</td><td>付费区换乘</td><td>非付费区换乘</td><td>非付费区换乘</td></tr>
<tr><td>广州东站</td><td>国家铁路、城际轨道、城市轨道</td><td>同站体，车站架构：地上一层为售票处、候车室，地上为二层疏散大厅、售票厅，地上三层为售票厅、候检区；地上四层为候车大厅；地下一层为地铁进站厅，地下二层为地铁 1 号线站台，地下三层为地铁 1 号线与 3 号线的换乘通道，地下四层为地铁 3 号线站台</td><td>付费区换乘</td><td>非付费区换乘</td><td>非付费区换乘</td></tr>
<tr><td>广州北站</td><td>国家铁路、城际轨道、城市轨道</td><td>同站体，车站架构：地面为广清城际花都站，国家铁路广州北站、花都汽车客运站，农新路及其他建筑；地下一层为站厅，地下二层为地铁 9 号线站台</td><td>付费区换乘</td><td>非付费区换乘</td><td>非付费区换乘</td></tr>
<tr><td>庆盛站</td><td>国家铁路、城际轨道、城市轨道</td><td>同站体，车站架构：一层为架空区域及设备管理用房、车站售票处；二层为站厅，二层站厅西侧设置连接地铁 4 号线换乘平台；三层为站台</td><td>付费区换乘</td><td>非付费区换乘</td><td>非付费区换乘</td></tr>
</table>

2. 粤港澳大湾区轨道交通需求特征

1）大湾区交通客运需求快速增长。区域人口、经济快速增长推动粤港澳大湾区交通客运需求快速增长。2012～2022 年，人口总量由 6377 万人增长至 8617 万人，增长了 35.12%；湾区经济总量由 5.5 万亿元增长至 11.5 万亿元，实现翻倍增长；机场旅客吞吐量由 1.15 亿人次增长至 2.23 亿人次，增长了 93.91%；大湾区重要城市（广州、深圳、佛山）铁路客运量由 1.04 亿人次增长至 2.45 亿人次，增长 1.36 倍。随着未来大湾区融合发展进一步加速，互联互通铁路网络逐步成型，湾区内部城际交通出行将成为增长的重要方向。预计至 2035 年，机场吞吐量将达到 3.9 亿人次/年，铁路对外、铁路城际将分别达到 12 亿人次/年和 8.7 亿人次/年。

2）高速铁路逐渐成为铁路旅客出行方式的主体。广州铁路枢纽作为大湾区铁路客运枢纽中心，其四大铁路客运站到发量由 2015 年的 1.9 亿人次增长至 2019 年的 2.9 亿人次，增长超过 50%；其中，广州南站到发量增长迅猛，由 0.97 亿人次增长至 1.93 亿人次，接近翻倍，广州南站湾区枢纽地位凸显。广州南站、广州北站作为湾区内主要的高速铁路和普速铁路枢纽，约 35%、39%的客流来源于市外省内（主要来源于湾区内其他城市），发挥了较大的区域客流功能，体现了湾区枢纽共享战略。四大铁路客运站旅客出行结构发生显著变化，高速铁路制式旅客到发量占比由 2015 年的 41.6%增长至 2020 年的 64.1%，增长 22.5 个百分点；普速铁路制式到发量占比由 2015 年的 34.1%下降至 2020 年的 17.0%，下降 17.1 个百分点。

3）跨市地铁作为城市间轨道线路作用越加显著。广佛线（佛山 1 号线）是湾区首条跨越行政区运营的地铁线路，2010 年 11 月开通运营一期首通段（魁奇路—西塱）、2015 年 12 月开通运营一期后通段（西塱—燕岗），2016 年 12 月开通运营二期（魁奇路—新城东），2018 年 12 月开通运营二期后通段（燕岗—沥滘）。广佛线自开通运营后客流不断增长，开通首年（2011 年）日均客流 10.1 万人次，2019 年日均客流增长至 53 万人次，是开通年的 5.4 倍。全线设站 25 座，其中，佛山设 15 座，广州设 10 座。换乘站 4 座：西塱，换乘广州地铁 1 号线；沙园站，换乘广州地铁 8 号线；南洲站，换乘广州地铁 2 号线；沥滘站，换乘广州地铁 3 号线。2020 年，线路换乘系数为 1.76，与广州地铁 8 号线换乘的沙园站日均乘降量最高，达 22.9 万人次，其中换乘量 15.4 万人次，约占全线客流的 38.2%。广佛线作为广佛间城际轨道线路作用非常明显。

（资料来源：根据李晓玉，苏跃江，谭静，2021. 粤港澳大湾区轨道交通一体化发展思考：以广州为视角[J]. 城市公用事业（4）：17-24. 改编。）

二、铁路旅客需求多样性

铁路旅客运输产品的层次结构不同，主要是为了满足不同的铁路旅客出行需求。铁路旅客需求多样性主要体现在旅客出行目的的多样化、旅行行程的多样化、旅行性质的多样化、旅客自身属性的多样化及出行需求的多样化 5 个方面。因此，从旅客的不同出行目的、旅行行程、旅行性质、旅客自身属性对铁路旅客进行分类，更加有利于了解不同铁路旅客对铁路旅客运输产品的不同需求点。

1. 不同出行目的的铁路旅客划分

按照出行目的的不同，可将旅客分为出差旅客（以公务、商务为目的）、旅游（包括度假、医疗保健等）旅客、探亲访友旅客、学生旅客、务工旅客，如表 4-3 所示。

表 4-3 不同出行目的的铁路旅客划分

旅客分类	出行需求	出行选择主要影响因素
出差旅客	对时间要求严格，追求旅行过程中的舒适度，对旅行费用的注重程度较低	旅客的职业、收入水平、旅行费用来源，乘车的舒适性、快速性及准时性
旅游旅客	希望出行旅游安全、便利和顺畅，以及旅行的在途时间较短	旅客的收入水平、交通消费观念，乘车的舒适性、方便性、安全性及快速性
探亲访友旅客	注重出行的舒适度、准时性和便捷性	旅客的职业、收入水平，乘车的舒适性、准时性和方便性
学生旅客	看重出行费用的开支，追求出行费用和舒适度的性价比	旅客的收入水平、乘车的经济性和舒适性
务工旅客	对出行便捷性和出行费用的要求较高，不注重旅行的舒适度和乘车环境	旅客的收入水平、乘车的经济性和方便性

（1）出差旅客

拥有生产性运输需求的旅客主要是为了提高外出办事效率，他们共同的出行心理需求是对时间和舒适度要求较高，尤其是对时间的要求较为严格，同时追求旅行过程中的舒适度。

（2）旅游旅客

随着人民生活水平的不断提高，在周末或节假日期间以外出旅游为目的的旅客越来越多，这部分旅客的共同出行心理主要是希望出行便利和顺畅，能够在旅途中游玩愉快。根据旅游旅客出行距离的不同，又可分为长途旅游旅客和短途旅游旅客。长途旅游旅客因为旅行距离较长，所以对旅行条件相应要求较高，如他们大多希望能够在旅途中有轻松舒适的环境，不会感到出行途中的劳累；短途旅游旅客大多是利用双休日和短期节假日到近郊名胜地进行短时间的旅游，这部分旅客对时间的要求较高，希望旅行的在途时间尽量缩短，这样可以在有限的旅游出行时间内节省更多时间在旅游地游玩，而他们对乘车环境的要求相对较低，只要能够有快车坐即可。以旅游为目的的消遣性旅客外出的季节性很强，除退休者外，在职人员一般利用带薪假期时间外出，他们对目的地和出行方式有较大的选择自由。此外，旅游目的地的气候条件往往有季节性，对价格较为敏感。

（3）探亲访友旅客

将以外出访友、回家探亲为目的的旅客归类为探亲访友旅客，这部分旅客从事各种职业，在铁路旅客中占有一定比例，尤其是在国家法定节假日或双休日期间，探亲访友旅客所占比例会增加。探亲访友旅客的共同出行心理主要是注重出行的舒适度、准时性和便捷性，这是因为探亲访友旅客大多与好友或家人预定了到达时间，同时希望怀有好心情与亲朋好友团聚，对出行环境的舒适度较为注重。

（4）学生旅客

将以外出学习为目的的旅客归类为学生旅客。根据出行距离的不同，可将学生旅客划分为中长途求学旅客和短途通学旅客。中长途求学旅客主要集中在五一、十一较长假日期间和寒暑假期间，占铁路旅客比例较大，这部分学生旅客无任何收入来源，较为看重出行费用的开支，追求出行费用和舒适度的性价比；短途通学旅客乘坐铁路出行次数较多，乘车经验较为丰富，对车站情况和列车到发时间非常了解，时间观念强，因为是短途通学，乘车费用少，短时间内可到达目的地，对乘车环境要求低，能上车即可。

（5）务工旅客

将以外出打工为目的的出行旅客归类为务工旅客。这部分旅客的出行特点主要体现在3 个方面：①出行携带的行李物品较多；②能够吃苦耐劳，对旅行环境要求较低；③比较注重旅行的经济性，尽量节省旅行的费用。因此，务工旅客的共同出行心理需求主要是对出行便捷性和出行费用的要求较高，不注重旅行的舒适度和乘车环境。

2. 不同旅行行程的铁路旅客划分

按照旅行行程的不同，可将铁路旅客分为长途旅客、短途旅客和市郊旅客，如表 4-4 所示。

表 4-4 不同旅行行程的铁路旅客划分

旅客分类	出行需求	出行选择主要影响因素
长途旅客	希望用餐、饮水供应方便，喜欢以一些娱乐活动消磨乘车时间，以解除长途旅行的疲劳和寂寞	乘车的方便性、快速性及根据旅客自身属性不同对乘车的舒适性、准时性要求不同
短途旅客	在较短出行时间内尽量达到出行的便捷，只要可以买到车票上车，就可以满足出行需求	乘车的方便性、快速性
市郊旅客	与短途旅客的出行需求基本相同	乘车的方便性、快速性

（1）长途旅客

长途旅客是指乘车时间在 12h 以上的旅客，这部分旅客所乘列车一般为跨路局列车，多数直通客流为长途旅客客流。长途旅客要求能够买到直通车票、卧铺票等，希望用餐、饮水供应方便，喜欢以一些娱乐活动来消磨乘车时间，以解除长途旅行中的疲劳和寂寞。

（2）短途旅客

短途旅客是指乘车距离较近的旅客，包括省际间乘车出行的旅客，即管内客流。一般在国家法定短期节假日期间（如端午节、清明节等），短途旅客出行乘车较多，其出行目的一般为短途旅游或探亲访友。这部分旅客的出行 OD① 大部分在中间车站，外出共同需求是在较短出行时间内尽量达到出行的便捷，只要可以买到车票上车，就可以满足出行需求，对列车环境无过多要求。

（3）市郊旅客

市郊旅客是指来往于城市近郊或邻近城镇之间的旅客，通勤通学旅客为市郊旅客中的一种。这部分旅客与短途旅客的出行需求基本相同，希望乘坐铁路列车出行与乘坐市内其他交通工具出行一样，购票方便，即时上车，即使是无座车票也能承受，对乘车方便性要求较高，而对乘车舒适性要求不高。

3. 不同旅行性质的铁路旅客划分

按照旅行性质的不同，可将铁路旅客分为直达旅客和换乘旅客，如表 4-5 所示。

表 4-5 不同旅行性质的铁路旅客划分

旅客分类	出行需求	出行选择主要影响因素
直达旅客	旅客出行在条件允许的情况下大多会选择不用换乘直接到达的列车出行	乘车的方便性，根据旅客自身属性不同对乘车的舒适性、准时性、经济性等要求不同
换乘旅客	中转换乘较为不便，换乘旅客希望换乘方便，能在换乘站换乘休息，更为注重中转换乘的方便性和舒适性	乘车的方便性，根据旅客自身属性不同对乘车的舒适性、准时性、经济性等要求不同

（1）直达旅客

直达旅客是指从始发车站到终到车站不经过换乘直接到达的旅客。这部分旅客数量占总的铁路旅客数量比例较大，旅客出行在条件允许的情况下大多会选择不用换乘直接到达的列车出行，因为出行换乘越多，步行距离就越大，步行距离增加会造成旅客疲惫感成倍

① “O”来源于英文 origin，指出行的出发地点；“D”来源于英文 destination，指出行的目的地。

增加。直达旅客按照不同的职业、不同的出行目的及不同的旅行行程，表现为不同的出行需求。

（2）换乘旅客

换乘旅客又称为中转旅客。换乘旅客选择换乘的原因大致包括 3 种情况：①城市之间没有直达列车，只有在某一车站换乘才能到达目的地；②中途某地需要办理其他事情或为了缩短旅行时间选择换乘到达目的地；③节假日或其他原因导致铁路客流突增的情况下无法购买直达车票，只能选择某地换乘到达目的地。一般来说，中转换乘较为不便，换乘旅客希望换乘方便，能在换乘车站换乘休息，更为注重中转换乘的方便性和舒适性。

4. 不同旅客自身属性的铁路旅客划分

旅客自身属性主要包括旅客的年龄、性别、职业、旅行消费水平、性格、出行费用来源等属性特征。按照旅客自身属性的不同，可将铁路旅客具体分为以下几类。

（1）不同年龄的旅客

根据年龄大小，可将旅客分为青年旅客、中年旅客和老年旅客。青年旅客是指青少年和儿童旅客，他们乘车旅行的好奇心强，比较活跃，但他们对乘车时间的忍耐程度有限，急于到达目的地。中年旅客是指年龄在 40～59 岁的旅客，他们占铁路客流量的比例较大，这部分旅客生活阅历丰富，性格较为稳重，追求铁路出行费用和舒适度的性价比。老年旅客对旅行时间要求不高，但对旅行环境要求较高，希望有安静的旅行环境。

（2）不同性别的旅客

根据性别的不同，可将旅客分为男性旅客和女性旅客。一般来说，男性旅客在旅行过程中比较好动，尤其与女性、少年儿童或老年人结伴出行时，出行要求更多。因为这类旅客表现得比较慷慨，但办事不够仔细，所以男性旅客对铁路出行的经济性要求不高，而对出行环境的舒适度要求较高。女性旅客的出行要求相对较少，只希望能够顺利安全到达目的地即可。这部分旅客的经济观念较强，对出行费用和铁路出行的性价比要求较高。

（3）不同职业的旅客

人们在社会生活中，因为各自职业不同，所以所处社会阶层和生活方式有所不同，从而拥有不同的铁路出行需求。按照职业可将铁路旅客分为农民旅客、学生旅客、工人旅客、公务人员旅客等。

在我国，农民人口约占社会总人口的 80%。随着经济的发展、农村改革与农民生活水平的提高，以及思想观念的变化，农民乘车旅行的次数和人数在不断增加。农民旅客在铁路出行时较为突出的特点主要表现在：①出行携带行李较多；②多数农民旅客因出行较少，缺乏旅行常识，对出行需求较少，旅行过程中能吃苦忍让；③比较注重出行费用的开销，希望出行较为经济，尽量减少出行费用。

学生旅客是指大中专学生。这部分旅客在出行过程中，乘车心切，想尽快到达目的地，总是尽量减少在车站的候车时间和滞留时间，只要能买到车票上车即可。学生旅客无经济来源，只能依靠父母获取出行费用，因此，这部分旅客对出行费用较为敏感，而对乘车舒适性没有较高要求。

工人旅客在旅行过程中有高度的组织性和纪律性，能够自觉遵守铁路部门相关规定，对出行环境条件一般要求不高，更为注重出行费用的开支。一些因私出行的工人旅客希望以较少的出行费用实现出行需求。

公务人员旅客一般是因公出差而乘坐铁路列车出行，这部分旅客出行主要是想尽快完成任务，按时返回，因此对出行时间的要求较为严格，对列车的准时性和快速性要求较高；为提高办事效率，对乘车舒适度方面也有较高要求，希望乘坐卧铺完成旅行。

（4）不同旅行消费水平的旅客

不同旅行消费水平的旅客一般与其家庭收入水平有关。对于高收入水平的家庭来说，该部分旅客出行对出行费用重视度较低，而对出行的舒适度和列车的准时性的要求较高；对于中等收入水平的家庭来说，这部分旅客出行更重视出行的性价比，希望以合适的出行费用获得较高的出行舒适度和列车准时度；对于低收入水平的家庭来说，因为家庭平均收入较低，不希望在出行时花费太多的费用，所以这部分旅客注重出行费用，对出行环境和列车服务质量的要求较低。

（5）不同性格的旅客

旅客的生长环境及所处环境不同，其性格与气质也有所不同。根据性格的不同，可将旅客分为以下 4 种。

1）急躁型旅客。急躁型相当于胆汁质。急躁型旅客对人热情、感情外露、性格耿直，言谈举止中表现出自信。该类型的旅客容易躁动，通常喜欢与人争论问题，而且力求胜利。这部分旅客在旅行中表现为粗心，经常丢失物品，对出行时间和出行环境的要求较高，尤其是对列车的准时性较为敏感。随着旅行时间的增加，急躁型旅客的心情会不断躁动起来。

2）活泼型旅客。活泼型相当于多血质。活泼型旅客表现为活泼好动，反应快，理解力强，旅行中待人热情大方，喜欢与他人交流。该类型的旅客情感外露，并且变化多端，经常处于愉快的心境中。因此，活泼型旅客对出行环境的要求较高，对拥挤的乘车环境较为敏感。

3）稳重型旅客。稳重型旅客平时表现较为安静，喜欢清静的环境。该类型的旅客性格内向，很少主动与他人交流，内心活动不易体现，但自制能力很强，做事有条不紊，生活有固定规律。他们的注意力较为稳定，对新环境不易适应，因此对出行环境的敏感程度较高。

4）忧郁型旅客。忧郁型旅客感情很少外露，旅行期间表现为性情孤僻、不合群、沉默寡言，不喜欢在公共场所与人交往和聊天。该类型的旅客对事情体验深刻，自尊心强，较为敏感，一旦有不如意的事情出现，就会长时间陷入痛苦中。因此，该类型的旅客对列车服务水平和出行环境的舒适性的要求较高。

（6）不同出行费用来源的旅客

旅客在旅行过程中需要花费旅行费用，旅行费用是决定旅行能否实现的基本条件。根据旅客出行费用的来源可以将旅客划分为公费出行的旅客和自费出行的旅客。公费出行的旅客是因公需要而外出开会、通勤、出差的旅客，由于是因公办事，出行费用均由旅客所在单位支付，所以该类型的旅客对出行费用的注重程度不高。自费出行的旅客大多是探亲访友、旅游、个体经商的旅客，他们的出行费用全部由自己支付，因此他们对出行费用的注重程度较高，要求出行的费用、时间、舒适度的性价比较高，在经济出行的同时达到自己要求的舒适度。

三、旅客运输需求的影响因素

旅客运输需求是一种派生性需求，是由人们的出行需要派生出来的，即人们的出行行为派生了旅客运输活动。

在现代社会，人们的社会活动频繁，活动地域范围广阔，除了利用电话、电报、计算机等手段来商谈业务，在多数情况下，还伴随着出行活动。由于活动的地域广阔，除个别近距离者可以步行以外，一般要利用各种运输工具作为代步工具，所以旅客运输活动派生于人类的出行活动。

现在，人们的旅行包括公务、商务、度假、医疗保健、求学、家庭事务（探亲访友）、宗教、体育等类型。

影响旅客运输需求的因素主要有以下几个。

1. 收入水平

一个人的收入水平或其家庭的收入水平，往往决定其旅行消费水平。真正起作用的是收入中的可自由支配部分，这是指个人或家庭收入中扣除全部税收及日常生活必须消费部分（根据马斯洛需求层次理论，吃、穿、住、医疗是人们起码的生存和安全需要）之后所余下的部分。相关研究表明，当一个家庭的收入不足以购买生活必需品时，该家庭很少会外出旅行，一旦这个家庭的收入水平超过这一临界点，该家庭用于旅行的消费便会增加。

收入水平这一因素影响的重要性，不仅是一个家庭达到一定水平后便可满足外出旅行的经济条件，而且是超过这一临界水平后，每增加一定比例的收入，旅行消费便会以更大的比例增加。个人收入水平还会影响人们旅行消费的构成。

收入水平是影响消费性旅行需求的最重要因素。一般来说，收入水平越高，需求量越大。但这种概括既不适用于所有运输方式，也不适用于所有场合。例如，收入提高，拥有汽车变得更为普遍，公共运输在许多情况下变成次等商品，即收入提高对私人汽车拥有量和公共交通需求量的影响是相反的。

此外，收入对长期需求和短期需求的影响是不一样的。一般来说，收入降低会使需求水平急剧下降，但由于人们在长期生活中重新调整他们的支出模式，弹性可能比刚开始时低得多。在一段时间内，人们在旅行上的花费占可自由支配收入的比例接近一个常数。

2. 闲暇时间

出于个人原因的旅行，不管是旅游还是探亲访友，另一个必要条件都是可用于旅行的闲暇时间。城镇居民的时间由 5 个部分构成：工作时间、附加工作时间、满足生理需要的生活时间、必需的社会活动时间、闲暇时间（或称为可自由支配的时间）。闲暇时间又分为每日闲暇时间、周末、公共假日和带薪假期。与旅行（旅客运输）有关的时间，包括附加工作时间中的往返交通时间和参加社会活动时的在途时间，以及闲暇时间中用于外出旅行的时间，即周末、公共假日和带薪假期。许多人为了全家一起外出旅行，往往会选择公共节假日或学生寒暑假期间休假，这是我国旅客运输在节假日出现高峰的主要原因。

对于农村居民，闲暇时间是随农业生产季节性变化的。除了春节这样的节日，农民外出旅行、做工的时间主要是农闲时间。旅客运输也会随农业生产的忙闲季节转换而出现周期性高峰。

3. 经济发展

由于人们旅行中有很大一部分是生产性的公务旅行和商务旅行，所以旅客运输需求受经济发展水平的影响很大。生产发展水平的高低、速度的快慢除了决定居民收入水平，还直接派生出大量的旅行需求，包括物质生产企业的原材料采购人员、营销人员和技术开发人员的工作旅行，商业与贸易企业的商务旅行，以及与此关系密切的行政管理人员、科研与教育等事业单位人员的旅行等。

经济发展对旅客运输需求的影响表现在以下几个方面。

1）经济发展总量。由物质生产产生的人员出行与经济发展总量成正比，国民经济规模越大、发展越快，派生出来的人员出行越多。

2）生产力的配置。生产力的配置也是影响旅客运输需求的一个因素。因为生产力的配置不仅涉及生产设施的布局，还涉及劳动力资源的分布。由于生产力不可能全都集中在一个比较狭小的区域内，跨地区的人口流动是必然的。一般来说，生产力配置越分散，人员交流越多。

3）商品经济的发达程度。随着市场经济的发展，第三产业在国民经济中的比例增加，商品购销及商务洽谈活动引起的人员往来必然增加。上述活动虽然可以用电话、电报和电子邮件等方式，但更多的是面对面商谈、参观、看货、验收等，只有通过人与人的活动才能解决。因此，市场经济越发展，商务活动越频繁，旅客运输需求就越旺盛。例如，我国实行改革开放以来，商业贸易市场放开，从事商业经营的劳动力大幅度增加，外出经商人员在旅客运输需求中占有的比例比计划经济时期大幅增加。

4）经济体制的影响。在计划经济体制下，国家实行严格的户籍管理和就业制度，人员流动量小，而在市场经济体制下，人们在就业方面有较大自由，人口流动相对频繁，因此旅客运输需求量更大。随着我国市场经济的发展与完善，劳动力跨地区就业的限制越来越少，从而使就业人口的流动性大大增加。特别是农村剩余劳动力向城市的转移，形成大规模的民工潮，成为客流增加的一个重要组成部分。

5）人口的增长及城乡人口比例的变化。旅客运输需求的主体是人，人口数量自然是影响旅客运输需求的一个重要因素，在人均收入（人均出行率）一定的条件下，人口基数越大，出行人数越多，旅客运输需求量就越大。

6）城镇化程度是影响旅客运输需求的另一个因素。城镇人口的人均出行率比农村人口高，其原因有两个：①城镇人口平均收入高于农村，用于外出旅行的支出高于农村居民；②城镇人口工作节奏较快，脑力劳动强度相对较大，同时生活空间小、工作单调，容易产生压抑情绪，需要通过短时间改变环境得到休息、放松身心，因此外出旅行的愿望比农村人口强烈得多。因此，城镇人口在总人口中所占比例越大，要求提供的客运服务就越多。

7）旅行费用，即运输服务价格。旅行费用对旅客运输需求的影响较大，尤其是个人事务旅行需求。某种商品的需求受它的价格、其他商品的价格和收入水平的影响。价格不是简单的票价，对运输来说必须包括未获得运输服务所付出的所有其他成本（其中，时间成本通常被认为是最重要的）。因此，运输需求可能不是简单的运输，而是一连串的运输服务。

8）运输服务的质量。安全、迅速、便利的运输服务网将刺激人们的旅行需求；反之，则将抑制人们的旅行需求。

9）其他服务的价格。对于某种运输方式的旅客运输需求，其他运输方式的方便程度、运价水平和服务质量对其有直接影响。例如，成都至重庆的高速公路开通前，铁路每天开行两对直达旅客列车，车票还很紧张；高速公路开通后，由于其运行时间比铁路短很多，大量旅客流向公路，铁路减少列车对数后仍达不到满员。又如，北京至天津的高速公路通车后，铁路客流大量流向公路，但当铁路采取列车提速、增加密度等措施后，客流开始向铁路回流。

10）其他因素。还有一些因素对旅客运输需求有一定影响，如通信事业的发展、计算机应用的普及、互联网金融的发展等，它们为信息、资金的流动提供了方便，在一定程度上可以减少人员的出行。

4. 其他因素

还有许多其他因素影响个人事务旅行，如个人喜好、年龄、职业、受教育程度、民族等。

喜好是一个含义广泛的变量，它不仅影响一个人是否出行，还影响其出行方式。随着时间的推移，与旅行和旅客运输有关的喜好已发生变化，如在外出旅行者中使用私人汽车的倾向在增加。

年龄的影响反映在身体状况和对旅行的热爱程度上。一般而言，年轻人身体好，外出旅游的热情高，经常把旅行和体育活动结合在一起，外出旅行相对较多；老年人体力较弱，除了疗养性质的旅游，外出旅行的相对较少。

职业、受教育程度、民族等因素主要是因生活习惯不同而对个人的外出旅行产生影响。

四、货物运输需求的影响因素

货物运输需求是派生需求，是由社会经济活动这一本源需求引起的，因此经济因素对运输需求的影响是不言而喻的。自然资源分布、生产力布局导致产生运输需求；经济高速增长时期，必然产生较强的运输需求；不同国家或地区经济发展不平衡，导致运输需求不平衡；国民经济产业结构和产品结构不同，在运输需求的量与质上要求不同；同一国家或地区经济发展的不同时期，运输需求结构也有相应变化。例如，西方一些发达国家在工业化初期，开采业、重工业、大型机械产业对钢铁需求较大，导致铁矿石、煤炭等散装货物运输需求急剧增加；到机械加工工业发展时期，原材料运输继续增长，但增长速度不如以前，而运输需求开始多样化，对运输速度和运输质量方面的要求有所提高；进入精加工工业时期，经济增长对原材料的依赖明显减少，由于大宗散货的需求增长速度放缓，总体运输需求在数量上增长速度放慢，但运输需求越发多样化，技术密集型产品、高价值产品的比重增大，对运输质量方面的需求越来越高。

货运需求增长与国民经济增长有以下趋势。

1. 长期发展趋势

工农业生产特别是整个国民经济的发展同货运量的比例关系，其总趋势是生产增长快于运量增长，即国民生产总值的增长快于货物周转量的增长。之所以有上述发展趋势，是因为以下几个方面的因素。

1）国家工业化水平提高，引起产业结构的变化。工业化水平低的国家，劳动密集型产业（产品）的比重大，而技术（知识）密集型产业（产品）的比重小，因此产品的价值低（一般手工艺品除外）、产值小，使运输工作量的增长快于产值的增长；工业水平比较高的国家，技术（知识）密集型产业（产品）的比重大，劳动密集型产业（产品）的比重小，使运输工作量的增长慢于产值的增长。因此，在工业化高度发达的国家，国民生产总值的增长快于货运周转量的增长。

2）国家工业化水平的提高，引起第三产业的比重提高。一般来说，工业发达国家的第一产业的比重为10%左右，第二产业的比重为30%左右，第三产业的比重为60%左右。第三产业一般包括：流通部门，如交通、邮电、商业、饮食、物资、仓储等部门；为产业和生活服务的部门，如金融、保险、地质、房地产、公用事业、居民服务、旅游、咨询、信息服务、技术服务等部门；为提高科学文化水平和居民素质服务的部门，如教育、文化、广播电视、科学研究、卫生、体育、社会福利等部门；为社会公共需要服务的部门，如国家机关、政党、社会团体、军队、警察等。我国统计前3项。第三产业一般属于服务部门，实物产品较少，产值比重大，运输工作量小，产值增长速度大大超过货物周转量的增长速度。第三产业产值是构成国民生产总值的重要组成部分，这使国民生产总值的增长速度大大高于货物周转量的增长速度。

3）高度工业化的国家，生产的合理布局和四通八达的交通网络已经形成，生产布局越合理，运输线网越合理，货物周转量越小。我国实行社会主义市场经济，工农业生产布局和运输线网的配置日趋合理，物资供应制度和运输组织工作不断完善，因此，从长远来看，生产的增长快于运输的增长这一趋势，应当比资本主义社会更为明显。

2. 短期发展趋势

从短期发展趋势来看，在工业化初期，总体上生产的增长快于运输的增长这一趋势一般是不存在的，而往往是运输量的增长速度超过国民经济的增长速度。工业化初期，这种趋势决定了交通运输业的投资增长速度应大于国民经济增长速度；否则，交通运输业的发展就无法满足国民经济发展的需要，从而成为瓶颈产业。工业化中期，货运量增长速度与国民经济增长速度趋于一致。工业化后期，即从长远来看，货运量的增长速度将慢于国民经济增长速度。

具体来看，影响货物运输需求的因素有以下几个。

（1）经济发展

经济发展对货物运输需求的影响是多方面的，主要有以下3个方面。

1）自然资源的不均衡分布，生产力布局与资源产地的分离。自然资源是大自然赋予人类的财富，自然资源在空间的分布不均衡是一种自然地理现象。生产力的布局要考虑自然资源分布状况，但不可能完全一致；人类的经济活动必然要求自然资源由储藏丰富的地区向贫乏的地区流动，这就必然产生运输需求。

2）生产力布局与消费群体的分离。由于各地区经济发展不平衡，生产力布局与消费群体的分离必然存在；生产力的布局同时决定了生产性消费品的分布，而生产性消费品的生产同消费同样存在分离。随着社会经济的发展，某些商品的生产与消费的空间分离可能会减少。但是，随着生产的社会化、专业化，区域经济的分工与合作，生产要素的进一步组合，某些商品（包括中间商品）的生产将日益集中在某个区域或某些区域。因此，生产与消费的空间分离将日益增大。由于生产与消费的空间分离不可避免，必然就产生运输需求。

某类商品的生产与其所产生的运输需求之间的关系，可用产品运输系数表示。产品运输系数是指产品运输量与生产量的比值。

一般而言，工农业产品产量越多，其运输量就越大。但在产品数量一定时，运输量的大小取决于产品运输系数的大小。一种商品运输量的大小是由多种因素决定的。例如，名牌产品畅销全国各地和世界各国，其运输量就大；某商品产地消耗量大，运往各地销售的比重小，其运输量就小；企业和仓储地点分散，进行生产协作和商品储存时，运距长，其运输量较大；产品生产专业化程度低，综合利用程度高，产品的运输量较少；各种运输方式进行合理分工、密切协作，使运输趋于合理，减少了不合理运输，使运输量减少；同一产品在同一时期由于产销关系的变化，运输量就会发生变化。生产水平的提高、库存量的增减、物资进出口数量的变化等，都会引起产品运输系数的变化，从而影响运输需求。

产品运输系数是一个运输经济指标，反映了各种商品的运输需求，它对于运量经济调查和运量预测有重要意义，是人们研究运输需求的重要参考性经济指标。

此外，生产力布局的不均衡还带来另一个问题：不同地区间产业结构不同，所生产的商品在品种、质量、性能、价格上存在差异。由于不同地区之间及不同国家之间，自然资源、技术水平、产业优势不同，产品的质量、品种、性能、价格等方面也会存在很大差异，由此引起货物在空间上的流动，产生运输需求。

3）工农业生产的规模和速度。货物运输是实现工农业生产的重要手段，是实现工农业产品交换的必要条件，是实现不同地区经济联系的桥梁和纽带。货物运输需求随着工农业生产和交换的规模、范围和构成等情况的变化而变化，并受其制约。随着工农业生产和交换规模的扩大，货物运输需求量就会增大；随着工农业生产和交换范围的扩大，货物运输距离就会延长；随着工农业生产构成的变化，货物运输需求的构成也会变化，但它们并不是呈正比例变化，因为影响运输需求的因素是多方面的，工农业生产仅仅是影响因素之一，而不是唯一因素。严格地说，在货运能力超前于工农业生产的前提下，工农业生产的规模和速度与货物运输需求呈正相关的变化，即工农业生产发展了，货运生产也随之发展，因为货运强度（货物周转量/工农业总产值）不是固定不变的，工农业产品的价值构成也不是固定不变的，它受到产业结构、产品结构和供求关系的影响。同等数量的工农业总产值，其货物周转量不同。

（2）科学技术发展水平

科学技术发展水平是影响运输需求的重要的长远性因素。在人类历史发展中，科学技术作为生产力的构成要素，自始至终起着加速各国经济增长和推动世界经济国际化的促进作用。尤其是科学技术革命，可以迅速改变世界经济结构。经济学家认为，世界经济的发展在人类进入资本主义社会以后，曾发生过 3 次重大技术革命。

第一次科学技术革命以蒸汽机的发明为主要标志，首先发生在英国。19 世纪初，蒸汽机相继被应用到轮船和火车上，从而使运输业发生革命性变化。

19 世纪后期，第二次科学技术革命首先发生在美国，它以电力的发明和使用为代表，人类跨入电气化时代。电力带动生产力的巨大发展，提高了生产的社会化程度，促进国际分工向纵深推进，进一步加强和扩大了各国生产关系的急剧变化，推动了资本主义从自由竞争向垄断过渡，资本输出与资源掠夺在全球范围展开，进而加快了对世界领土的瓜分，这就引起 20 世纪前半叶两次世界大战的爆发。在两次世界大战中，运输业成为最重要的军事力量之一。

第三次科技革命是在第二次世界大战以后发生的，其主要标志是原子能等新能源的发现和利用、电子计算机的发明和应用、新材料的人工合成与利用、空间技术的发展，以及遗传工程的重要成就等。这次科技革命首先从美国开始，后来逐步波及西欧、日本及其他国家。这次科学技术成果大大加快了运输工具的改造与革新速度，运输方式的集装箱化、大型化和专业化等为运输需求的提高提供了前所未有的运输能力。

科学技术的发展还引起产业结构的变化，使物质生产部门降低了原材料的消耗，从而影响运输需求。

（3）运价

运价和运输商品的市场价格变动，也会引起运输需求的变动。一般来说，运价下降，运输需求上升，而运价上涨时，短期内运输需求会受到一定抑制；两地市场商品价格差别增大，会刺激该商品在两地间的运输需求，而商品价格差别缩小，则会减少两地间该商品的运输需求。另外，燃油、运输工具等价格变动也会引起运价的变动，从而导致运输需求的变动。

（4）运输网络布局与运输能力

运输网络布局和运输能力直接影响货源的吸引范围和对运输需求的适应程度。例如，国际航空线路的开辟，为鲜活易腐货物的国际运输需求提供了质量保证；优越的交通地理位置、高质量和高效率的运输网络不仅能满足本地区的运输需求，而且可以吸引过境货物、中转货物。新加坡及我国香港地区的港口是世界名列前茅的集装箱大港，其特点是半数以上的集装箱吞吐量来自其他港口的中转箱。由此可见，完善合理的运输网络布局，以运输能力为保障的方便、快捷、高质量的运输服务，无疑会刺激运输需求；滞后的运输网络与运输能力会抑制运输需求。

对于某一种运输方式，不同运输方式间的相互替代也是影响运输需求的一个因素。当有多种运输方式存在时，考虑一种运输方式替代另一种运输方式的影响因素是十分必要的。假定用户的决策都取决于其得到的运输服务价格，那么最方便的衡量方法就是分析不同运输需求的交叉价格弹性。交叉价格弹性是在其他条件不变的情况下，某种运输方式的运价变化所引起的另一种运输方式需求量变化的比例。如果交叉价格弹性的数值大于零，即某种运输方式的运价提高引起另一种运输方式需求量的增加，那么这两种运输方式之间是可以互相替代的，说明用户自动选择了使用那种更廉价的运输方式解决自己的运输问题。如果交叉价格弹性的数值小于零，即某种运输方式的运价提高引起另一种运输方式需求量的下降，那么这两种运输方式之间是互补关系。

在货物运输中，国民经济结构的变化，尤其是从重工业转向生产高价值、低重量产品的轻工业，使人们将重点从价格转移到运输服务的其他方面。对于某些货物，低价格不再是选择运输方式的决定性因素。

（5）人口

人口的增长、分布及城镇化水平，对于货物运输需求有一定的影响。人口增长、人均收入增加，必然增加消费品的供应量，即刺激货物运输需求的增加；城镇化水平高、城镇人口比重大，必然要增加城镇人口的生活供应，城镇人口与农村人口相比，消费品的供给量是比较大的。

（6）国家政策

国家政策对货物运输需求的影响是综合性的，主要反映在以下 4 个方面。

1）经济体制。一个国家的经济体制有计划经济和市场经济两种形式。不同经济体制对运输需求的影响不同。例如，我国改革开放以前，社会经济中的产品交流主要通过计划来实现；经济体制改革以来，流通体制发生了根本性变化，市场调节生产资料的比例日益增大，消费性商品供给市场基本放开，在竞争机制的作用下，产品在市场上相对自由流动，商品交换的范围迅速扩大，使运输需求迅速增长。

另外，随着经济体制的转型，物质生产部门的生产组织管理发生变化，企业自主购销，使原材料和产品的流量、流向在一定程度上发生了改变，货物的运输组织方式也发生很大变化。例如，随着物流概念被越来越多的企业接受，许多流通企业、生产企业已经实现“零库存”，将原材料、产品的库存分散化，转向第三方物流企业。这种可以节省大量库存费用的现代化管理方式，是以可靠的货物运输作为保障的。这对运输供给提出了新的要求，不仅影响货物运输需求的总量，还影响货物运输需求在不同运输方式间的分配，以及运输生产组织的方式。

2）国家政策对产业结构及布局的影响。为了促使经济的合理发展，国家政策对投资具有导向作用：一方面，鼓励投资向某些部门倾斜；另一方面，鼓励投资向某些地区倾斜。国家政策的结果会对货物运输需求产生影响，投资引起产业结构的变化，会间接影响货物运输需求总量的变化；产业布局的变化会引起货物运输需求流量、流向的变化。

3）运输政策。国家的运输政策，首先会影响运输的供给（投资），包括供给的总量和供给的构成两个方面；其次会影响运输市场，建立开放的运输市场符合市场经济发展的要求。但是，运输基础设施具有公共性，不能像物质生产部门一样完全市场化，这是由运输行业的特性决定的。国家政策对运输供给和运输市场的影响，会对货物运输需求产生影响。

4）价格政策。运价管理是国家运输政策的一个重要方面，由于运输生产有为社会服务的属性，加上运输生产容易形成垄断，许多国家会对运价进行干预。尽管存在不少问题，但运价不可能与普通商品的价格一样，完全由企业根据市场需求情况来决定。国家对运价与其他商品价格比价的干预，包括对不同运输方式比价的干预，不可避免地影响货物运输需求。

从我国铁路货物需求发展来看，影响铁路货运需求的因素有 GDP、贸易量、各地区经济发展情况、自然资源的地区分布、产业布局、政策、全国人口数量、收入水平、铁路货运价格、对外贸易量、网络与电子商务的发展、其他运输方式的运价、其他运输方式的发展等。

【思政小课堂】

大秦铁路：筑起能源大动脉 负重争先不停歇

交通强国，铁路先行。在中国广袤的大地上，有一条钢铁巨龙，西出煤都大同，横跨桑干峡谷，穿越燕山山脉，直抵渤海之滨秦皇岛，这就是被誉为“中国重载第一路”的大秦铁路。

大秦铁路是我国第一条双线电气化重载铁路，全长 653km，是“西煤东运”的能源大通道。它担负着我国主要四大电网、五大发电集团、十大钢铁公司和上万家工矿企业的生产用煤及 26 个省、自治区、直辖市的生产生活用煤，煤炭运量占全国铁路煤运总量的 25%。大秦铁路创造了世界单条铁路重载列车密度最高、运输能力最大、增运幅度最快、运输效率最好、运输效益最佳等多项纪录。

1. 建设能源运输大通道，惠及万家灯火

大秦铁路是一条不负重托的铁路，它因改革开放而生，因改革开放而兴。

回顾改革开放初期，各行各业蓬勃发展，迸发出空前的积极性、创造性。经济社会发展对交通运输的迫切需求随之突显，特别是支持发展的能源运输成为焦点问题。“每天急需车皮的电报像雪片一样飞来!”很多老铁路人都会有这样的记忆。

为满足国民经济快速发展的需要，加强由西向东的运输通道建设，1983 年，“七五”计划提出“加强能源建设，完善运输网络，逐步缓和能源、交通紧张状况”，大秦铁路应运而生。1988 年，大秦铁路一期工程建成通车。1992 年 12 月 1 日，大秦线二期竣工实现全线贯通，标志着我国铁路向重载技术装备与运输组织指挥现代化迈出了可喜的一步。

一条运煤铁路与人们日常生产生活有着怎样的联系？最直接的体现就是惠及万家灯火。北京市供电部门的工作人员曾说：首都城镇居民家庭每 3 盏电灯中，至少有 1 盏是靠大秦铁路输送的电煤发电点亮的。

2008 年年初，一场罕见的冰冻雨雪灾害侵袭了大半个中国，亿万人民群众的生产生活受到严重影响。大秦铁路通过科学调度、深挖潜力、增加运量，为保障万家灯火做出了巨大贡献。当时，大秦铁路日运量首次突破 100 万 t，并连续 20 天日均保持在 100 万 t 以上，有力地缓解了南方雨雪冰冻灾害造成的煤炭紧张局面。

1998～2018 年，这条连接山西、陕西、内蒙古西部“三西”煤海与秦皇岛入海口的能源大通道，创造出一个又一个举世瞩目的重载奇迹。

随着国民经济发展对能源需求的与日俱增，大秦铁路的运输能力也在与时俱进。截至 2018 年，年运量最高突破 4.5 亿 t；日常开行的 2.1 万 t 列车，每列编组 210 辆，全长 2.5km；成功进行了 3 万 t 列车开行试验，编组达到 315 辆，长度达到 3.8km；最高单日运量达到 136.6 万 t。大秦铁路成为我国重载运输技术的示范性工程。

2. 重载技术不断创新，科学调度提运力

大秦铁路是一条与时俱进的铁路，在重载铁路技术创新中一次又一次突破运量极限。

随着高新技术的广泛应用，运量大、效率高、成本低、能耗小的重载运输得到世界广泛认可，货运重载化成为铁路现代化的必然趋势和重要标志，铁路重载核心技术成为体现国家综合实力的尖端技术之一。这给大秦铁路提出了新目标，必须在较短时间内大幅发展重载技术，提升运输能力。

2014 年 4 月 2 日，这个日子在大秦铁路重载技术创新发展的历程中值得铭记。全长近 4km，总重量达 3.15 万 t，由 4 台电力机车和 315 节货车组成的 3 万 t 重载列车在大秦铁路试验成功，这使我国成为世界上仅有的几个掌握 3 万 t 铁路重载技术的国家之一。

大秦铁路在挖掘载重潜力，连续实施 2 亿 t、4 亿 t 扩能改造的过程中，应用了大量新设备、新技术。为适应万吨列车长度，大秦铁路以 2800m、1700m 的有效长对沿线车站正线和到发线进行了改造。为提高轨道承重，大秦线全线铺设成 75kg/m 的跨区间无缝线路，强度远高于高速铁路采用的钢轨。为提高车辆的重载集运能力，专门为大秦线设计了载重 80t 的 C80 型车辆。为提高重载列车的牵引能力，国产和谐型大功率重载机车投入使用，让重载牵引动力如虎添翼。

除了新设备、新技术的应用，还需要有科学的调度作为支撑。位于大秦铁路最东端的柳村南站，肩负着大秦铁路最后一公里的卸车任务。为提高工作效率，柳村南站实现快装、快运、快卸、快回，压缩列车在港口的滞留时间。调度工作实行合署办公，合署办公大厅内，汇集了铁路、港口、海事、船舶公司等多个部门的调度、协理、代办等工作人员，实现面对面无缝对接，实现运输生产高效、顺畅、快捷。

大秦铁路集纳了钢铁冶金、机械加工、机车车辆装备制造、电子技术、自动化控制技术、电力牵引技术等众多学科的先进成果，开创出独具特色的运输组织方式，取得诸多自主创新成果，令世界惊叹。

3. 治污染防扬尘，保护沿线周边生态环境

大秦铁路是一条绿色低碳的铁路，深入贯彻绿色发展理念，为打赢蓝天保卫战不懈努力。

2017 年 12 月的中央经济工作会议提出打好污染防治攻坚战，重点是打赢蓝天保卫战，站在中国特色社会主义新时代的历史方位下，要求铁路部门加快生态文明建设，调整运输结构，增加铁路货运量。

中国铁路总公司坚决落实中央决策部署，发挥铁路节能环保优势，实施“货运增量行动”。以山西、陕西、内蒙古西部等 6 个区域为重点，充分发挥大秦线等 6 条干线通道能力，着力强化“三西”地区煤炭外运，提升煤炭等大宗货物中长途运输的铁路比例，进一步发挥铁路在“污染防治攻坚战”中的骨干作用。

中国铁路太原局集团有限公司积极调整运输结构，推动大秦铁路运输组织集约化、精细化。通过完善运输方案，优化开车组织、车流结构和港口接卸，保证运输通畅、列车快去快回。

在确保货运增量任务完成的同时，太原局以打赢蓝天保卫战为目标，进一步加大对煤

炭运输扬尘的治理力度，全面加强大秦铁路治污抑尘工作，抓源头抑尘，重线路清污，治扬尘污染，努力打造绿色大秦线。

位于山西大同的塔山装车点，是大秦铁路沿线的 2 万 t 装车点之一，每天大约有 6 万 t 煤炭从这运输至渤海之滨。在完成装车后，列车还要经过一道抑尘工作。抑尘液喷洒在煤车表面，车厢内的煤炭顶面在抑尘液干燥后结成硬膜，如篷布覆盖在煤炭表面，有效防止重载列车高速运行时煤炭发生扬尘，从源头上消除煤炭运输扬尘污染，保护了铁路沿线周边的生态环境。

生态环境部发布的全国空气质量状况显示，2018 年 1～7 月，京津冀及周边地区“2+26”城市平均优良天数比例为 46.4%，同比上升 1.2 个百分点；$PM_{2.5}$ 浓度为 62μg/m^3，同比下降 13.9%。大秦铁路通过运输增量、治污抑尘，为保卫蓝天特别是保护京津冀的生态环境起到了积极作用。

（资料来源：根据网络资料整理改编。）

第三节　运输需求函数与弹性

一、运输需求函数

1. 运输需求函数概述

（1）运输需求函数的取得过程

为了定量研究运输需求受各因素影响的弹性大小，需引入运输需求函数的概念。运输需求函数是用函数形式表示运输需求量与影响因素之间的数量关系。

这里的运输需求是指在特定的时间、空间和一定的条件下，运输消费者愿意购买运输服务的数量。由于研究目的及范围不同，从时间上，可以是一年、一季、一月或一日的运输需求量；从空间上，可以是一个国家、一个地区、一条线路或一个方向的需求量；从运输方式上，可以是各种运输方式的总需求量，也可以是某一种运输方式的需求量。

既然运输需求量受许多因素的影响，从数学上说，运输需求就是影响它的诸因素的函数。运输需求函数是运输需求量与影响这一数量的诸因素之间关系的一种表达式，可表示为

$$Q_z = f(P, Y_1, Y_2, \cdots, Y_n) \tag{4-1}$$

式中，Q_z 为运输需求量；P 为运价；$Y_1, Y_2, \cdots, Y_n$ 为除价格以外的其他影响因素，如工农业生产的规模和速度、产品运输系数、国民经济产业和产品结构、生产和运输布局、人口增长及其构成等。

这种需求函数仅是运输需求函数的抽象形式，并没有表示出自变量与运输需求量之间的具体数量关系。只有通过经济分析及数量计算，才能得到可以实际应用的运输需求函数。这一过程主要有以下几个步骤。

1）通过分析选择最重要的影响因素引入需求函数。影响运输需求的因素有很多，各影响因素之间又相互关联，因此应根据运输需求分析目的，精选能量化的最重要的影响因素。

2）用适当的指标把引入需求函数的影响因素量化，如经济发展水平、居民生活水平、运输服务价格等，必须用相应的指标表示，确定运输需求函数的自变量。

3）自变量数据的取得与处理。数据可以通过查找历史统计资料获得，也可以通过适当的经济推算得到。由于有些数据的统计口径、指标范围、指标含义不同，它们只有经过加工处理后，才能应用于需求函数的建立。

4）参数估计。用取得的自变量、因变量数据，通过数学方法，对需求函数中的各参数进行估计，得到运输需求函数，并对其进行统计检验。

5）用所得到的需求函数进行运输需求分析、预测。

6）对已有运输需求数据进行实际检验，并根据具体情况加以修正。

（2）高速铁路运输需求的影响因素

以高速铁路为例，影响高速铁路运输需求的因素有很多，主要有经济因素（包括国民总收入、人均 GDP、居民可支配收入、交通消费水平等）和运输行业因素（包括各种交通运输方式的客运总量、高速铁路的运价、高速铁路运输设施和服务、高速铁路运营费用的变动、高速铁路运输业职工人数等）。另外，出行者特征（包括收入水平、出行目的、出行距离、出行费用来源等），以及高速铁路与其他交通工具的替代作用对高速铁路的运输需求也有影响。为了对高速铁路的运输需求做出合理预测，应对其影响因素进行综合分析。

1）经济发展水平。经济发展水平是运输业需求量的根本决定性因素，较快的经济增长速度引发出行者提高出行效率的需要，影响出行者的出行支付能力和对交通工具性能的偏好程度，高速铁路的优势更能得到重视。随着经济水平的提高，人们的可支配收入增加，影响其出行行为与出行习惯。出行者将有能力接受相对更贵的高速铁路运价，对高速铁路的需求也会增加。

类似城市轨道交通建设的需求，当城市经济发展到一定水平时，就会刺激产生更多的交通运输需求。德国在 1963 年人均国民收入达到 1300 美元时，对全国 20 多个城市的有轨交通系统进行了全面改造；20 世纪 70 年代后，人均国民收入超过 2500 美元时，开始大规模修建地铁，这些轨道交通构成市区内、市区与郊区间的客运交通骨架。对于城际间远程的交通需求不仅要求起始端两个城市的经济发展达到较高水平，而且必须考虑沿线城市的经济发展带来的交通运输需求。另外，高速铁路的投资建设也会带动高速铁路客流量的增加。列车数量、火车站点数量、高速铁路线路条数等增加，加上高速铁路舒适、安全的优势，都将吸引更多的客流。

表征经济发展水平的指标主要有 GDP 财政收入、人均可支配收入、地方一般预算财政收入等。

2）居民出行需求。出行需求是影响高速铁路交通最重要和最直接的因素，出行需求会间接影响高速铁路的出发时刻设定及发车时间间隔，并对同一线路上的高速铁路车辆数量提出进一步要求。综合考虑衡量出行需求的可测指标有客运量、行车最小时间间隔、营运时间、列车数量等。

另外，针对居民个人，其出行需求主要受出行目的、出行费用来源、出行距离和乘车偏好等因素影响。调查表明，公、私两类不同目的的旅行对需求的影响因素是不同的，乘车偏好也会由于出行目的和出行费用来源的不同做出改变。公务旅行考虑的因素按重要性排序为速度、频率、座位空间、可达性、舒适性、可靠性、正点率、组织和信息、行李服务、旅行服务、票价、安全因素。私人旅行考虑的因素排序为票价、速度与空间、可达性、频率、正点率与舒适性、行李服务、组织与信息、可靠性、旅行服务、安全因素。二者最大的区别在于票价，私人旅行考虑的首要因素是票价，而公务旅行对票价的考虑几乎排在最后。

3）运输业发展水平。运输业发展水平即现有高速铁路与其他交通工具的供给能力水平。高速铁路交通供给，一方面体现为对高速铁路交通需求的及时反应；另一方面，营运效益是影响高速铁路公司投资、开发和经营的决定性因素，对政策体制有较大的依赖性，在政府投资、运营占绝大多数比重的情况下，有必要对高速铁路的运营效益给予充分重视。衡量高速铁路运营效益的指标主要有票价、建设成本、运营成本、投资者效益、运营者效益等。

由于高速铁路交通建设投资大、耗时长，且线网一旦建成在短期内改建难度大，高速铁路交通供给还受到相关政策的影响。影响高速铁路交通供给的因素除了建设与运营成本，还有行业技术与行业替代。因此，可从行业技术和行业替代两个方面入手提取高速铁路供给的量化指标。

① 行业技术。行业技术是支撑高速铁路交通发展的基石，为高速铁路发展规模的扩张提供技术支持和目标保障。可靠的行业技术可以为高速铁路合理有序的发展提供硬件支持；反之，行业技术的缺失会成为对高速铁路交通线网规划的制约因素，从而阻碍高速铁路建设的长远发展。行业技术还受政策体制的影响，高速铁路交通扶持政策的出台和政府投资的加大都会带动行业技术的进步和相关科研成果的转换，对高速铁路交通的发展具有极大的促进作用。表征轨道交通行业技术的指标主要有列车时速、车体重量、供电方式、通信方式、环保性能、准点率、乘坐舒适度等。

② 行业替代。运输工具间的竞争主要是高速铁路在中、长距离运输交通中所占的比重及其对公路、既有铁路、飞机的替代作用。行业替代体现出高速铁路在交通运输中的重要程度，以及它对其他交通方式的补充作用。衡量高速铁路行业替代作用的指标主要有高速铁路占公共交通比重、高速铁路交通方式出行量、高速铁路日均客运量等。

国际铁路联盟认为，高速铁路达到 300km 时速时，与民航在运输距离上的有效竞争范围——白天可超过 800km，夜间超过 2000km。法国城市交通的运输经验表明：凡经高速铁路连接的城市，高速公路客运量明显下降。高速铁路运输的竞争优势范围在 200～1200km，高速铁路与航空运输的等时距离在 500～700km，航空运输在 1500km 以上占有较明显的优势。

2. 需求函数的性质

运输需求函数具有非负性。一般需求总是正的，负的需求无实际意义。用公式表示为

$$Q_z = f(P, Y_1, Y_2, \cdots, Y_n) \geqslant 0 \tag{4-2}$$

3. 运输需求函数模型

（1）线性模型

线性模型为

$$Q = a + bP \tag{4-3}$$

式中，Q 为运输需求量；P 为运价，或者是人均收入、GDP、工农业产值等其他影响因素；a、b 为待定参数。

该模型表明，运输需求量 Q 是其影响因素（如运价 P 等）的线性函数。

（2）半对数模型

半对数模型为

$$Q = a + b\ln P + c_1 \ln Y_1 + \cdots + c_n \ln Y_n \tag{4-4}$$

该模型表明，运输需求量 Q 是运价 P 的对数和变量的对数的线性函数。

（3）对数模型

对数模型为

$$\ln Q = a + b\ln P + c_1 \ln Y_1 + \cdots + c_n \ln Y_n \tag{4-5}$$

该模型表明，运输需求量 Q 的对数是运价 P 的对数和变量 Y 的对数的线性函数。

以上 3 个模型都可以只选取任意一个或若干价格和非价格因素变量。在实际应用中，可针对具体问题选择上述模型或建立其他合适的模型，通过具体的经济分析和数据统计、数量计算，得出确切的函数表达式。由于同一数据来源不同，模型计算的结果会有较大差别，通常应选择几个模型经试算后挑选其中之一。

4. 运输需求的变动与运输需求量的变动

运输需求与运输需求量是两个不同的概念。运输需求不表示确定的某个数量，而表示需求量与运价之间的对应关系的总和，给定这样一个对应关系，可以描绘出一条运输需求曲线。运输需求量则表示在某一确定的运价水平上，消费者愿意购买的运输服务的确定数量，它对应于运输需求曲线上的一点。当非价格因素不变时，由不同运价水平下的不同需求量构成一条曲线表示一种运输需求，在这条运输需求曲线上，不同点的运价是不同的，而非价格因素是相同的。但是，当非价格因素发生变化时，运输需求曲线将产生位移，这种由非价格因素变化引起的曲线位移就是运输需求的变动。如果运输需求发生变化，即使价格不变，运输需求量也会发生变化。

运输需求的变动是需求函数的参数发生变化，是曲线的移动；运输需求量的变动则是一定函数关系下，自变量引起的因变量的变化，是在一定曲线上的移动。两者的变动如图 4-1 和图 4-2 所示。

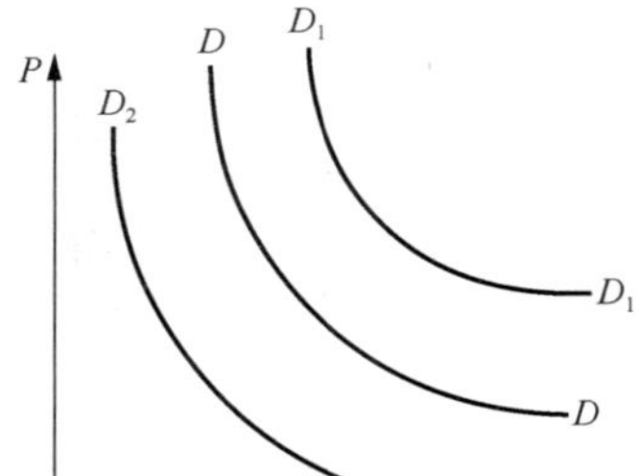

图 4-1 运输需求的变动

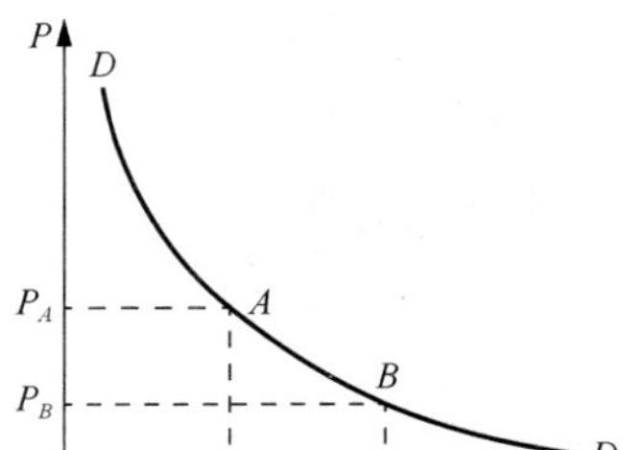

图 4-2 运输需求量的变动

二、运输需求弹性

在经济学中，弹性是指一个变量对另一个变量敏感度的测试。当经济变量之间存在函数关系时，弹性被用来表示作为因变量的经济变量的相对变化对作为自变量的经济变量的相对变化的反应程度。在需求分析中，弹性意味着需求量对价格、收入等因素的敏感程度。

1. 运输需求的价格弹性

运输需求的价格弹性表示运输需求相对于运价变动的反应程度，它是运输需求量的变动率与相应运价的变动率之比。运输需求的价格弹性的公式为

$$E_p = \frac{\Delta Q / Q}{\Delta P / P} \tag{4-6}$$

式中，Q、ΔQ 分别为运输需求量及其变化值；P、ΔP 分别为运价及其变化值。

一般情况下，运输需求弹性是指运输需求的价格弹性。旅客运输需求中生产性旅行需求的价格弹性较小，特别是客运中有相当部分运量属于公务、商务等形式的公费旅行，这部分需求的价格弹性比较小。消费性旅行需求的价格弹性较大，但消费性旅行需求受收入水平高低的影响，人均收入高的国家和地区，由于运输费用占收入的比例小，价格弹性较小，而低收入地区，运价的变动对旅行者的影响较大，故价格弹性较大。

货物运输需求的价格弹性往往与货物价值有关，价值小的价格弹性大，价值大的价格弹性小。价格弹性的大小还与货物的季节性及市场状况等有关。当某种货物急于上市销售或不宜久存时，其价格弹性较小。货主情愿选择运价高、速度快的运输方式，也不去选择运价低、速度慢的运输方式。此外，运输需求与资源分布及工业布局的关系极大，其决定了相当部分的货运量，这些运量一旦形成，其价格弹性就比较小。例如，在铁路的货物发送量中，30%左右是运输距离在 200km 以内的货物；70%属于铁路专用线运输，这部分运量已经形成比较固定的运输形式，对运价变动的弹性比较小。虽然可以通过提高铁路短途运价，把一部分运量分散到公路上，使公路在短途零散货运中充分发挥作用，但是这种措施对铁路专用线运量的影响是十分有限的。

不同运输市场上客货运输的需求弹性有很大差别，表现在弹性与具体运输方式、线路和方向有关。对能力紧张的运输方式、线路和方向，运价的弹性显然较小，运价变动特别是提价对需求量的影响不大；而对能力富余的运输方式、线路和方向，需求对运价的弹性就较大。

运输需求是人们对于所接受运输服务的支付意愿，反映了这种意愿随运价或成本水平而发生的变化。运输支出提供了运输需求的一部分重要信息，但不是全部，因为它不能反映运输量随价格变化的情况。在经济学中，往往使用一个体现购买量随价格变化的关系式来表示，每一个价格水平都对应一个需求量。

当需求曲线上两点之间的变化量趋于零时，需求弹性要用点弹性来表示。假定运输需求函数为$Q = f(P)$，则计算公式为

$$e_{\mathrm{d}} = \frac{\mathrm{d}Q / Q}{\mathrm{d}P / P} = \frac{\mathrm{d}Q}{\mathrm{d}P} \cdot \frac{P}{Q} \tag{4-7}$$

式中，e_d 为运输需求的价格弹性。

点弹性的计算如图 4-3 所示，其前提条件是需求曲线的方程已知。然而，在更多情况下，并不知道需求曲线方程，但知道运价变动前后运量的数据，即知道需求曲线上运价变动前后两点的坐标，这时可以用弧弹性法计算价格弹性，计算公式（中点公式）为

$$e_d = \frac{dQ/Q}{dP/P} = \frac{(Q_2 - Q_1)}{(P_2 - P_1)} \cdot \frac{(P_2 + P_1)}{(Q_2 + Q_1)} \tag{4-8}$$

弧弹性的计算如图 4-4 所示。

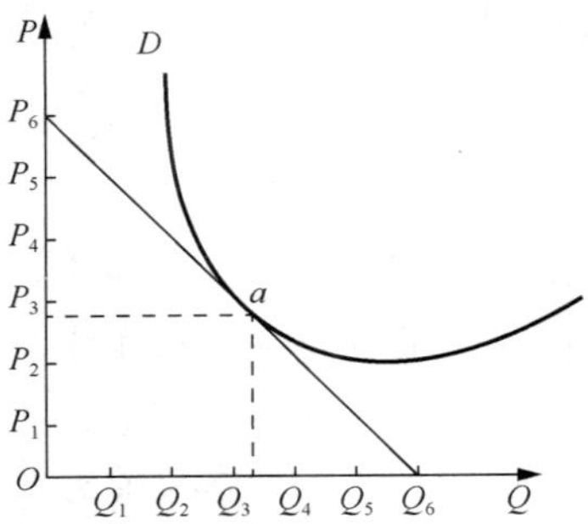

图 4-3　点弹性的计算

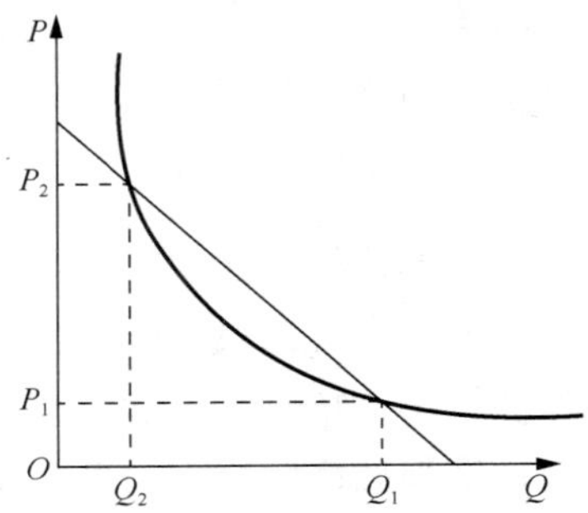

图 4-4　弧弹性的计算

由于价格和需求反方向变动，需求的价格弹性一般是负数，在计算时取其绝对值。运输需求弹性有几种不同情况：当 $|e_d|>1$ 时，称为富有弹性，这种情况表示需求量变动的比率大于价格变动的比率；当 $|e_d|<1$ 时，称为缺乏弹性，这种情况表示需求量变动的比率小于价格变动的比率；当 $|e_d|=1$ 时，称为单位弹性，这种情况表示需求量变动的比率等于价格变动的比率。

2. 运输需求的收入弹性

运输需求的收入弹性反映运输需求量与消费者收入变化的程度，多用于分析旅客运输需求。计算方法为

$$运输需求的收入弹性系数=\frac{运输需求量变动率}{收入变动率}$$

即

$$E_I = \frac{\Delta Q/Q}{\Delta I/I} \tag{4-9}$$

式中，I 为收入；ΔI 为收入的变动量。

旅客运输需求在很大程度上由居民的收入水平决定，运输需求的收入弹性一般为正值。当收入水平增加时，出行的需求将会随之增加。伴随收入变化的出行需求可以用运输需求收入弹性系数进行分析，即运输需求的收入弹性系数能够反映居民收入变化与运输需求变化的关系。

需要注意的是，当收入变化后，不仅运输需求量发生变化，人们在出行方式的选择上也会发生变化，即对不同运输方式的需求量也会发生变化。

3. 运输需求的交叉弹性

运输需求的交叉弹性是用于衡量某种运输方式的运输需求量变动相对于其他运输方式变动敏感程度的一种测量方法。由于不同运输方式间具有替代效应，当两点之间的运输有两种或两种以上交通工具的选择时，不同运输方式间一些经营方式和手段的调整（如价格等），就会影响运量在它们之间的分配关系。例如，当两地之间既有民航运输又有铁路运输时，民航票价变动对铁路旅客运量产生影响，它们之间的交叉影响可以用交叉弹性来量度，表示为

$$E_{PYX}=\frac{\Delta Q_Y/Q_Y}{\Delta P_X/P_X} \tag{4-10}$$

式中，E_{PYX} 为 X 的价格变动引起 Y 的需求量变动的反应程度。

点交叉弹性的计算公式为

$$E_{PXY}=\frac{\mathrm{d}Q_Y}{\mathrm{d}P_X}\cdot\frac{P_X}{Q_Y} \tag{4-11}$$

弧交叉弹性的计算公式为

$$E_{PXY}=\frac{(Q_{Y_2}-Q_{Y_1})}{(P_{X_2}-P_{X_1})}\cdot\frac{(P_{X_2}+P_{X_1})}{(Q_{Y_2}+Q_{Y_1})} \tag{4-12}$$

式中，Q_Y、ΔQ_Y 分别为被替代的第 Y 种运输服务需求量及其变化量；P_X、ΔP_X 分别为可替代的第 X 种运输服务的价格及其变化量。

不同交叉弹性具有不同的经济意义。当交叉弹性为正值，即 $E_{PXY}>0$ 时，说明运输服务 X 的价格变动将引起运输服务 Y 的需求量产生同方向变动；当交叉弹性为负值，即 $E_{PXY}<0$ 时，说明运输服务 X 的价格变动将引起运输服务 Y 的需求量产生反方向变动；当交叉弹性为零，即 $E_{PXY}=0$ 时，说明运输服务 X 的价格变动对运输服务 Y 的需求量没有影响。

交叉弹性分析不仅可以测量运价变化对运输需求量的影响，也可以测量其他因素，如时间等因素对运输需求量的影响。通过相关分析，促使运输企业制定和调整相关的经营战略与策略。

交叉弹性分析既可用于分析旅客运输，也可用于分析货物运输。

课后阅读

“十四五”重载铁路运输需求预测

1. 重载铁路发展概况

我国煤炭运输主要以重载铁路为主，在“公转铁”政策实施和煤炭生产资源集中双重作用下，重载铁路快速发展。在运量方面，2021 年上半年，国家铁路煤炭发送量达 96 128 万 t，同比增长 12.4%。在主要重载线路中，浩吉铁路（浩勒报吉南—吉安）增长 163%，大秦铁路（韩家岭—柳村南）、瓦日铁路（瓦塘—日照南）、唐呼铁路（唐山—呼和浩特）分别增长 11.5%、43%、54%，重载铁路货运增量效果显著。在基础设施方面，我国目前符

合国际重载铁路标准的共有 9 条：4 条为承担西煤东运的货运专线，分别为大秦铁路、瓦日铁路、唐呼铁路、朔黄铁路（神池南—黄骅港）；1 条承担北煤南运的货运专线，为浩吉铁路；4 条客货混运线路，分别为大包铁路（大同—包头）、北同蒲铁路（大同—太原）、包西铁路（包头—新丰镇）、通霍铁路（通辽北—霍林郭勒）。重载铁路总里程约 7300km。在技术装备方面，截至 2020 年，国家铁路敞车保有量共计 54 万辆，其中 25t 轴重及以上货车保有量 5.8 万辆，占比为 10.8%。在运输组织方面，大秦、朔黄铁路采用“1+1”组合 2 万 t、组合 1.5 万 t/1.6 万 t、单元万吨、组合万吨的列车编组模式，单列最大牵引总重 2 万 t，最高速度为 80km/h。既有客货混运线路（除北同蒲等重载铁路外）货物列车最大牵引质量为 5000～5500t，速度不超过 80km/h。

2. 定性预测

自运输结构调整政策实施以来，铁路煤炭运输产运系数从 2017 年的 0.61 提升至 2021 年上半年的 0.66。从重载铁路上游货源聚集地晋陕蒙地区来看，铁路煤炭运输产运系数从 2017 年的 0.44 提升至 2021 年上半年的 0.46，与全国铁路煤炭运输产运系数仍有一定差距，且增长较慢。未来，随着大气污染防治工作的持续推进及“公转铁”政策的实施，晋陕蒙地区铁路运输产运系数必然呈现逐渐上升趋势。根据晋、陕、蒙三地的国民经济和社会发展第十四个五年规划和 2035 年远景目标纲要，山西省“十四五”期间原煤产量稳定在 10 亿 t 左右，内蒙古自治区煤炭产能动态稳定在 13 亿 t 左右，陕西省到 2025 年原煤产量稳定在 7.4 亿 t。综合晋陕蒙地区煤炭产量，预计 2025 年晋陕蒙地区的煤炭产量将达到 30.4 亿 t。根据 2017 年以来产运系数可知，近年来产运系数为 0.44～0.48。考虑“公转铁”等政策影响，预计到 2025 年铁路运输市场份额将进一步提高，产运系数可达到近年峰值 0.48。综合晋陕蒙地区煤炭产量和铁路产运系数进行分析，预计 2025 年重载铁路煤炭运输需求将达到 14.6 亿 t。晋陕蒙地区运输需求预测如表 4-6 所示。

表 4-6　晋陕蒙地区运输需求预测

指标	2017 年	2018 年	2019 年	2020 年	2025 年
晋陕蒙地区煤炭产量/亿 t	23	24.4	26.4	27.4	30.4
铁路煤炭运输需求/亿 t	10.1	11.6	12.1	12	14.6
产运系数	0.44	0.48	0.46	0.44	0.48

3. 定量预测

通过对晋陕蒙地区煤炭运量和相关影响因素的观察与收集，基于各影响因素之间的相关关系分析，对重载铁路煤炭运输需求进行预测，其预测流程如下。①确定研究范围。预测对象选用晋陕蒙地区铁路煤炭运输需求作为重载铁路煤炭运输需求，数据基础年度为 2009～2020 年，预测年度为 2025 年。②观察历史数据。对 2009～2020 年重载铁路煤炭运输需求数据进行观察，得到重载铁路煤炭运输需求变化示意图（图 4-5）。重载铁路煤炭运输需求呈波动变化，波动幅度较大。③选取预测方法。根据对数据的观察可知，运输需求波动呈非线性趋势，时间序列法、回归预测法、灰色预测法等传统预测方法难以表述其非线性变化，因而选择能够逼近复杂的非线性系统的人工神经网络模型。④确定关键影响因素。选用全国 GDP、晋陕蒙地区 GDP、第二产业增加值、固定资产投资、晋陕蒙地区煤炭产量、国内对煤炭需求量、全国煤炭进口量、全国火力发电量、晋陕蒙地区铁路建设投资额、特高压输电量、晋陕蒙地区公路货运需求作为关键影响因素，利用灰色关联度分析方法计算其与重载铁路煤炭运输需求的关联度，重载铁路煤炭运输需求影响因素关联系数如表 4-7 所示，各影响因素关联系数均大于 0.5，具有强相关关系。⑤预测运输需求。将 11 个影响因素作为输入神经元，重载铁路煤炭运输需求作为输出神经元，隐藏层的神经元与输入层和输出层神经元全连接。

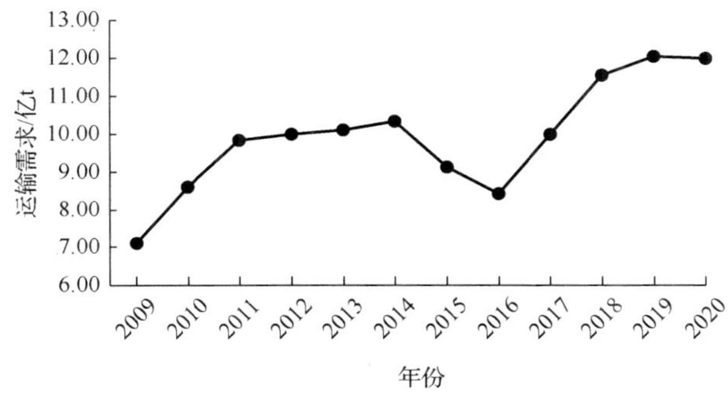

图 4-5 重载铁路煤炭运输需求变化示意图

表 4-7 重载铁路煤炭运输需求影响因素关联系数

序号	关键影响因素	关联系数
1	晋陕蒙地区煤炭产量	0.941
2	全国火力发电量	0.890
3	国内对煤炭需求量	0.878
4	晋陕蒙地区 GDP	0.840
5	晋陕蒙地区公路货运需求	0.803
6	第二产业增加值	0.784
7	全国煤炭进口量	0.745
8	全国 GDP	0.724
9	固定资产投资	0.681
10	晋陕蒙地区铁路建设投资额	0.564
11	特高压输电量	0.527

重载铁路煤炭运输需求拟合情况如表 4-8 所示，通过计算，平均相对误差为 3.5%，模型拟合程度较好，得到 2025 年重载铁路煤炭运输需求预测值为 14.2 亿 t。

综合考虑定性预测和定量预测的结果，对两种预测结果进行加权平均，最终得到 2025 年重载铁路煤炭运输需求预测值为 14.4 亿 t。

表 4-8　重载铁路煤炭运输需求拟合情况

年份	实际值/万 t	预测值/万 t	相对误差/%
2009	71 235	76 237	7.02
2010	86 236	80 892	−6.20
2011	98 690	89 888	−8.92
2012	100 185	99 138	−1.05
2013	101 015	106 171	5.10
2014	103 344	101 898	−1.40
2015	91 701	90 602	−1.20
2016	84 647	88 913	5.04
2017	100 539	101 600	1.06
2018	115 948	111 306	−4.00
2019	120 543	120 035	−0.42
2020	119 940	119 824	−0.10
2021		123 199	
2022		131 038	
2023		136 567	
2024		139 909	
2025		141 874	

根据重载铁路发展状况，结合重载铁路运输市场需求预测，未来重载铁路运输需求仍将继续增长。构建重载铁路网、加强线路合理分工、开行大轴重高载重列车、优化重载运输组织，不仅对适应需求增长、提高铁路供给能力等铁路内部发展具有重要支撑作用，也有助于支撑实现交通强国、科技创新等国家战略。

（资料来源：根据倪继娜，张巍，刘宁馨，等，2022. “十四五”重载铁路运输需求预测及发展对策探讨[J]. 铁道货运，40（1）：8-11. 改编。）

思　考　题

1．简述运输需求的含义和特征。
2．影响旅客和货物运输需求的因素有哪些？
3．运输需求弹性有哪些？应如何计算？

第五章 铁路运输供给

知识目标

掌握铁路运输供给的概念、特征与规律、系统构成、影响因素，以及铁路运输供需平衡相关知识。

能力目标

通过分析铁路运输供给的特征与规律、影响因素等内容，提出解决铁路运输供需平衡问题的措施。

导入案例

保通保畅服务经济社会发展大局

2022 年 1～6 月，铁路货运交出亮眼成绩单——国家铁路货物发送量持续保持高位运行，累计发送 19.46 亿 t，同比增加 1.02 亿 t，增长 5.5%；国家铁路日均装车完成 17.8 万车，同比增加 1 万车，增长 5.9%，为服务经济社会平稳健康发展大局提供了强有力的运输支撑。

2022 年以来，国铁集团党组坚持以习近平总书记重要讲话和对铁路工作的重要指示批示精神为根本遵循，坚决贯彻落实党中央、国务院关于稳住经济大盘、做好物流保通保畅工作的部署要求，充分发挥铁路在综合交通运输体系中的骨干作用，积极服务经济社会发展大局，充分彰显了国铁集团的责任担当。

国铁集团深入开展货运增运增收大会战攻坚战，充分发挥全国铁路“一张网”和集中统一调度指挥的优势，统筹运用线路、机车、车辆资源，最大限度地扩充铁路货运能力，货物发送量、装卸车数、集装箱装车量、货运周转量等多项指标屡创历史新高。

国铁集团持续推进货运服务提质增效，努力在深化货运组织改革上取得新成效。

1）积极推动“公转铁”运输，大力发展多式联运。国铁集团加快发展集装箱海铁联运，紧密衔接公路、海运、内河等交通运输方式，提升综合运输服务能力；完善敞顶箱集疏运体系，扩大办理站覆盖范围，探索建设自动化集装箱场站，加快多种运输方式融合发展步伐。2022 年 1～6 月，国家铁路集装箱日均装车 41 702 车，同比增长 19.9%；铁水联运完成 569 万标准箱，同比增长 31.1%。

2）铁路 95306 平台稳定运行，铁路货运便利化程度和货主体验大幅提升。国铁集团继成功打造全球最大的铁路客票实时交易系统 12306 之后，于 2021 年对铁路货运电子商务平台进行整体升级改版，铁路货运服务实现重大变革，铁路货运业务完成数字化转型。

（资料来源：根据国铁集团官网中相关资料整理改编。）

第一节　铁路运输供给概述

一、铁路运输供给的概念、分类及内容

1. 铁路运输供给的概念

从传统意义上来说，运输供给是指在一定时期内、一定价格水平下，运输生产者愿意且能够提供的运力数量。运输供给必须具备两个条件：一是运输生产者出售运输服务的愿望；二是提供运输服务的能力。缺少任一条件，都不能形成有效的运输供给。运输供给与运输需求不同，它有较强的独立性。供给状态在很大程度上取决于运输系统的内部特征，这种内部特征包括两个方面：一是运输手段，即基础设施和运载工具；二是运营效率。

随着社会经济的发展，旅客（货主）对运输供给的要求已不是仅仅对于供给数量的要求，还要求其保证一定的服务质量。因此，对于现在的运输供给来说，可以定义为：在一定的时期内、一定的价格水平下，在保证一定服务质量的前提下，运输生产者愿意且能够提供的运力数量。

结合运输供给的基本定义，可将铁路运输供给定义为：在一定的时间和空间内，在保证一定服务质量的前提下，铁路运输生产者愿意且能够提供的运输产品或服务的能力。铁路运输的有效供给，其本质是根据不同地区、线路、时间及不同负担能力的消费者细分市场提供不同的运力供给，最大限度地满足多层次的运输需求，真正实现供给。

供给包括两个层次的含义：①在微观层次上，是指一家企业在一定价格下所愿意出售的物品数量；②在宏观层次上，是指市场中所有企业在一定价格下愿意提供的物品总量，又称为市场供给。铁路运输供给概念也包括这两个层次的含义。

2. 铁路运输供给的分类

（1）按范围划分

铁路运输供给按范围可分为个别供给、局部供给和运输总供给。

1）个别供给是指特定的运输生产者所能提供的运输产品或服务。

2）局部供给是指某个地区的运输生产者所能提供的运输产品或服务，或者某种运输方式所能提供的运输产品或服务。

3）运输总供给是从全社会、整个国民经济角度来考察的运输供给，它是千千万万个运输生产者从不同角度、不同地区、不同运输方式所提供的个别供给和局部供给的总和。

（2）按地域划分

运输供给按地域可分为区域内的运输供给、区域间的运输供给和通过（过境）运输供给。

1）区域内的运输供给是指所提供的客货运输起讫点均在本地区内。

2）区域间的运输供给是指所提供的客货运输起讫点有一方在本地区，另一方在其他地区，它是区域间建立经济、社会和文化等各方面关系的必要条件。

3）通过（过境）运输供给是指客货运输起讫点都不在本地区（国家），运输生产者只是利用其自身所处的独特的地理位置和特定的交通线路为其他地区（国家）的旅客或货物提供位移的方便。一般来说，在重要的交通枢纽和运输通道上会有大量此类的运输供给。

（3）按性质划分

运输供给按性质可分为生产性运输供给和消费性运输供给。

1）运输生产者所提供的货物运输一般属于生产性运输供给，如为通勤、出差等提供的运输供给，它属于生产过程在流通领域的继续。

2）运输生产者所提供的旅客运输既有生产性运输供给，又有消费性运输供给，如为休闲、度假、旅游等提供的运输供给。

3. 铁路运输供给的内容

铁路运输供给包含运输供给的数量、运输布局和运输管理体制。

运输供给的数量通常用运输供给能力表示。铁路运输供给能力由铁路运输基础设施和机车车辆两部分构成。虽然在管理体制上，运输基础设施与运输工具管理可能分离，但在运输生产能力的形成上，两者是紧密结合、缺一不可的。

铁路运输基础设施包括铁路线路和车站两个部分，线路的通过能力以每昼夜通过列车的对数表示，车站的客运（货运）能力以每昼夜发送/到达的旅客人数（货物吨数）表示。其中，车站的货运能力主要受装卸设备、仓库能力的制约。线路与车站的能力是相匹配的。

机车车辆的供给能力包括机车车辆的数量和机车的牵引力、车辆的装载能力。机车的牵引力决定列车的总重，进而决定每列列车可以运载的旅客（货物）数量的上限。但是，这一数量与线路的纵向坡度、平面曲线有关。

一条线路的供给能力是指一年中该线路上运行的旅客列车数与其平均载客量的乘积和货物列车数与其平均载货吨数的乘积之和。整个路网的供给能力是构成路网的各条线路供给能力的总和。

由于受客货运输需求空间分布及时间分布的影响，铁路每年完成的换算周转量（旅客周转量、货物周转量、行包周转量之和）小于铁路总供给能力。

《2022 年铁道统计公报》显示，2022 年，全国铁路旅客发送量完成 16.73 亿人，比上年减少 9.39 亿人，下降 35.9%。其中，国家铁路 16.10 亿人，比上年下降 36.4%。全国铁路旅客周转量完成 6577.53 亿人 • km，比上年减少 2990.28 亿人 • km，下降 31.3%。其中，国家铁路 6571.76 亿人 • km，比上年下降 31.3%。2017～2022 年国家铁路旅客发送量、旅客周转量如图 5-1 所示。

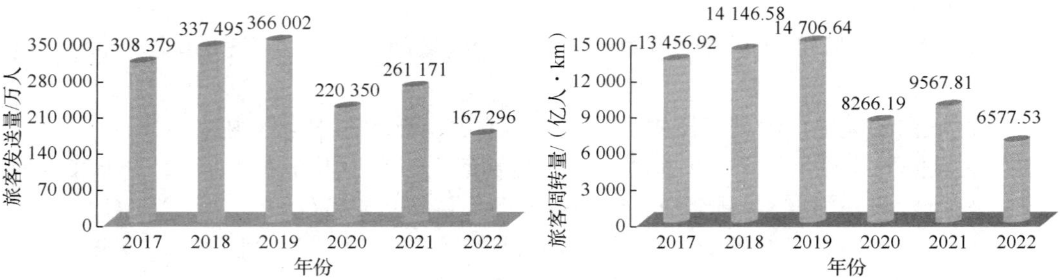

（a）旅客发送量　　（b）旅客周转量

图 5-1　2017～2022 年国家铁路旅客发送量、旅客周转量

2022 年，全国铁路货运总发送量完成 49.84 亿 t，比上年增加 2.11 亿 t，增长 4.4%。其中，国家铁路 39.03 亿 t，比上年增长 4.8%。全国铁路货运总周转量完成 35 945.69 亿 t • km，比上年增加 2707.69 亿 t • km，增长 8.1%。其中，国家铁路 32 668.36 亿 t • km，比上年增长 9.1%。2017～2022 年国家铁路货运总发送量、货运总周转量如图 5-2 所示。

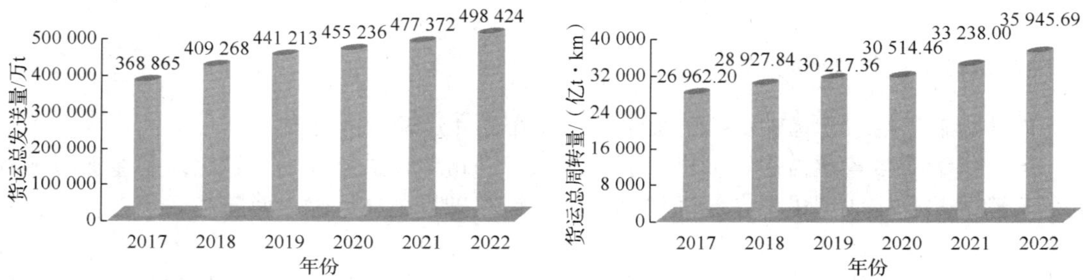

（a）货运总发送量　　（b）货运总周转量

图 5-2　2017～2022 年国家铁路货运总发送量、货运总周转量

2022 年，全国铁路总换算周转量完成 42 523.22 亿 t •km，比上年减少 282.59 亿 t •km，下降 0.7%。其中，国家铁路 39 240.12 亿 t • km，比上年下降 0.7%。2017～2022 年国家铁路总换算周转量如图 5-3 所示。

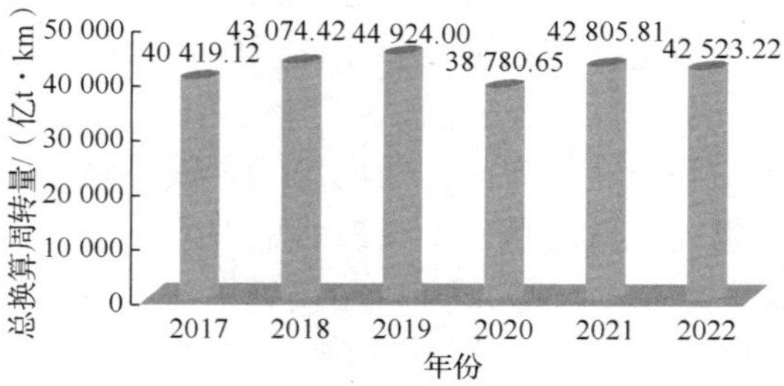

图 5-3　2017～2022 年国家铁路总换算周转量

截至 2022 年年底，全国铁路营业里程达到 15.5 万 km。其中，高速铁路营业里程达到

4.2 万 km，复线率为 59.6%，电化率为 73.8%。西部地区铁路营业里程达到 6.3 万 km。全国铁路路网密度为 161.1km/万 km^2。

国家铁路营业里程 13.4 万 km，复线率为 61.9%，电化率为 75.6%。

二、铁路运输供给的特征与规律

1. 不可储存性

铁路运输市场出售的不是实物产品，而是不具有实物形态、不能储存、不能调拨的运输服务，消费者在运输市场中的购买不是为了直接占有运输产品，而是通过运输实现旅客或货物的位移。铁路运输业并不像工农业那样改变劳动对象本身的性质和形态，只是改变劳动对象（旅客和货物）在空间和时间上的存在状态，具体体现在空间位置的移动，即位移。但位移并不是任何抽象、笼统的位移或运输，而是有具体条件的，包括目的地、时间等要求和规定的场所变动。运输服务的供给过程和运输服务的消费过程融合在一起，两者不可从时空上进行分离。同时，运输服务又具有矢量的特征，不同的起始点和目的地之间的运输形成不同的运输产品，它们之间不能相互替代。因此，不存在任何可以存储、转移或调拨的运输“产成品”，运输服务的供给只能以提高运输效率或新增运输能力来适应不断增长的运输市场需求。即使这样，当面对变幻莫测的运输需求时，运输服务的不可储存性带来的困难也难以克服。

2. 服务与消费的同时性

铁路运输的服务与消费过程是同时进行、合二为一的。铁路运输产品的生产和消费过程不可分离的特征对运输服务的质量提出了特殊要求。当旅客发现运输服务质量较差时，其往往已经身处运输过程中，一般很难立即退出该过程，改变自己的行程安排；货主发现运输质量有问题时，往往在运输过程完成后。这使旅客和货主不能像普通商品的消费者那样，把质量不符合标准的商品拿回去退换，只能消费自己事先选择的运输过程，不管它是时间上的延误、感觉上的不舒适还是货损货差。如果运输过程中发生安全方面的事故，就会带来无法弥补的生命或财产的损失。运输产品的这种特性使运输市场上对运输质量的要求更加严格，特别是事前对运输业者提供服务的监督和检查比在其他市场上更为重要，以切实保护消费者的利益。为了在发生意外事故时尽可能补偿旅客或货主的经济损失，各国的运输市场还普遍实行运输保险制度，有些甚至采取强制性保险的方式。

3. 网络性

运输市场既有空间广泛性，又有具体位移的特定性。运输产品进行交换的场所，是纵横交错、遍布各地的运输线路和节点，形成一个交通运输网络。客运市场交换主要集中在车站、码头、机场等地；货运市场更为分散，哪里有货物运输需求，哪里就有形成货运交易场所的运力。旅客和货物位移是具体的，只有相同的旅客和货物在相同起运地点、终到地点的运输才是相同的运输产品。不能用运水果代替运石油，也不能用兰州—乌鲁木齐的运输代替广州—上海的运输，甚至在同一运输线路上不同方向的运输也是完全不同的运输产品。然而，同一种运输产品可以由不同的运输方式提供，并行的几种运输工具可以提供相同但在质量（运输速度、方便性、舒适度等）上有差别的运输产品。在具体的运输市场上，不同的运输生产者的竞争，不仅发生在同一部门内部的不同企业之间，还发生在不同的运输方式之间。可以互相替代的运输工具共同组成运输市场上的供给方，它们之间存在合作竞争关系。因此，交通运输供给是分散在交通运输网络上的，这样的网络包括运输线路和节点。

4. 整体性

铁路运输供给的整体性主要表现在两个方面：①只有铁路运输基础设施与运载工具能力相互匹配，形成不可分割的整体，才能提供铁路运输供给，任何单方面的基础设施或运载工具均无法提供有效的铁路运输供给；②铁路运输基础设施具有整体性，基础设施的建设应该统一规划、统一设计、相互配套，共同形成生产能力。如果设计和规划时没有整体观念，就会造成在一些地区或线路上的运力紧张，成为运输供给的瓶颈，从而影响整个铁路网的供给能力。

5. 部分可替代性

现代交通运输市场中有铁路、公路、水路、管道、航空多种运输方式及多个运输供给者存在，有时几种运输方式或多个运输供给者都能完成同一运输对象的空间位移，于是这些运输供给之间存在一定程度的可替代性，这种可替代性构成运输方式之间竞争的基础。当然，因为运输产品具有时间上的规定性和空间上的方向性，所以不同运输供给方式的替代性受到限制。因为各种运输方式的技术经济特征、发展水平、运输费用和在运输网络中的分工不同，所以运输方式之间的替代是有一定条件的。对于客运来说，旅客在旅行费用、服务质量、旅行速度之间进行权衡，选择运输方式；对于货运来说，运输费用、运输速度、方便程度是选择运输方式的依据。因此，各种运输方式之间存在的既不是绝对的异功能的协同关系，又不是绝对的同功能的竞争关系，而是有时呈现竞争性，有时又呈现协同性。此外，运输服务的消费者通常还拥有其他的选择权利，决定是否改变他们的生产方式和生产地点，或者改变他们的居住地点、工作地点和消费方式。

6. 外部性

如果某人或企业从事经济活动，给其他个体或社会带来危害或利益，而其并未因此得到相应的报酬或支付相应的成本，经济学将这种现象称为存在外部性。外部性是指个人或企业不必完全承担其决策成本或不能充分享有其决策成效，即成本或收益不能完全内生化的情形。外部性分为两种类型：负外部性和正外部性。个人或企业不必承担其行为带来的成本是负外部性；个人或企业不能得到其决策和行为带来的额外收益则是正外部性。

铁路运输供给既有负外部性特点，又有正外部性特点。

铁路运输供给的负外部性表现在两个方面。一方面，当运输生产商超额生产时，一部分运输成本转嫁到消费者身上。运输生产者不能储存运输产品，只能储存运输能力，而运输能力在特定时期内是相对稳定的。因此，当运输需求高峰期到来时，运输供给在较大范围内超额生产，但伴随而至的是运输条件的恶化、运输服务质量的下降，使得本应该由运输企业承担的成本部分转嫁到消费者身上。另一方面，由于交通运输活动带来的空气、水、噪声等环境污染，能源和其他资源过度消耗，以及交通堵塞等成本消耗也部分转移到运输业的外部成本中。

交通运输供给的正外部性也比较明显。例如，一条铁路的建设，使原本和外界联系不畅的某些地区的交通条件大为改善，从而为这些地区的经济和人们的生活带来极大的便利，刺激了当地经济的发展，提高了居民的收入。这些收益，铁路部门并没有获得，是铁路运输的正外部性效益。

三、铁路运输供给的系统构成

铁路运输供给首先是从运输供给者开始的，铁路运输供给者包括两个：一个是运营者；另一个是政府机构。政府机构负责铁路路网及车站等固定基础设施的建设，运营者负责选用机车车辆、制订运营计划与运输生产，如图 5-4 所示。固定基础设施、移动设备、运营计划和运输生产水平共同作用，决定了运输供给的服务水平和运输能力，从而形成运输产品提供给使用者。其中，固定基础设施和移动设备限制了运输能力的规模与服务质量的高低；运营计划是根据线路设备水平对铁路运输产品的设计，包括服务水平和运输能力两个方面；运输生产是铁路生产者对所制订的运营计划进行实施的过程，运输生产水平的高低决定了运输计划的实现程度，从而对供给水平产生影响。

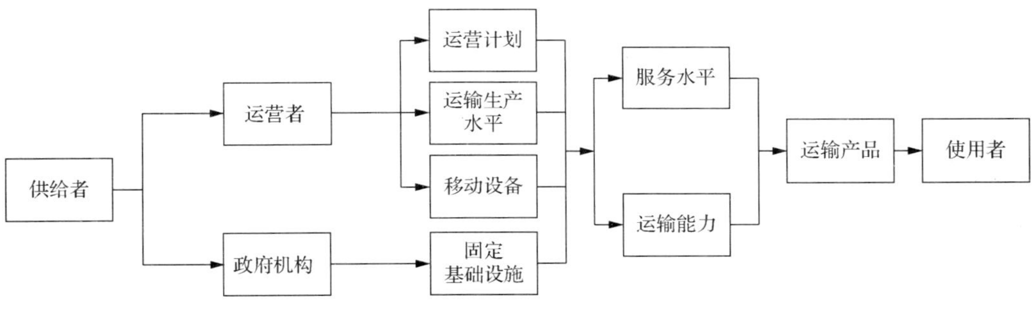

图 5-4　铁路运输供给结构图

综上所述，可以将铁路运输供给系统分为如下 4 个子系统。

1. 固定基础设施子系统

固定基础设施子系统包括路网、车站及信号等设备，它是其他 3 个子系统建立和运行的前提和基础。其中，铁路网的数量和质量是决定铁路运输能力的重要因素。

2. 运输移动设备子系统

运输移动设备子系统是指围绕机车车辆运行建立起来的系统，其核心是运输工具。运输工具的数量和质量表现为机车车辆的拥有量和车型结构。

3. 运营计划子系统

运营计划子系统负责铁路日常运营计划的制订，包括运行图、开行方案、编组计划等基础技术文件。运营计划水平的高低决定了铁路运输供给的效率与能力。

4. 运输生产子系统

运输生产子系统负责运用各项设备，对制订好的运营计划进行实施。在计划实施的过程中，该子系统水平的高低决定了运营计划的实现程度。

四、铁路运输供给的服务质量

服务质量是运输供给的另一个方面，在计划经济时代一直被铁路部门忽略。随着人民生活水平和消费能力的不断提高，服务质量在铁路运输中越来越受到重视。在满足出行要求（数量性）的前提下，舒适、快速、便利成为人们普遍的要求。对应于运输需求的质量要求，铁路运输供给服务质量主要体现为以下几点。

1. 安全性

安全性是铁路运输供给最基本的服务质量要求，主要包括旅客的人身财产安全和货物的运送安全。评价安全性的指标主要有事故率、死亡率、责任事故损失率、货损率、单位运输量损失金额等。

【思政小课堂】

铁路开展“安全生产月”活动取得良好成效

2022 年 6 月是第 21 个全国“安全生产月”。5～6 月，国铁集团组织各单位紧扣“遵守安全生产法 当好第一责任人”主题，以全面落实安全生产“十五条”措施、扎实开展安全生产大检查、深入实施安全专项整治行动为主要内容，开展了丰富多样的“安全生产月”活动，推动全部干部职工进一步增强安全意识，铁路运输安全保持总体稳定。

“安全生产月”期间，铁路各单位用好党委理论学习中心组学习、党支部“三会一课”、政治理论学习等载体，持续深入学习贯彻习近平总书记关于安全生产的重要论述；细化落实安全生产“十五条”措施，开展安全生产公开课、“大家谈”、班组会等活动 4.5 万场。

铁路各单位采取集中学法、专题培训、以案普法、送法到一线等多种方式，着力宣传好、贯彻好《中华人民共和国安全生产法》。各铁路局集团有限公司主要负责人对本单位安全专项整治行动推进情况开展调研检查，全面查摆问题，深入分析根源，压实第一责任人的责任。

铁路各单位紧密结合“守底线、补缺陷、除隐患、防风险”安全专项整治行动，深入开展“安全生产月”活动，按照工程化原则实施 9 项安全专项整治工程，按分层分级分岗位管控原则防控 8 类安全风险。截至 2022 年 6 月 30 日，在 9 项安全专项整治工程的 28 项任务中，已有 2 项完成、23 项启动实施。

铁路各单位积极开展安全生产专项整治行动，创新“6·16 安全宣传咨询日”“安全生产万里行”等活动方式，为维护铁路安全稳定大局创造良好条件。全国铁道团委开放 505 个第一批“中国少年儿童铁路平安行动”项目，积极打造良好的铁路外部安全环境。

（资料来源：根据佚名，2022. 铁路开展“安全生产月”活动取得良好成效[EB/OL].（2022-07-09）[2022-07-12]. http://www.china-railway.com.cn/xwzx/ywsl/202207/t20220709_122467.html. 改编。）

2. 可靠性

可靠性主要是指运输供给的时间特性，也是指铁路运输按旅客或货主的需要按计划完成运输服务的能力。铁路运输供给的可靠性受固定设备、移动设备等运输组织的影响。评价可靠性的指标主要有客货列车正点率、能力利用率。

3. 快速性

随着市场经济的快速发展，人们对于旅行时间价值的重视程度越来越高。快速性成为运输需求对铁路运输提出的最重要的要求之一，是反映铁路运输供给服务质量的重要方面。铁路运输供给的速度受固定设施、移动设备和运输组织 3 个方面的影响。前两点是从硬件设备上对列车速度的限制，第三点体现了运营计划对列车速度的影响。评价快速性的指标主要有客货列车平均技术速度、客货列车平均旅行速度、客货列车平均速度系数等。

4. 经济性

经济性是指运输供给的经济特性，即以社会效益为基本准则，为用户提供经济的运输服务。它包含两层意思：①对用户来说，满足所需运输需求的费用要合理、合算；②对运输企业来说，既能为用户提供经济合算的运输服务，又能从中获得利润，使企业得以生存和发展。评价经济性的指标主要有收入利润率、成本利润率、运价成本比、燃料单耗、单位运输成本、人（吨）公里收入率、客运运价获有系数和货运运价有利系数等。

5. 方便性

方便性是指旅客或货主在采用铁路运输服务时的便利程度。铁路运输供给方便性主要与铁路运输组织有关，包括旅客从起讫点到车站、旅客中转以后购票等的等待时间及便捷程度，铁路运输基础设施的建立、布局及线路的覆盖程度。评价方便性的指标主要有路网密度、服务频率、直达运输比、购票便利性等。

6. 舒适性

舒适性主要是指旅客在旅行过程中，从精神到物质上享受心理、生理愉悦和舒适的程度。舒适度主要与固定设施与移动设备的配置有关，如线路与车辆的技术标准、最小曲线半径、横向加速度临界值、外轨超高时间变化率、车体振动加速度和横向加速度、噪声频率等都是铁路运输供给舒适度的影响因素。评价舒适性的指标主要有旅客满意度、客车车辆人均占有面积、乘坐舒适度和站车环境舒适度等。

第二节　铁路运输供给的影响因素

一、铁路运输供给规划

为适应全面建成小康社会的目标要求，铁路网要扩大规模，完善结构，提高质量，快速扩充运输能力，迅速提高装备水平。截至 2023 年年底，全国铁路营业里程达到 15.9 万 km，其中高速铁路营业里程 4.5 万 km。地方政府和社会资本投资铁路蓬勃发展，地方铁路营业里程达到 2.4 万 km。预计到 2025 年，铁路网规模将达到 17.5 万 km 左右，其中高速铁路 3.8 万 km 左右，网络覆盖进一步扩大，路网结构更加优化，骨干作用更加显著，更好发挥铁路对经济社会发展的保障作用。展望到 2030 年，基本实现内外互联互通、区际多路畅通、省会高速铁路连通、地市快速通达、县域基本覆盖。

1. 高速铁路网

高速铁路网的相关内容参见第三章第一节中介绍的“我国高速铁路线路规划”。

2. 普速铁路网

重点围绕扩大中西部路网覆盖，完善东部网络布局，提升既有路网质量，推进周边互联互通。具体规划方案如下。

（1）形成区际快捷大能力通道

普速铁路包含 12 条跨区域、多径路、便捷化的大能力区际通道。

1）京津冀—东北通道。利用京哈、津山、沈山、哈大、集通等铁路，实施京通、平齐等铁路扩能，构建北京（天津）—沈阳—哈尔滨—绥芬河（同江）、北京（天津）—通辽—齐齐哈尔—满洲里等进出关通道，连接京津冀、辽中南、哈长城市群。

2）京津冀—长三角、海峡西岸通道。利用京沪、京九、华东二通道、皖赣、金温、赣龙等铁路，建设阜阳—六安—景德镇、衢州—宁德、兴国—永安—泉州等铁路，实施皖赣等铁路改造，构建北京（天津）—济南—上海（杭州、宁波）、北京（天津）—商丘—南昌—福州（厦门）通道，连接京津冀、长三角、长江中游及海峡西岸城市群。

3）京津冀—珠三角、北部湾通道。利用京广、京九、湘桂、焦柳、大湛等铁路，建设龙川—汕尾等铁路，实施焦柳、洛湛南段扩能改造，构建北京—武汉—广州（南宁）、北京—南昌—深圳通道，连接京津冀、中原、长江中游、珠三角及北部湾等城市群。

4）京津冀—西北（西藏）通道。利用京包兰、临哈、南疆及京广、石太、太中银、兰青、青藏等铁路，实施青藏铁路格拉段、南疆铁路等扩能改造，建设柳沟—三塘湖—将军庙铁路，构建北京（天津）—呼和浩特—乌鲁木齐—喀什、北京（天津）—石家庄—太原—兰州—西宁—拉萨通道，连接京津冀、兰西城市群及西藏地区。

5）京津冀—西南通道。利用京广、沪昆、南北同蒲、西康、襄渝、成昆、内昆等铁路，构建北京—西安（长沙）—川、渝、黔、滇通道，连接京津冀与滇中城市群。

6）长三角—西北通道。利用京沪、陆桥及宁西铁路等，实施西平铁路、宝中铁路平凉至中卫段扩能、三门峡经禹州至江苏沿海港口铁路，构建长三角—西安—乌鲁木齐—阿拉山口（霍尔果斯）通道，连接长三角、中原、关中平原、兰西城市群。

7）长三角—成渝通道。利用京沪、宁西、宁启、铜九、武九、武襄渝、达成、成渝等铁路，实施南京—芜湖—铜陵—九江铁路等扩能改造，建设九江—岳阳—常德、黔江—遵义—昭通—攀枝花—大理铁路，规划研究沿江货运铁路，构建上海—南京（合肥）—武汉—重庆—成都沿江通道，连接长三角、长江中游、成渝城市群。

8）长三角—云贵通道。利用沪昆、金温等铁路，建设宁波（台州）—金华、温州—武夷山—吉安、赣州—郴州—永州—兴义铁路，实施衡茶吉铁路扩能，构建长三角、长江中游至云贵地区通道。

9）长三角—珠三角通道。利用沪昆、京九、京广等铁路，实施赣韶铁路扩能，连接长三角、珠三角城市群。

10）珠三角—西南通道。利用京广、沪昆、渝黔、广茂、黎湛铁路等，建设柳州—梧州—广州、韶关—贺州—柳州—百色铁路，实施渝怀、黔桂、南昆铁路扩能，构建珠三角至西南地区通道。

11）山东半岛—西北通道。利用胶济、石德、石太、太中银、兰新铁路等，建设平凉经固原至定西等铁路，构建山东半岛西向联系通道。

12）西北—西南通道。利用兰新、陇海、宝成、包西、兰渝、西康、襄渝、渝黔、成昆、内昆等铁路，建设库尔勒—格尔木、格尔木—成都等铁路，构建西北（含呼包鄂榆）至西南地区通道。

同时，利用大秦、神朔、朔黄、张唐、新菏兖日、山西中南部、宁西等铁路，建设蒙西至华中地区、庆阳—黄陵、庆阳—平凉、神木—瓦塘等铁路，构建西煤东运、北煤南运、海（江）铁联运大通道，完善煤炭集疏运系统，提升煤运通道能力。

（2）面向“一带一路”国际通道

从西北、西南、东北、沿海 4 个方向推进我国与周边互联互通，完善口岸配套设施，强化沿海港口后方通道。

1）西北方向。规划建设克拉玛依—塔城（巴克图）、喀什—伊尔克什坦、喀什—红其拉甫、阿勒泰—喀纳斯（吉克普林）、阿勒泰—吉木乃等铁路及满都拉、乌力吉、老爷庙等口岸铁路。

2）西南方向。实施南宁—凭祥铁路扩能，规划建设芒市—猴桥、临沧—清水河、日喀则—吉隆、日喀则—亚东、靖西—龙邦、防城港—东兴等铁路。

3）东北方向。实施集宁—二连浩特铁路扩能，规划建设伊尔施—阿日哈沙特、海拉尔—黑山头、莫尔道嘎—室韦、古莲—洛古河、虎林—吉祥、密山—档壁镇、南坪—茂山、开山屯—三峰、长白山—惠山、盘古—连崟等铁路。

4）沿海方向。以大连、秦皇岛、天津、烟台、青岛、连云港、上海、宁波-舟山、福州、泉州、厦门、汕头、深圳、广州、茂名、湛江、海口等沿海城市及重要港口为支点，畅通港口城市后方铁路通道及集疏运体系，构建连接内陆、铁海联运的国际交通走廊。

（3）促进脱贫攻坚和国土开发铁路

1）扩大路网覆盖面。建设安康—恩施—张家界、赣州—郴州—永州—兴义、阜阳—六安—景德镇、温州—武夷山—吉安、兴国—永安—泉州、黔江—遵义—昭通—攀枝花—大理、宁德—南平、瑞金—梅州、建宁—冠豸山、韶关—贺州—柳州—百色、黄陵—庆阳—平凉—固原—定西、额济纳—酒泉、汉中—巴中—南充、贵阳—兴义、黄桶—百色、涪陵—柳州、泸州—遵义、师宗—文山、临沧—普洱等铁路。

2）完善进出西藏、新疆通道。建设川藏铁路雅安—昌都—林芝段、滇藏铁路香格里拉—邦达段、罗布泊—若羌—和田、成都—格尔木、柳沟—三塘湖—将军庙、西宁—玉树—昌都铁路，研究建设新藏铁路和田—日喀则段，形成进出西藏、新疆、青海及四省藏区的便捷通道。

3）促进沿边开发开放。建设韩家园—黑河、孙吴—逊克—乌伊岭、鹤岗—富锦、创业—饶河—东方红、东宁—珲春等东北沿边铁路，芒市—临沧—文山—靖西—防城港等西南沿边铁路。

（4）强化铁路集疏运系统

以资源富集区、主要港口及物流园区为重点，规划建设地区开发性铁路及疏港型、园区型等支线铁路，形成干支有效衔接、促进多式联运的现代铁路集疏运系统，畅通铁路运输的“最先一公里”和“最后一公里”。

上述路网方案实现后，远期铁路网规模将达到 20 万 km 左右，其中高速铁路 4.5 万 km 左右。

3. 综合交通枢纽

统筹运输网络格局，按照“客内货外”的原则，优化铁路枢纽布局，完善系统配套设施，修编铁路枢纽总图。创新体制机制，统筹建设运营，促进同步建设、协同管理，形成系统配套、一体便捷、站城融合的现代化综合枢纽。研究制定综合枢纽建设、运营、服务等标准规范。构建北京、上海、广州、武汉、成都、沈阳、西安、郑州、天津、南京、深圳、合肥、贵阳、重庆、杭州、福州、南宁、昆明、乌鲁木齐等综合铁路枢纽。

1）客运枢纽。按照“零距离”换乘要求，同站规划建设以铁路客站为中心、与其他交通方式有机衔接的综合交通体。特大城市要强化铁路客运枢纽、机场、城市轨道交通的便捷连接。实施站区地上地下立体综合开发，打造高效便捷的综合客运枢纽和产城融合发展的临站经济区。同步强化客运枢纽场站设施，完善动车段（所）、客运机车车辆及维修设施，完善客运枢纽（高速铁路车站）快件集散等快捷货物服务功能设施。

2）货运枢纽。合理布局铁路物流中心、铁路集装箱中心站及末端配送服务设施，扩大货物集散服务网络。按照“无缝化”衔接要求，完善货运枢纽多式联运、集装箱运输、邮政快递运输、国际联运及集疏运等“一站式”服务设施，提升枢纽集散能力和服务效率。优化货运枢纽编组站，完善货运机车车辆设施。布局建设综合维修基地、应急救援基地及配套完善铁路战备设施等。以发展枢纽型园区经济为导向，推进传统货运场站向城市物流配送中心、现代物流园区转型发展。

【思政小课堂】

“复兴号”驶进大凉山

2018年2月，习近平总书记在打好精准脱贫攻坚战座谈会上的讲话中提到一封来自大凉山的信：“他们的来信，让我感受到了青年一代对祖国和人民的担当和忠诚，读了很是欣慰。”

这封信，来自成昆铁路扩能改造工程峨眉至冕宁段第一长隧、全线重难点控制性工程小相岭隧道的建设者。他们接过成昆开路者的旗帜，传承成昆精神，诠释着铁路人的初心使命。

2016年，峨广铁路建设启动。新线路沿着老成昆线行进，较成昆线减少了近200km。建成后，新老成昆并驾齐驱，大幅提高了西南地区铁路客货运输能力，促进了区域互联互通。

2022年1月10日，大凉山首趟“复兴号”从西昌出发，历时4小时21分抵达昆明。大凉山终于进入了动车时代。

大凉山物产丰富、风景宜人，但交通不便。“复兴号”动车组的开行加快了西昌、攀枝花两地的城市化进程，对助力乡村振兴和促进沿线旅游资源开发具有十分重要的意义。

“复兴号”动车组让西昌到昆明的行车时间由原来的7h缩短至4h。奔驰在大凉山间的“复兴号”翻山越岭，有效节约了沿线人民的交通时间，跑出了促进当地经济社会发展的“加速度”。

放眼未来，峨广铁路全线开通后，成都到西昌、攀枝花，甚至到西双版纳，都会有全新的出行体验，大凉山人民在乡村振兴的致富路上越走越宽阔。

（资料来源：根据相关资料改编。）

二、铁路运输供给能力

铁路运输供给能力是运输设备所能运输的客货运量。运输系统是由许多子系统和设备组成的，每项设备都有自己的设备能力。运输是一个连续作业的过程，系统内的各项设备在运输过程中是相关的，有些是串联的，有些是并联的。系统最终的输送能力绝不是单个设备能力的简单叠加，而是它们在运输过程中相互并联产生的一种综合能力，即运输系统的综合能力。铁路运输供给能力的影响因素如下。

1. 固定基础设施的能力

固定基础设施的能力包括线路通过能力、车站通过能力、机务段设备能力、给水设备能力、牵引供电能力。

1）线路通过能力主要由线路中的限制区间能力（包括线路中区间的正线数、区间长度、线路纵断面、机车类型、信联闭设备的种类等）决定。

2）车站通过能力由到发线数量决定，如咽喉区的布置、信号、联锁闭塞设备的种类，以及驼峰和牵出线的类型、数量和技术设备等。

3）机务段设备能力由内燃或电力机车的定期检修台位、机车整备和转头设备、机务段内的走行线设置等决定。

4）给水设备能力主要由水源、扬水管道及动力机械设备决定。

5）牵引供电能力主要取决于牵引变电所和接触网，即牵引变电所（牵引变压器）容量和接触网供电能力。

2. 机车车辆运输能力

机车车辆运输能力与保有数量和运用效率有关，机车车辆的保有数量受固定基础设施容量的限制，运用效率由固定基础设施的营运条件和铁路工作人员的技术水平决定。同时，机车车辆运输能力还与车辆本身的条件有关，如机车的功率、车辆载重（定员）和最高速度等因素。

3. 铁路工作人员的运输组织水平

固定基础设施的能力和机车车辆运输能力属于铁路运输供给的硬件能力，它们从规模上限制了运输供给能力的大小，是铁路运输供给的理论能力。铁路工作人员的运输组织水平属于铁路运输供给的软件能力，在生产中对硬件所提供的供给能力进行产品的设计和实现，由它所确定的供给能力是铁路运输供给的实际能力。铁路工作人员的运输组织水平由工作人员的配置、受教育程度、技术能力及运输组织方法等因素决定。

4. 列车运行条件

列车运行条件是指列车在线路中运行的各种条件和外部环境，是由硬件设备和运输组织共同决定的。它包括以下内容：①最小列车间隔时间；②运行列车组比例关系；③双向行车时的列车数；④列车等级序列；⑤列车间隔时间的概率分布；⑥列车晚点时间的概率分布和晚点时间大小；⑦缓冲时间的概率分布及时间大小；⑧对列车运行流水性要求的质量标准；⑨运行图施工天窗的设置。

5. 铁路运输系统各子系统之间的协调能力

铁路运输供给能力是各单项设备的有机组成，每个单项设备在技术条件不同时通过变更使用办法，其计算能力是可变的，而且系统内各环节和各项设备的能力不是完全均等的，系统最终的输出能力取决于能力薄弱环节及各设备之间的协调能力。

三、经济、政治因素

1. 经济因素

国家或地区的经济状况是运输供给发展的基本条件。从经济发展状况分析研究运输供给实质上是探索资源的合理配置和有效运用问题。经济发展产生运输需求的同时产生了供给。同时，经济发展水平、对未来经济发展的预测、自然环境条件决定了供给发展的规模和水平。因此，一个国家或地区的经济总水平是影响运输供给的决定性因素。因为无论是运输基础设施建设还是运输移动设备的购置，均需要大量的投资。对一个国家而言，在经济总量一定的情况下，要增加运输供给，就必须把国民收入中更多的份额投入运输业中。另外，经济水平的高低影响着运输需求的数量和结构，从而对运输供给的规模和结构产生影响。因此，一个国家运输供给水平的高低，归根结底取决于其经济发展的总水平。纵观世界各国，西方发达资本主义国家的运输供给水平最高，而广大的发展中国家则大多面临运输供给不足、运输技术设备落后、服务水平低的情况。

2. 政治因素

政治对运输的影响主要表现在国家国防发展的要求和运输政策对运输供给的影响方面。运输政策规定了运输业发展的方式、速度、规模、结构等，对一个国家运输业的发展产生重大影响。政治因素泛指那些有一定影响力的国际政治活动、重大经济政策的发展计划，以及政府的法令、政治措施等，主要包括国际形势的变化、战争的影响、国内重大政治事件和国家的重大经济政策，如产业政策、税收政策、货币政策。

第三节　铁路运输供需平衡

一、铁路运输需求与供给的时空差异

铁路运输需求与供给的时空差异是运输需求在运输时间上的规律性、在运输方向上的单向性，个别运输需求对运输工具的适应性等，所造成的运输需求与运输供给不匹配所形成的运输生产的时空差异。

运输需求的不平衡性既表现在时间上，又表现在空间上。运输需求的季节性不平衡，导致运输需求出现高峰与低谷。由于经济和贸易发展的不平衡性及各地产业的不同特点，运输需求在不同地区之间也呈现出一定的不平衡性。

运输需求的不平衡性还表现在运输方向上。例如，矿区对外运输的需求远大于其他生产及生活资料的向内运输，加上有些运输需求对运输工具的特殊要求等，导致回程运力浪费。供给与需求之间在时间、空间上的差异性所造成的生产与消费的差异，使运输供给必须承担运力损失、空载行驶等经济上的风险。运输活动的经济效果取决于供给与需求在时间与空间上的结合效果。

运输业是通过储存运力来适应市场需求变化的，而运输能力大多按运输高峰的需求设计，具有一定的超前量。运输基础设施与运载工具相互依存，形成不可分割的整体。运输能力的超前建设与运输能力的储备对运输市场来说，既可适应市场需求增长的机遇，又可能因市场供过于求而产生风险。

运输供给的规律表现在经济的发展引发更大的运输需求，为运输供给提供了发展空间，运输供给的增加又为经济的进一步发展提供了基本保障；不能移动的运输基础设施只与特定地理位置的运输市场相关，在运输基础设施领域的投资一般只能增加特定地理位置或区域的运输能力，而并不能同时增加整个运输系统的运输能力；在空间上，铁路运输供给是从无到有、从单通道到成环、从成环到结网的；在能力上，铁路运输供给是跳跃式增长的。

二、铁路网运输供给与需求适应性分析

1. 铁路网运输供给与需求的互动关系

作为铁路网运输供需系统的两大主体，运输供给与运输需求相互依存、不可分割，两者既相互制约，又彼此刺激促进、共同发展。供给既可以抑制需求，又可以刺激需求。同样，需求的疲软会抑制供给的增长，需求的活跃会刺激供给的增长。这种双向互动关系具体表现如下。

（1）运输供给对运输需求的制约和刺激

铁路网运运输供给对运输需求的制约和刺激作用主要通过供给的服务质量这一杠杆来实现，包括直接作用和间接作用两个方面。

直接作用主要表现在铁路网运输供给本身，如果扩大铁路网投资建设、提高货运服务水平以增加运输供给，使之尽量满足运输需求，提高服务质量，降低经济和社会成本，就会诱发原本因运输供给不足而被压抑的运输需求的产生，刺激运输需求的发展；若运输供给难以满足运输需求，运输服务质量持续下降，则会进一步抑制运输需求，从而制约运输需求的发展。

间接作用主要表现在铁路运输与社会经济的相互关系上。运输供给的增加将有效提高运输服务质量，促进社会经济的发展，增加社会的经济活动，势必会带来运输需求的增长；运输供给的降低会导致运输服务效率的下降，阻滞社会经济的发展，减少社会经济活动，势必会制约运输需求的发展。

（2）运输需求对运输供给的制约和刺激

运输需求对运输供给的制约和刺激主要体现在交通供给的数量、质量和结构上，主要表现在直接作用方面。运输需求的不断增长，势必会给运输供给带来持续的压力，为保证供需系统的正常运转，就要通过不断地扩大建设提高服务水平来增加供给，以满足运输需求，从而刺激运输供给不断向前发展；反之，脱离了运输需求，供给便没有存在的必要。如果运输需求停滞不前，一味地增加运输供给也就失去了现实意义，这样就会制约供给的发展。

通过对铁路网运输供给与运输需求的辩证关系分析，不难发现，只有运输供给与运输需求处于相互刺激的状态时，两者才能彼此促进、共同发展，这种状态下供需是相互适应的。

2. 铁路网运输供给与需求适应性概念

在铁路网中，运输供给与需求相适应是两者互动关系的良性核心体现：一方面是指运输供给系统能够提供充足的运输资源，最大限度地满足运输需求；另一方面是指既有的运输资源能够得到充分有效的利用，为运输供给者带来满意的经济效益。只有在供需相互适应的状态下，铁路网货运供需系统才能高效运转，产生良好的经济效益和社会效益，实现供给与需求双方的可持续发展。

根据铁路网运输供给与需求的基本理论，从系统的角度将铁路网运输供给与需求适应

性定义为：一定的铁路网，在一定的服务水平下所能提供的运输供给与一定的经济社会条件下产生的运输需求之间相互协调匹配、互利互进的程度。

协调匹配是指运输供给既能充分满足运输需求，又能使自身的能力得到高效的利用。互利互进是指运输供给有利于促进运输需求的增长，反过来运输需求的状态有利于调动运输供给的投入，从而实现两者交替良性的共同发展。因此，运输网络的布局和能力配置必须与运输需求相配合，以有效满足运输需求为最终目标；对运输需求的引导也要以既有路网货运供给资源为依托，不能盲从。

具体而言，在充分利用铁路网既有点线能力的前提下，如果运输需求能够基本得到满足，在运营路网中各点线的能力负荷分布合理，提供运输服务的质量能够满足运输需求，且路网能力能在一定程度上容纳运输需求的波动，则认为铁路网的运输供给与运输需求是相互适应的。

3. 铁路网运输供给与需求适应性特点

铁路网运输供给与需求适应性既有系统主体间适应性的共性特点，又有其自身的个性特点。概括而言，铁路网运输供给与需求适应性特点体现为综合多维度、相对性、宏观微观双重性和动态可持续性。

（1）综合多维度

铁路网运输供给与需求的适应性是综合的、多维的，而非单一维度的。两者的适应不是指两者就某一方面相互匹配、协调，而是指构成主体各个要素间全方位的协调、匹配。供需仅仅在单一方面的相互适应并不能代表两者是相互适应的，只有满足各个单方面要素间的相互适应才能实现供需真正意义上的适应。也就是说，铁路网运输供给与需求适应性是表现在多个方面的，只有每个方面都相互协调匹配，整体上才能相互适应。

铁路网运输供给与需求适应性常常表现为运输供给总量与运输需求相适应、运输供需结构上相适应、运输供给与运输质量需求相适应、运输供给与运输需求变化相适应等方面。因此，在分析判断铁路网运输供给与需求适应性时，要从综合多维度的特点出发，兼顾各方全面考虑。

（2）相对性

铁路网运输供给与需求适应性不是一个绝对的概念，而是一个相对的概念，即两者间的适应并不是完全相等、相符或者相匹配，而是在一定程度内（或范围内）的相互协调匹配。或者说，描述与衡量运输供给与需求适应性的标准不是一个单值，而是一个取值区间或者程度范围；两者的适应不是仅仅局限在一个点上的适应，而是在一个范围区间内的适应。运输供需双方适应值或状态落在给定的衡量数值区间或程度范围内，就可以认为双方是相互适应的。例如，就供需总量适应性而言，并非只有运输供给与运输需求总量完全相等，即运输需求得到全部满足，运输供给又得到100%的利用时才算是两者相互适应。只要路网提供的运输能力能使绝大部分运输需求得到满足，同时能够使自身的能力得到较高程度的利用，就认为供需双方处于相互适应的状态。

（3）宏观微观双重性

铁路网运能供给与需求的相互适应具有宏观微观双重性特点，不仅表现为宏观总量上的相对均衡，还体现在两者内部微观结构上的相互均衡。宏观方面的适应性能够直观反映供需适应状态，而微观方面的适应性能够深层次揭示供需适应状态。铁路网运输供给与运输需求的相互适应是宏观适应与微观适应的统一，两个层次上的特性缺一不可。路网供需在宏观总量上的适应并不能表明系统内部微观结构间是适应的，同样，路网供需局部处于适应状态也不能表明宏观总体是适应的。

例如，运输供需总量上的适应性属于宏观层面上的适应要素，供需结构上的适应性则属于微观层面上的适应要素。前者能够从宏观整体上比较直观地反映供需适应状态，后者则能从微观局部上深入透彻地反映供需适应状态。因此，供需适应性是宏观和微观相结合的体现结果，具有宏观微观双重特点。因此，在分析判断运能供给与需求适应性时，要兼顾其在宏观和微观两个层面上的特性综合考虑。

（4）动态可持续性

铁路网运输供给与需求的适应性具有动态可持续性。一方面，供给与需求适应性是动态意义上的适应，不是静止适应，这是由运输供给和运输需求不断动态变化的特点决定的。运输供给和运输需求的互动关系也决定了两者始终是在交替制约或刺激、共同发展的，并在这个动态过程中达到一种彼此适应的状态。因此，供需适应双方是在彼此相互作用的运动中不断磨合形成的一种良性、和谐的共生状态，这种状态是动态的。另一方面，铁路网运输供给与需求适应性是可持续的、不断发展的。供需适应不但是双方在当前处于相互匹配协调的状态，而且这种状态能够保持良性的发展。前阶段适应状态是后续适应状态的前提条件，后续适应状态是前阶段适应状态良性发展的结果，同时是其后续适应状态的前提。可见，供需适应状态必须能为这种适应状态的良性发展提供有利条件，以确保适应状态能够延续下去，这就是供需适应的可持续性。

运输供给主要取决于固定基础设施的投入，这就决定了其增长具有阶跃慢变性的特点，因此运输能力的发挥也具有时滞效应。与此相反，运输需求受社会经济宏观环境的影响较大，其变化具有连续快变性的特点。也就是说，两者的变化存在节奏上的异步特性。运输供给在应对需求变化上是滞后的。因此，为了保证运输供给与需求适应状态能够持续下去，运输供给相对运输需求要有一定量的预留，这样才能满足供需在较长阶段内相互适应，也符合供需适应动态可持续的特点，集中体现在运输供给应对运输需求变化的灵活性上。

课后阅读

“慢火车”托起致富梦

“没有‘慢火车’，就没有我们的好日子。”凉山彝族自治州沙马乡火把村里有名的“花椒大王”吉克尔正，对10年来的生活变化深有感触。从手头拮据到日子红火，他说往返大凉山之间的公益性“慢火车”给大家搭起了“金桥”。

每年暑期，吉克尔正都会用背篼装上花椒，坐上5633次列车，将花椒送到冕宁、喜德的市场上进行交易。这些年，每年收成2000多公斤花椒，加上卖猪、卖鸡的钱，吉克尔正一家一年能有五六万元的收入，足以供养全家人。

党的十八大以来，国铁集团持续开行公益性“慢火车”，进一步完善站车服务设施，不断提升服务质量，有力保障了大凉山百姓的出行需求。中国铁路成都局集团有限公司投入大量资金，努力改善大凉山沿线小站的设施设备状况及普速列车乘车环境。

在普雄站，铁路部门新建了旅客地道和风雨棚；在汉源、峨边、永郎等小站，建了崭新的水冲卫生间；在红峰等 27 个乘降所，配置了小区广播；在甘洛等 13 个客运办理站，新增了近 50 台自动售票机。

过去，在公益性“慢火车”上，除了旅客，还有老乡带到镇上贩卖的鸡、鸭、猪、羊，早些年还有牛和马。老乡们与家禽、家畜混在一个车厢，夏天闷热，苦不堪言。

自 2016 年起，铁路部门拆除每节硬座车厢两端的三排座椅和两个茶几，满足了旅客堆放农作物的需求；还专门设置了“家禽牲畜”行李车厢，让老乡们的鸡、鸭、鹅、猪有了“专属座位”。家禽与旅客不用再在同一个空间里“打挤”。行李车厢的地板上还新增了 6 根拉杆，以方便栓固牲畜。

从木板座到皮革座椅，铁路部门不断提升客运服务质量，让老乡们的出行体验越来越好。

（资料来源：根据国铁集团官网中相关资料改编。）

思 考 题

1. 铁路运输供给的特征是什么？
2. 铁路运输供给有什么规律？
3. 影响铁路运输供给的因素有哪些？
4. 如何解决铁路运输供需平衡的问题？

第六章 铁路运输运营

知识目标

了解铁路运输成本的概念、意义、特点、分类、范围、计算及影响运输成本的因素；了解运输固定资产的分类与构成，以及运输固定资产投资、运输固定资产损耗和运输固定资产折旧；了解运输业劳动定额管理、劳动工资的组成和劳动生产率的计算等。

能力目标

能够运用经济学的知识和理念分析不同因素对运输成本的影响，提出降低运输成本和提高劳动生产率的有效措施。

导入案例

国铁集团 2022 年度财务决算

根据国铁集团披露的 2022 年度财务决算信息:

2022 年，国铁集团实现收入 11 272 亿元，与上年基本持平；净利润亏损 696 亿元，同比减亏 197 亿元。净利润亏损的主要原因是受疫情影响，铁路客流总体处于低位运行，客运收入大幅减少。针对严峻复杂的经营形势，国铁集团积极应对疫情超预期影响，实施以货补客战略，全年货运收入同比增长 9.8%。

2022 年年末，国铁集团资产负债率为 66.38%，较上年年末提高 0.05 个百分点。负债率小幅上升的主要原因是铁路固定资产投资保持较大规模。2022 年，全国铁路完成固定资产投资 7109 亿元，其中国家铁路完成 6208 亿元；投产新线 4100km，其中高速铁路 2082km。到 2022 年年底，全国铁路营业里程达到 15.5 万 km，其中高速铁路 4.2 万 km。铁路负债主要是建设投资负债，与维持简单再生产的经营性负债有着本质不同，其对应的是优质资产。铁路客货运输、多元经营市场和现金流稳定，具有良好的偿债能力。

2022 年以来，国铁集团坚决贯彻中央关于稳住经济大盘的决策部署，保持较大规模的固定资产投资，充分发挥铁路投资对全社会投资的有效带动作用；深入实施货运增量行动和客运提质计划，努力提高经营活动现金净流入；统筹用好各种融资方式，不断优化债务结构；强化资金集中管理和统筹运用，推动企业降本增效，铁路债务风险总体安全可控。

（资料来源：根据网络资料整理改编。）

第一节 运输成本

成本分析与计算是铁路运输经济学研究的重要内容之一，是对铁路运输生产活动进行经济效益分析的基础。

一、运输成本概述

（一）运输成本的概念

运输企业在一定时间内完成一定客货运输量的全部费用支出称为该期运输总成本。单位运输产品分摊的运输费用支出称为单位运输产品成本，简称运输成本。

铁路运输企业完成单位运输产品的运输支出，通常以完成每吨公里、每人公里的运输量所需要的费用支出表示。

运输成本是制定旅客运价、货运价格的重要依据，一般是指完成单位运输产品或旅客应分摊的运输支出。运输成本不包含原材料费用，而燃料、工资、折旧及修理等项支出所占比重较大。在各种运输工具成本与运输方式之间，运输成本存在一定的差别，也存在各种比价关系。例如，铁路旅客运输有硬座、硬卧（二等卧）、软座、软卧（一等卧）、二等座（二等包座）、一等座、特等座、商务座、动卧等运输成本；铁路货物运输有不同货物种类、不同货物运输种类（整车、零散和集装箱）等运输成本；水路运输有内河、沿海运输成本，也有按不同航线计算的拖驳、油轮等运输成本；汽车运输除单车成本外，有的还计算分线路和区域的运输成本；航空运输除计算各种机型成本外，还计算专业飞行成本。合理的比价，对于货源分配、货物流向及各种运输工具效率的充分发挥起着十分重要的作用。

（二）运输成本的意义

任何产品的生产过程也是生产的劳动消耗过程，包括物化劳动和活劳动的消耗。产品成本就是商品生产中耗费的物化劳动和活劳动中必要劳动的货币表现。

根据价值规律，生产某种产品所消耗的社会必要劳动就构成这种产品的价值。它由3个部分组成，即生产过程中消耗的生产资料转移价值（C）；劳动者活劳动消耗中为满足个人生活需要，以工资等形式分配给劳动者所创造的价值（V）；劳动者活劳动消耗中为满足社会需要，以税金、利润等形式上缴国家所创造的价值（M）。前两部分（$C+V$）构成产品成本，后一部分（M）形成企业的盈利。

在实际工作中，为了实现企业以自己的收入弥补支出并有盈利的经济核算要求，成本构成除上述$C+V$外，国家制定的成本开支范围还规定一些附加因素。成本开支范围不仅限于生产物质资源的消耗，还包括销售活动中的消耗和生产经营活动中的一般管理费用，有一些并不形成产品价值的费用，如废品损失、停工费用、坏账损失等也可列入成本；还有一些实际上属于国民收入再分配形式的利息等也可列入成本；有些属于政策、法令性开支，也要在成本中列支。

运输企业为完成客、货运业务所消耗的以货币形式表现的一切费用称为运输支出，一定期间的运输支出，即该期间的运输总成本；单位运输产品所分摊的运输支出，即每单位运输产品成本。

1）运输成本是一个重要的综合性质量指标，它能比较全面地反映铁路运输企业的生产技术和经营管理水平。

2）运输成本是反映运输过程消耗及其补偿的重要尺度。

3）运输成本是制定和调整运价的重要依据。

4）运输成本是进行技术经济分析、评价经济效果和进行决策的重要依据，也是进行各种运输方式运量分配和合理生产力布局的重要因素。

5）运输成本是考核和改善企业经营管理水平的有力杠杆。

（三）运输成本的特点

1. 计算对象和计算单位的特点

从成本计算对象和计算单位看，运输业的产品是旅客和货物的位移，运输成本的计算对象是旅客运输和货物运输两大类产品，或者把客货运输综合在一起的换算产品成本。运输生产成果是其所完成的运量和周转量，其经济效益又体现在以人·km 或 t·km 为计量单位的劳动消耗上（单位运输成本）。客货运输的混合支出在运输支出中所占比重较大，在分别计算客货运输成本时，要把混合支出予以分开。因此，需要分配计入的支出所占比重较大。

2. 成本构成的特点

从成本构成的内容看，在铁路运输过程中旅客和货物发生位移，并不产生别的有形物质，运输业的产品不具有实物形态，运输成本中没有构成产品实体的原材料，没有原材料支出，固定资产折旧费占有较大比重。

3. 成本与运输量关系的特点

从成本与运输量的关系看，单位运输成本随运输量的增长而降低，铁路运输成本由与运量有关支出和与运量无关支出组成。在一定时期内，与行车量无关支出可视为一个常数。当运量下降时，成本中与行车量无关支出所占比重增加，单位运输成本提高；当运量增长时，成本中与行车量无关支出所占比重减少，单位运输成本降低。

4. 成本与运输距离的特点

从成本与运输距离的关系看，单位运输成本和运输距离表现为递远递减的关系。按照成本与运输距离的关系，铁路运输成本由始发和到达作业成本（或称发到作业成本）、中转作业成本、运行作业成本 3 个部分组成。其中，运行作业成本所占比重最大，随运输距离的远近而增减；始发和到达作业成本对于运送同一批旅客或货物来说，不随运输距离而变化；中转作业成本随中转次数增加而增加。运输距离越远，成本中始发和到达作业成本所占比重越小；反之，则越大。

5. 成本完整性的特点

全国铁路的运输成本反映的是完整的成本。铁路运输常常要跨越几条铁路线，由几个铁路运输企业共同配合完成，因此运输支出应由有关铁路运输企业共同负担。因此，全国铁路的运输成本才是完整的成本，而各铁路运输企业的成本则是相对完整的成本。

【思政小课堂】

我国铁路旅客票价递远递减的优惠政策

我国在制定铁路旅客票价时，考虑到运输成本随运输距离增加而相应降低这一特点，将旅客票价从201km起采取递远递减办法进行计算，如表6-1所示。此举充分显示了我国铁路的社会公益性。

表6-1　普通硬座票价递远递减率和递远递减票价率

区段/km	递减率/%	票价率/（人•km）	区段全程票价/元
1～200	0	0.058 610	11.722
201～500	10	0.052 749	15.825
501～1000	20	0.046 888	23.444
1001～1500	30	0.041 027	20.514
1501～2500	40	0.035 166	35.166
>2501	50	0.029 305	

（四）运输成本的分类与范围

1. 运输成本的分类

1）按运输方式，运输成本可分为铁路运输成本，公路运输成本，海运、内河和远洋运输成本，航空运输成本，管道运输成本。

2）按客货运输任务，运输成本可分为旅客运输成本、货物运输成本、客货换算运输成本。

3）按所运货物品类，运输成本可分为煤炭运输成本、石油运输成本等。

4）按运输工具，运输成本可分为铁路列车运输成本、公路汽车单车运输成本、水运单船运输成本等。

2. 运输成本的范围

运输成本包括的支出范围一般涉及以下几个方面。

1）办理旅客和货物运输的费用。

2）运输准备工作和车、船运行中的费用。

3）运输生产单位固定资产的折旧费和维持保养费用。

4）运输生产单位的生产费和管理费。生产费是运输生产过程中所发生的全部费用，分为基本生产费和一般生产费两种。前者是指运输生产过程中运营、维修发生的直接费用；后者是指为基本运输生产服务的辅助生产费用，如生产工具备品和劳动保护费等。管理费是指组织和管理运输生产而发生的各种费用。这些费用按支出要素构成分为工资、材料、燃料、电力、折旧和其他。

二、运输成本计算

（一）运输成本计算的种类

1. 按成本计算的任务与目的划分

根据成本计算的任务与目的，运输成本计算可分为定期的成本计算和非定期的成本计算两大类。

1）定期的成本计算是为了考核某运输企业的平均运输产品成本的耗费和经营管理水平，按照规定的期间，如年度、季度按期进行的，包括按期计算的综合平均运输成本，如换算吨公里成本、客运人公里成本、货运吨公里成本等。

2）非定期的成本计算不是按期进行的，是为解决某些特定的任务而进行的成本计算。例如，为制定运价需要计算煤炭、焦炭、钢铁、石油、粮食等各类货物在不同运输距离时的运输成本；为评价合理运输方案需要计算区段别的运输成本等。由于所要解决的任务不同，又有不同的计算种类和方法。

2. 按成本计算的时间、使用的资料和所起作用划分

根据成本计算的时间、使用的资料和所起的作用，运输成本计算可分为计划成本计算（或目标成本计算、预计成本计算）和实际成本计算两种。

1）计划成本计算是在计划期开始之前，以计划运输任务和各项计划工作量为基础，按照计划定额和计划单价等有关资料进行的成本计算。

2）实际成本计算是在决算期终止之后，根据实际完成的各项运营统计和运输支出决算资料进行的成本计算。

3. 按成本计算的内容与范围划分

按照成本计算的内容与范围，运输成本计算可分为综合运输成本计算和各种单项（或专项）成本计算。

1）综合运输成本计算是指将运输过程中涉及的支出项目作为一个整体来计算成本。

2）单项（或专项）成本计算则是指分项目单独进行成本计算，如对燃料、工资、折旧及修理等项目支出单独进行成本计算。

4. 按成本计算包括的费用是否完整划分

根据成本包括的费用是否完整，运输成本计算可分为完全成本（或全部成本）计算和不完全成本计算两种。完全成本计算是把所有属于成本开支范围内的费用都计入成本，而

不完全成本计算则只计算与分析比较有关的部分费用，并不把全部费用计算在内。

（二）定期成本计算

1. 旅客人公里和货物吨公里成本的计算

旅客人公里成本和货物吨公里成本的计算公式分别为

$$旅客人公里成本=\frac{客运支出总额}{旅客总周转量}\quad（元/万人 \cdot km）$$

$$货物吨公里成本=\frac{货运支出总额}{货物周转量}\quad（元/万吨\ t \cdot km）$$

根据现行规定，铁路关于客货运支出的划分办法列举如下。

1）直接列入客运的支出。该支出包括车站及列车的旅客服务费、卧具费、行李包裹运送费、专运费、客运机车乘务组工资、客运机车运转用燃料和电力费、客运机车运转用油脂费、旅客渡江航渡费、客车修理费、客车折旧费等费用。

2）直接列入货运的支出。该支出包括整车、零散、集装箱货物运输费，货车篷布及集装箱使用费，军运费，国际联运杂项支出，货运机车乘务员工资，货运机车运转用燃料和电力费，货运机车运转用油脂费，其余航渡费，货车修理费，货车使用费，货车折旧费，驼峰电务设备维修费等费用。

3）按各种机车客货运总重吨公里比例分配的支出。该支出包括内燃和电力机车的机车整备费，内燃机车软水用药费，机车折旧费，运输用水费，按内燃、电力机车综合的客货运总重吨公里比例分配的支出，工务费合计（含一般生产费和管理费）等。

4）按各种机车客货运总走行公里比例分配的支出。该支出包括内燃和电力机车的洗修（定修）、架修费，技术服务费，按内燃和电力机车合计的客货运总走行比例分配的支出，机车轮对修理费，机车技术措施费。

5）按各种机车客货运调车公里比例分配的支出。该支出包括内燃机车的专用调车机车乘务组工资、机车运转用燃料费、机车运转用油脂费、各种牵引机车客货运调车公里合计比例分配的支出、车站调车费。

6）按客货运列车公里（本务机车公里）比例分配的支出。该支出包括车站运转费、列车运行费、运输调度人员经费、电务费合计（含一般生产费和管理费）。

7）按客货运周转量比例分配的支出。该支出包括救援列车费、电力设备运用和维修费、房建费合计等。

8）按电力机车客货运用电力比例分配的支出。该支出包括电力机车供电设备运用和维修费及折旧费。

9）按客货运基本生产人员（或基本生产费）比例分配的支出。该支出包括运输和机务部门的一般生产费与管理费等。

2. 换算吨公里成本的计算

换算吨公里成本的计算公式为

$$换算吨公里成本=\frac{运输支出总额}{换算周转量}（元/万换算吨公里）$$

3. 基层运营单位成本的计算

基层运营单位成本的计算是与其完成工作量的清算办法直接关联的。

计算基层运营单位的成本，首先要确定其成本计算对象（成本计算指标），即以哪些工作或产品来计算其成本。由于各基层单位的业务并不相同，每个单位所完成的工作或产品又各不相同，这就给确定成本计算对象带来一定的复杂性。一般来说，选择成本计算对象与成本计算的目的有关。

（三）非定期成本计算

1. 非定期成本计算的特点

定期成本计算的换算吨公里、货物计费吨公里、旅客人公里的成本是全路或铁路局的平均数值，但在解决许多技术经济和国民经济问题时，必须计算具体条件下的成本，需要采用非定期成本计算。

非定期成本计算是为了解决某个临时任务或问题，不按规定的时间进行的成本计算。进行非定期成本计算时不仅需要统计和决算资料，还需要很多经专门调查或补充计算得到的资料。非定期成本计算的目的，不只是反映和考核生产耗费。

2. 铁路运输非定期成本的计算方法

（1）支出科目直接计算法

根据需要计算的成本，首先按运输、机务、车辆、工务、电务等业务部门，将支出科目逐一分析，确定每个支出科目与成本的关系，然后计算某项因素变动对支出科目的影响值，将对各科目的影响值加总，即可求出成本的变动情况。

（2）运输作业过程分项计算法

运输作业过程分项计算法可以计算分座席别、列车别的客运成本及分货物品名别的货运成本等。计算时，首先要把客、货运支出分别划分为始发和到达作业成本、中转作业成本和运行作业成本；然后根据有关运营资料及公式进行计算。该种方法因为考虑了运输距离、车辆载重、各种车辆的修理费和折旧费等因素的不同，计算结果比较精确；其缺点是工作量大，划分 3 项作业成本时有一定难度。

（3）单位支出分摊法

用单位支出分摊法计算某项成本时，把能直接列入的支出直接列入该项成本；不能直接列入的支出，可以将其与性质相同或类似的支出科目归纳在一起，形成一个“单位”，然后将“单位”支出用同一个运营指标分摊，列入某项成本。

（4）支出率法

支出率法是用单位指标支出率计算和分析铁路营运成本的方法。

3. 与运量有关支出和与运量无关支出的划分

与运量有关支出和与运量无关支出又分别称为与行车量有关支出和与行车量无关支出。有些运输用固定资产，如线路、通信信号设备、房屋建筑物的维修养护费，与运量虽然有一定关系，但不与其呈正比例变化，属于半变动支出。另外，职工工资，一般生产费中的燃料、电力、水费及机械设备运用维修费等，也有变动支出、半变动支出和固定支出部分。因此，将运输支出划分为与运量有关支出和与运量无关支出，是一个复杂的问题。

三、运输成本分析

（一）影响运输成本的因素

实现服务对象的空间位移是交通运输的主要任务，可以说，运输距离是影响交通运输成本的重要因素之一。另外，运载工具的运用效率，劳动生产率的高低，燃料、材料的节约或浪费，最终都会影响运输支出的增减和运输成本的升降。加强对交通运输支出和成本的分析，可以及时了解运输生产过程中各项费用节约和超支的情况，找出运输支出和成本发生变化的原因及各种因素对其影响的程度，通过加强经济核算，进一步提高交通运输企业的现代化管理水平。

影响运输成本的因素主要有以下几个。

1. 运输距离

始发和到达作业成本与运输距离的长短无关，其不随运输距离的长短而发生变化。因此，当运输距离延长时，虽然运输成本总额也会增加，但单位运输成本分摊的这部分费用会减少，从而使运输成本降低。单位运输成本与运输距离的关系为

$$\text{单位运输成本}=\frac{\text{每吨货物的始发和到达作业成本}}{\text{运输距离}}+\text{每吨公里货物的中转和运行作业成本} \tag{6-1}$$

由式（6-1）可看出，在其他条件一定的情况下，虽然在运输总成本中始发和到达作业成本是固定不变的，中转和运行作业成本随着运输距离的变化而相应变化，但在单位运输成本中，始发和到达作业成本随着运输距离的变化呈反比例变化，中转和运行作业成本固定不变。

因为始发和到达作业成本与运输距离呈反比例变化，所以以相对百分比表示的单位运输成本$C_{单}$和以百分比表示的运输距离变化率$\varDelta$之间的关系为

$$C_{单}=\frac{\text{始发和到达作业成本所占百分比}}{1+\varDelta}+\text{中转和运行作业成本所占百分比} \tag{6-2}$$

例如，当运输距离为500km时，设其运输成本为100%，其中始发和到达作业成本占20%，中转和运行作业成本占80%，则当运输距离延长到1500km，即增加200%时，运输成本就降低到原来的86.7%。计算过程为

$$C_{单} = \frac{20\%}{1+200\%} + 80\% = 86.7\%$$

假设某运输企业的货物运输成本在平均运程为500km时为100元/万t·km，其中始发和到达作业成本占20%，即20元/万t·km，中转和运行作业成本占80%，即80元/万t·km，则随着运输距离的变化，运输成本的变化如表6-2所示。

表6-2 运输距离变化与运输成本的关系示例

运输距离/km	100	300	500	1000	1500	2000	3000
每万吨公里运输成本/元	180.0	113.3	100.0	90.0	86.7	85.0	83.3

从表6-2中可以看出，随着运输距离的延长，单位运输成本是逐渐降低的，但降低的幅度越来越小。原因是始发和到达作业成本的比重越来越小。

2. 运输工具的运用效率

在一定类型运输设备条件下，通过加强运输组织工作和采用先进工作方法，改进运输工具的运用或对运输设备进行技术改造，都可以提高运输工具的运用效率。运输工具的运用效率变化对运输成本有重要影响。因为与运量有关的变动支出和运输工具的运用工作量及运输工具的需要量是直接关联的，提高运输工具的运用效率，无论是提高车辆载重力，还是加速运输工具周转，都可以在不同程度上使完成一定运输周转量的运输工具运用工作量或运输工具需要量减少，从而使运输成本降低。

反映运输工具运用效率的指标与运输成本的关系有以下两类情况。

第一类，指标与运输成本呈正比例变化，如空车走行率等。这类指标的降低或提高会影响运输成本的降低或提高。运用效率指标与运输成本的正比例关系如图6-1所示，其关系为

$$C = a + bX \tag{6-3}$$

式中，C为运输成本；X为相关指标；a为不随该指标变化的运输成本，包括与该指标无关的变动成本和固定成本；b为与该指标变化呈正比例变化的运输成本，即与该指标变化直接有关的变动成本。

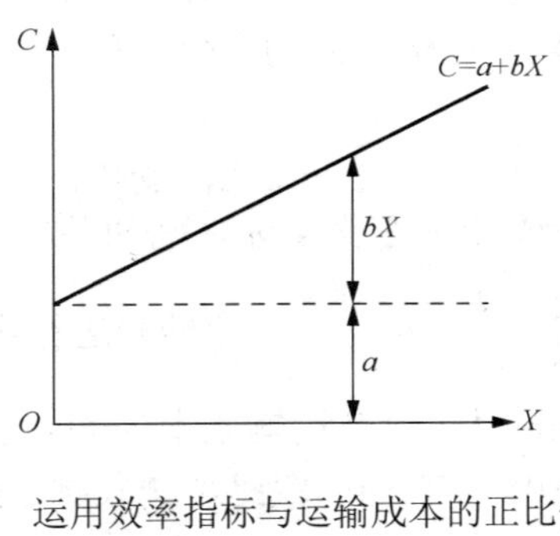

图6-1 运用效率指标与运输成本的正比例关系

第二类，指标与运输成本呈反比例变化，如重车动载重、旅行速度等。这类指标的提

高可使运输成本降低。运用效率指标与运输成本的反比例关系如图 6-2 所示，其关系为

$$C = a + \frac{b}{X} \tag{6-4}$$

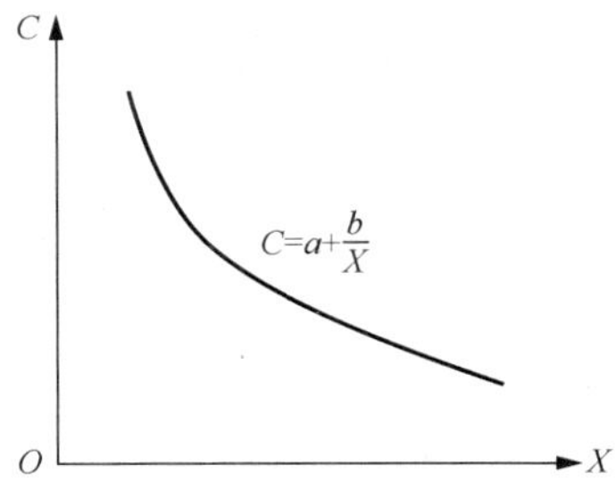

图 6-2　运用效率指标与运输成本的反比例关系

运输工具的运用效率指标变化对运输成本的影响，可采用支出率法进行详细计算。支出率法又分为单项因素法和多项因素法两种。运用单项因素法时分别计算每个指标变化对运输成本的影响，计算时先要算出指标未变动前的运输成本，然后算出某项指标变动而假定其他指标不变的运输成本，两项运输成本比较的差额，即由于某项指标变化对运输成本的影响。运用多项因素法时计算几个指标同时变化对运输成本的综合影响，其计算步骤也是先算出指标变动前的运输成本，然后根据各项指标变动情况计算出几项指标同时变动后的运输成本，两者进行比较即可得出多项指标变动对运输成本的综合影响。

概括计算运输工具运用效率指标对运输成本的影响，可采用影响系数法，即根据与某项效率指标直接有关的支出占全部运输支出的比重来近似计算。各项运用效率指标与运输成本之间可能是正比例或反比例的关系。因此，当指标变化与运输成本变化呈正比例关系时，运输成本变化率的计算公式为

$$\text{运输成本变化率} = n\Delta \tag{6-5}$$

式中，n 为影响系数；Δ 为某效率指标变化率。

当指标变化与运输成本变化呈反比例关系时，运输成本变化率的计算公式为

$$\text{运输成本变化率} = \frac{n\Delta}{1 \pm \Delta} \times 100\% \tag{6-6}$$

例如，某铁路局的货运成本为 1.00 元/万 t • km，与货运列车平均总重有关的支出占货运支出的 20%，当货运列车平均总重提高 10%时，运输成本变化为

$$\text{运输成本降低率} = \frac{20\% \times 10\%}{1 + 10\%} \times 100\% = 0.018 \times 100\% = 1.8\%$$

3. *劳动生产率和燃料消耗*

劳动生产率也是影响运输成本的一个重要因素。因为工资支出在运输成本中占有相当比重，而工资支出的多少取决于职工人数和平均工资，所以通过改善劳动组织，充分发挥职工的积极性和创造性，尽量采用先进操作方法，提高主要工种的劳动生产率，并尽量减少非生产人员所占比重，就可以用较少的人力完成相同的运输任务，或者以同样的人力完

成更多的运输任务，从而节约使用人力，减少活劳动消耗，降低运输成本。

假设工资在运输成本中的比重为 A，劳动生产率提高百分率为 $\varDelta$，则在工资水平不变的情况下，概略计算运输成本降低幅度为

$$\text{运输成本降低幅度} = A \times \frac{\varDelta}{1+\varDelta} \tag{6-7}$$

例如，当工资支出占运输成本的比重为15%时，设劳动生产率提高10%，则运输成本可降低约1.4%$\left(\frac{15\% \times 10\%}{1+10\%}\right)$。当然，随着劳动生产率的提高，工资水平也会有所增长，但一般工资的增长速度应低于劳动生产率的提高速度，因此运输成本还是会降低的。

在运输生产中，生产动力特别是燃料、电力和各项设备运用与维修用的材料数量是很大的，其费用占运输成本的近1/3。采取各种措施，加强材料、燃料和电力的消耗定额管理，尽量节约各种物资消耗，就可显著降低运输成本。由于各种材料、燃料、电力消耗量在工作量一定的情况下，与其消耗定额成正比，所以可通过该项费用占运输成本的比重和消耗定额的减少幅度来计算其对运输成本的影响。

（二）降低运输成本的主要途径

降低运输成本的主要途径如下。

1）在设计铁路建筑和选用运输设备方面，选择技术上可行、经济上合理的方案，以提高投资和运输的经济效益。

2）在运输组织工作方面，主要是提高运输组织水平，改善机车车辆的运用，在现有设备条件下增加运量，减少运输中的浪费和损失，尤其是充分发挥铁路适合中、长距离运输的优势，减少短途运量。

3）在经济管理方面，合理确定固定资产折旧率、各类材料和工时的消耗定额，不断提高劳动生产率，对成本进行全面科学的管理。及时更新和改造运输设备，根据需要和可能，不断采用新的科学技术和先进的技术设备。

（三）运输成本分析的复杂性

1. 增量成本问题

在运输成本分析中，有时要用到增量成本的概念。边际成本是用增加的人•km或t•km数去除新增运输服务所增加的运输成本，但是人•km或t•km并不是实际的运输产品，因此传统的边际成本分析也体现出其一定的局限性，以人•km或t•km计算的边际成本仍然带有某种平均的性质。增量成本与边际成本不同，其是要计算新增运输服务中单个旅客或单批货物的成本，需要在假定系统其他条件不变的情况下计算新增旅客或货物的增量成本。可以看出，边际成本分析和增量成本分析在运输经济分析中都是重要和必不可少的。

2. 不可归依性问题

运输成本分析的另外一个难点是运输费用的不可归依性。无论是运输的边际成本分析，

还是增量成本分析，都会产生一个问题，就是有些运输费用的发生无法归依到某一位具体旅客或某一批具体货物的运输上。运输费用出现部分不可归依性的原因是运输业范围经济的存在。范围经济是指两种或两种以上的产品或服务由一个企业提供比由两个或多个企业分别提供时的成本更低，或者效率更高。运输业产品或服务的多样性使运输业的范围经济现象十分普遍，即由同一运输企业提供多种多样不同的运输产品或服务。运输企业在合并运量、充分利用固定设施和载运工具的能力、发挥网络密度经济优势的同时，在很大程度上也在发挥其范围经济的优势，这一点与其他产业规模经济和范围经济是有区别的。

3. 联合成本与共同成本问题

由于运输业范围经济现象的普遍存在，也就同时产生联合成本与共同成本的问题。联合成本的出现是由于联合产品或服务的存在，而联合产品是指两种产品或服务以某种无法避免和改变的比例关系被生产出来。

以运输返程回空为例，一条独立的运煤铁路，由于没有其他货物，所以满载的运煤列车由煤矿驶往电厂，卸载后空车返回，满载的煤炭运输当然是该铁路的主要产品，但空列车只有返回煤矿才有可能开始下一次运输，而且因为列车往返的比例是不变的，所以返程回空的列车就成为满载煤炭列车的联合产品。于是，列车空返的成本就是满载列车运输的联合成本，两者不可分割。

联合成本也体现在固定运输设施方面。例如，一条铁路建成通车后每天 24h 都可以使用，如果硬要将其分成每小时一段的铁路使用服务，并且把每天 9:00～10:00 这段时间的建设成本分离出来，也是不可能的，因为铁路不可能只为每天 9:00～10:00 而不为其他 23h 建设，该铁路的建设成本应该是每天 24h 的联合成本。这给运输成本分析增加了一定难度。

运输业经营中的共同成本与联合成本有相似之处，但概念是不同的。例如，一列货物列车有 40 节车厢，其运输成本对这 40 节车厢来说是共同成本而不是联合成本，原因在于列车的长度是能够改变的。车厢可以多一些，也可以少一些，因此从技术上看，这 40 节车厢不是绝对不可分的。共同成本的存在也为不同运输产品或服务的成本分担造成了困难，但其原理与联合成本还是有区别的。共同成本可以使其中的某一部分增量成本找到相应的对象，而联合成本中的任何一部分都不可能分离出来。

由于运输业中多产品生产的特点，网络规模经济、机会成本、沉没成本、增量成本、联合成本和共同成本的重要性，以及固定设施和移动设备两种资本形式的存在等因素，运输成本的计算与计量具有很大的挑战性。

第二节　运输固定资产

固定资产是指在生产过程中，单位价值在规定标准以上，能够在长时期内（一般超过 1 年）发挥作用而不改变其实物形态，价值则逐渐到新产品中去的劳动资料。运输固定资产是指使用年限超过 1 年的房屋、建筑物、机器机械、交通运输工具，以及超过一定价值的与运输有关的设备、器具、辅助工具等。

在第一次产业革命以前，会计上几乎没有折旧的概念。此后，由于大机器、大工业的发展，特别是铁路的发展和股份公司的出现，产生了长期资产的概念，并要求区分“资本”和“收益”，因此确立了折旧费用是企业生产过程中不可避免的费用。折旧概念的产生是企业由收付实现制向权责发生制转变的重要标志，其概念基础是权责发生制和体现这一制度要求的配比原则。按照配比原则，固定资产的成本不仅是为取得当期收入而发生的成本，还是为取得以后各项收入而发生的成本，即固定资产成本是为在固定资产有效使用期内取得收入而发生的成本，其自然应与收入相配比。

运输业的基础设施、运载工具、装卸设备及生产用房屋等投资巨大，固定资产折旧在运输成本中占有较大比例。固定资产在生产和使用过程中会发生损耗，最后丧失其效用，因此必须实现固定资产的再生产。运输固定资产的再生产是通过折旧的方式实现的。

一、运输固定资产的分类与构成

（一）运输固定资产的分类

运输固定资产按其使用情况可分为使用中的固定资产、未使用的固定资产和不再用的固定资产；按经济用途可分为生产用固定资产和非生产用固定资产；按所属关系可分为自有固定资产和租入固定资产；按经济用途结合使用情况可分为生产用固定资产、非生产用固定资产、租出固定资产、未使用固定资产、不再用固定资产、封存固定资产和土地。

（二）运输固定资产的构成

运输固定资产包括使用中的固定资产、未使用的固定资产和不再用的固定资产三大类，其中第一类占绝大部分，第二类和第三类很少。使用中的固定资产主要是生产用固定资产，使用中的铁路运输生产用固定资产按其功能由以下 3 种构成。

1. 不能移动的固定资产

不能移动的固定资产包括构成运输系统的线路（公路、铁路、管道、内河及运河航道）及其附属设备，各种港站及其附属建筑物、通信信号设备、机械动力设备、传导设备等。

2. 可移动的固定资产

可移动的固定资产包括飞机、船舶、铁路机车车辆、汽车等运载工具，装卸设备，工具仪器及生产用具等。此外，还包括部分备品，如汽车轮胎、铁路钢轨等。

3. 管理用具

管理用具是指运输生产经营管理中需要的各种用具，如计算器等。

二、运输固定资产投资

固定资产是由固定投资形成的，但固定投资并非只形成固定资产，还可以形成无形资产和递延资产。无形资产包括专利权、商标权、著作权、土地使用权等，递延资产主要是指企业的开办费，包括筹建期间的人员工资、办公费、培训费、差旅费、注册登记费等。

运输固定资产投资是指用于购置和建造运输固定资产的投资，包括基本建设投资、更新改造投资和其他固定资产投资。

基本建设是指投资进行建筑、购置和安装固定资产的活动及与此相联系的其他经济活动，包括新建、扩建、改建、迁建和恢复。基本建设投资在运输固定资产投资中占有重要地位，其产品有如下特点。

1）基本建设产品是一种整体性产品。

2）基本建设产品的地点是固定的。

3）基本建设产品具有单件性。

更新改造投资是运输固定资产更新和技术改造投资的简称，是指在保证运输固定资产简单再生产的基础上，实现以内含为主的扩大再生产的投资。

其他固定资产投资是按照国家规定不纳入基本建设和更新改造计划管理，其总投资在5 万元以上的国有单位的固定资产投资，如交通部门用公路养路费对原有公路、桥梁进行改建等。

运输业属于资金密集型产业，投资大，回收期长。运输业中的线路设施建设周期长，工程规模大，投资成本高；运输业中的运载工具，如飞机、轮船、铁路机车车辆等，单位价值量大，使用周期长。运输业作为资本装备率较高的行业之一，对投资的依赖性很大。

运输投资还具有公共性，因为这类运输设施和运载工具的利用者是大多数不特定的公众，而公众利用运输设施和交通工具又与其自身的福利和利益有直接关系。运输是实现公众福利和公众利益的重要途径和手段，运输的公共性在于运输部门是公众运输利益的维护者和提供者。

运输投资与其他产业投资不同的一点，就是运输投资中公共投资（国有运输企业投资和政府行政投资之和）占有很大的比重。运输投资的公共性决定了其很难全部由市场机制和价格机制来自发地进行投资。

【思政小课堂】

2019～2023 年我国铁路固定资产投资情况

根据国铁集团网站公布的数据：

2019 年，全国铁路固定资产投资完成 8029 亿元（统计范围不含港澳台地区），投产新线 8489km，其中高速铁路 5474km。

2020 年，全国铁路固定资产投资 7819 亿元（统计范围不含港澳台地区），投产新线4933km，其中高速铁路 2521km。

2021 年，全国铁路固定资产投资 7489 亿元（统计范围不含港澳台地区），投产新线4208km，其中高速铁路 2168km。

2022 年，全国铁路固定资产投资 7109 亿元（统计范围不含港澳台地区），投产新线4100km，其中高速铁路 2082km。

2023 年，全国铁路固定资产投资 7645 亿元（统计范围不含港澳台地区），投产新线

3637km，其中高速铁路 2776km。

从以上数据可知，我国每年投资铁路固定资产上的金额巨大。国铁集团通过不断增强铁路网（高速铁路网）的通达性和覆盖面，积极促进区域的互联互通，服务更多的人民群众，同时充分发挥铁路建设投资对全社会投资的有效带动作用，科学有序、安全优质推进铁路规划建设，助力经济社会协调发展。

（资料来源：根据网络资料整理改编。）

三、运输固定资产损耗

（一）运输固定资产损耗的类型

运输固定资产损耗是指运输固定资产在使用和闲置过程中会逐渐损耗，即运输固定资产原始价值的降低。因为造成运输固定资产原始价值降低的原因有两大类，所以运输固定资产损耗也分为两类。

1. 运输固定资产的有形损耗

运输固定资产在使用和闲置过程中所发生的实体损耗称为有形损耗或物质损耗，如钢轨面逐渐变薄、建筑物腐坏锈蚀、机车车辆的零部件磨损断裂。运输固定资产有形损耗按引起损耗的原因又可分为固定资产第Ⅰ类有形损耗和固定资产第Ⅱ类有形损耗。

1）固定资产第Ⅰ类有形损耗。固定资产在使用中的实体损耗是第Ⅰ类有形损耗。该类损耗主要是由固定资产零部件的摩擦、振动、疲劳和腐蚀而产生的，通常表现为零部件原始尺寸和形状的改变、公差配合性质的改变、加工精度下降、效率降低、故障增多等。该类损耗主要与使用强度和使用时间有关：使用强度越大，损耗越大；使用时间越长，损耗越大。

2）固定资产第Ⅱ类有形损耗。固定资产在闲置中的实体损耗是第Ⅱ类有形损耗。该类损耗主要是由自然环境的作用及管理不善造成的，通常表现为固定资产锈蚀、材料老化变质、功能下降等。该类损耗在一定程度上与固定资产闲置时间的长短和固定资产维护的好坏有关。许多固定资产（如房屋、建筑物、铁路与公路线路的路基、各种运载工具等）暴露在大自然中，由于风、霜、雨、雪的侵袭发生损耗。

2. 运输固定资产的无形损耗

运输固定资产的无形损耗是由技术进步引起的原有固定资产技术上的陈旧与贬值，也称精神损耗或经济损耗。无形损耗按形成原因分为以下两类。

1）因为技术进步而使生产同种固定资产的社会必要劳动耗费减少，成本降低，价格下降，原有固定资产价值降低。这是第Ⅰ类无形损耗。

2）因为技术进步，市场上出现性能更完善、效率更高、耗费原材料和能源更少的新型固定资产，从而使原固定资产在技术上相对陈旧落后，原有固定资产相对贬值。这是第Ⅱ类无形损耗。

运输固定资产在使用期内，既要遭受有形损耗，又要遭受无形损耗，因此运输固定资产遭受的损耗是双重的、综合的。运输固定资产的有形损耗和无形损耗都会引起运输固定资产原始价值的贬低，这一点两者相同。所不同的是，遭受有形损耗的固定资产，当有形损耗严重时，在修理之前往往不能正常工作；而遭受无形损耗的固定资产，即使无形损耗很严重，也可以使用，只不过继续使用时需要考虑在经济上是否合算。

（二）运输固定资产使用年限

运输固定资产由于损耗而具有一定的使用时间限制，到时就需要对资产进行更新。

习惯上以年为时间单位来计算资产的使用期限，称为使用年限。确定合理的使用年限，是对运输固定资产进行折旧的基本依据，这不仅关系到固定资产使用的经济效果，还关系到运输生产的安全。

使用年限又称为固定资产的寿命。对于设备来说，使用年限可以分为物理寿命、技术寿命、经济寿命和折旧寿命。

1. 物理寿命

设备的物理寿命是指一台设备从全新状态开始使用，直到不能保持正常的生产状态，以至于不能或不宜再使用而予以报废为止的全部时间过程，又称为物质寿命、自然寿命。物理寿命是由有形损耗决定的，与维修的好坏有关。可通过恢复性的修理来延长其物理寿命，但不能从根本上避免设备的损耗。

2. 技术寿命

设备的技术寿命是指从设备开始使用到因技术落后而被淘汰所延续的时间。技术寿命是由无形损耗决定的，与技术进步的速度有关。技术进步越快，设备技术寿命越短。通过现代化改装可延长设备的技术寿命。在技术不断发展进步的情况下，技术寿命一般短于自然寿命，当更先进的设备出现或生产过程对原有设备的技术性能提出更高要求时，原有设备在其自然寿命尚未结束前就会被淘汰。

3. 经济寿命

设备的经济寿命是指设备从投入使用开始至其平均年使用费用最低的年限所经历的时间，是从经济角度确定的设备最合理使用期限。一项设备可供使用的年限越长，则分摊到每年的设备购置费用（包括购价、运输费和安装调试费用）越少，同时设备的运行费用（操作费、维修费、材料费和能源消耗费等）越多。一种费用增加，另一种费用减少，其年平均成本是随着使用时间变化的。在设备的整个使用年限内会出现年平均总成本的最低值，而能使年均总成本最低的年数就是经济寿命。设备的经济寿命是设备最佳更新时机的具体表现，是设备更新经济分析中的一个十分重要的概念。

4. 折旧寿命

设备的折旧寿命是指设备开始使用到设备的账面价值接近零时所延续的时间。折旧寿命不等于设备的物理寿命，一般由国家统一规定或按行业惯例确定。

如果有形损耗决定资产的物理寿命，那么无形损耗则决定资产的技术寿命和经济寿命。

在运输生产活动中，考虑无形损耗而提前更新资产，在经济上会引起两种损失：①原有资产还有一部分价值未转移到产品中，报废使这部分价值无法收回，会带来经济损失；②需要提前投资购买新的资产，会增加资金成本。

但是，提前更新资产也可能会获得增加产量、提高产品质量、减少物化劳动和活劳动消耗等带来的利益。

确定运输固定资产使用年限的方法，一般有磨耗系数法、统计观察法、修理费与折旧费总和最小法等。

1）磨耗系数法是指有些设备可以确定允许磨耗限度，这样就能通过计算单位工作量磨耗系数与预计未来各年的工作量来大致确定使用年限。

2）统计观察法是指通过使用情况记载资料用统计分析方法确定该类设备的平均使用年限。

3）修理费与折旧费总和最小法是根据计算设备继续维修使用在经济上是否合算来确定设备的使用年限。

【思政小课堂】

从“和谐号”到“复兴号”，中国高速铁路实现从追赶到领跑

2004年，我国引进德国、日本、法国等国的高速动车组技术，在消化、吸收、再创新的基础上，生产出了“和谐号”系列高速动车组，在较短的时间里满足了百姓出行的需要。基于不同平台研发出的“和谐号”车型，由于标准不统一，不能互联互通，难以互为备用，提高了运营和维修成本。

2012年，由中国铁路总公司主导，中国铁道科学研究院技术牵头，中车所属企业设计制造，开展了中国标准动车组设计研制工作。2017年2月25日10时33分，G65次列车驶出北京西站，运行于京广高速铁路，标志着我国自行设计研制的、拥有全面自主知识产权的中国标准动车组样车正式上线运营。2017年6月25日，中国标准动车组被正式命名为“复兴号”。2017年6月26日，在京沪高速铁路两端的北京南站和上海虹桥站“复兴号”双向首发。

中国标准动车组“复兴号”整体设计及车体、转向架、牵引、制动网络等关键技术都是我国自主研发的，在254项重要标准中，中国标准占84%，具有完全自主知识产权。相较于早期从国外引进后国产化的“和谐号”动车组列车，“复兴号”在性能等方面有了巨大提升。

为适应中国地域广阔、温度横跨正负 40℃、长距离、高强度等运行需求，“复兴号”在降低全寿命周期成本、进一步提高安全冗余等方面加大了创新力度。“复兴号”进行了60万km运用考核，比欧洲标准还多了20万km。最终，整车性能指标实现较大提升，设计寿命达到30年，比“和谐号”的设计寿命（20年）多了整整10年。

“复兴号”动车组的成功研制和运营，标志着我国已全面掌握高速铁路关键核心技术，建立了基于自主知识产权的高速动车组技术平台和技术标准体系，迈出了从追赶到领跑的关键一步。

（资料来源：根据网络资料整理改编。）

四、运输固定资产折旧

（一）运输固定资产折旧的概念

在生产过程中固定资产不断发生磨损，必须同时取得实物补偿和价值补偿，这种补偿在实物上表现为设备的大修和整体更新，在价值上表现为提取折旧费。运输固定资产折旧是把固定资产磨耗掉的价值转移到所生产的产品中，构成产品成本的一个要素。这一部分成本从产品销售收入中提取出来，形成折旧基金，专门用于设备的大修和整体更新。

为了保证设备报废时有足够的资金重新购置，需要根据设备的原价（或重置价）和整体使用寿命提取折旧，称为基本折旧，由此形成的基金称为基本折旧基金。

（二）运输固定资产折旧的计算

在进行固定资产折旧的计算时，首先要明确固定资产折旧基数、固定资产净残值、固定资产使用年限 3 个问题。固定资产折旧基数一般为取得固定资产的原始成本，即固定资产的账面原价。固定资产净残值是指预计的固定资产报废时可以收回的残余价值扣除预计清理费用后的数额。固定资产使用年限是指以年为单位计算的固定资产使用寿命（技术寿命或经济寿命）。

铁路运输固定资产折旧的计算方法如下。

1. 平均年限法

平均年限法又称为直线法，是将固定资产的折旧均衡地分摊到各年的一种方法。采用这种方法计算的每年折旧额是等额的。计算公式为

$$\text{年度基本折旧率}=\frac{1-\text{预计净线值率}}{\text{折旧年限}}\times 100\% \tag{6-8}$$

$$\text{年度基本折旧额}=\text{年度基本折旧率}\times\text{固定资产原值} \tag{6-9}$$

2. 双倍余额递减法

双倍余额递减法是按双倍直线折旧率计算固定资产折旧的方法。这种方法是在不考虑固定资产净残值的情况下，用期初固定资产账面折余价值乘以双倍直线折旧率，计算确定各期的折旧额。计算公式为

$$\text{双倍直线折旧率}=2\times\frac{1}{\text{预计使用年限}}\times 100\% \tag{6-10}$$

$$\text{年折旧额}=\text{期初固定资产账面折余价值}\times\text{双倍直线折旧率} \tag{6-11}$$

3. 年数总和法

年数总和法是指用固定资产原值减去预计净残值后的值，乘以一个逐年递减的分数（称为折旧率），来计算固定资产折旧额的一种加速折旧的方法。计算公式为

$$\text{年折旧率}=\frac{\text{折旧年限}-\text{已使用年限}+1}{[\text{折旧年限}\times(\text{折旧年限}+1)]/2}\times 100\% \tag{6-12}$$

$$年折旧额=(固定资产原值-预计净残值)\times 年折旧率 \tag{6-13}$$

运输企业的固定资产折旧应根据有关方法和规定按月计提。正常经营期间，某个月份内开始使用的固定资产，当月不计提折旧，从下月起计提折旧。月份内减少或停用的固定资产，当月仍计提折旧，从下月起停止计提折旧。提前报废的固定资产，其净损失计入企业营业外支出，不得补提折旧。

（三）运输固定资产的修理与更新

为了保证运输生产不间断地进行，需要对受到损耗的资产设备进行及时的修理或更新。

修理分为维修和大修两种情况。维修是指设备使用一个较短的时间之后或在使用过程中检查其容易磨耗的部分，修理或少量更换磨耗的一般零配件，以维持设备的正常技术状态；大修是指设备经过较长时间的使用后，由于磨耗的积累，需要全面翻修和更换主要零部件，因此设备大修具有局部更新的性质。每两次大修之间的时间，称为大修周期。

设备的大修可能需要几个月、几年甚至更长时间才进行一次，设备大修的时间和发生磨耗的时间并不一致，大修费用应计入大修周期内生产的全部产品中，不能一次摊入当年的产品成本中。通常的办法是把大修费用均衡地摊入大修周期内所有产品中，提取大修折旧形成大修折旧基金。

$$使用年限中大修次数=\frac{使用年限}{平均大修间隔}-1 \tag{6-14}$$

$$年度大修折旧率=\frac{每次大修平均成本\times 使用年限中大修次数}{使用年限\times 固定资产原值} \tag{6-15}$$

$$年度大修折旧额=年度大修折旧率\times 固定资产原值 \tag{6-16}$$

第三节　运输业管理

企业是以营利为目的的社会团体，需要采用一系列先进的管理思想、办法和制度来降低成本，提高劳动生产率，提升企业的盈利水平。

一、运输业劳动定额

（一）劳动定额管理

1. 劳动定额的概念

劳动定额是指企业在一定的生产技术和生产组织条件下，为生产单位合格产品所规定的必要的劳动消耗量的标准，或者规定在单位时间内每个生产者（或小组）完成合格产品数量的标准。

2. 劳动定额管理的意义

劳动定额管理是运输企业管理工作的基本内容之一。劳动定额是运输企业编制计划、科学组织生产的依据，是推广先进经验、不断提高劳动生产率的重要手段，是完善经济责任制的基础，是实行经济核算、控制生产进度、计算产品成本、开展劳动竞赛的重要条件，是贯彻“各尽所能，按劳分配”原则、衡量职工贡献大小及运输企业劳动生产率水平的重要尺度。

劳动定额制度可以将劳动力进行最大化利用，是企业进行生产经营非常重要的环节，能更好地满足市场的发展需要。现阶段，铁路主要采用劳动定额管理的工作方式，这种管理方式对于具有庞大结构的部门来说具有一定优势。劳动定额可以对抽象化的工作进行具体化的处理，使劳动可以得到更加精确的划分，并且能够对员工的劳动效率、劳动质量进行有效评定。劳动定额制度打破了平均主义，体现了按劳取酬原则，成为员工定编的重要依据。在劳动定员中发挥基础作用，可以充分调动员工的积极性，使用最少的人力、物力实现企业利益最大化。

3. 劳动定额的分类

（1）按表现形式划分

劳动定额按表现形式可分为工时定额、产量定额、人员定额（定员）、看管定额（管理幅度定额）等。其中，工时定额和产量定额是劳动定额的基本形式。

1）工时定额。工时定额是指在一定的生产技术和生产组织条件下，完成单位产品或作业（工作）所预先规定的时间标准，如维修每辆客车需要若干工时。

2）产量定额。产量定额是指在一定的生产技术和生产组织条件下，单位时间（班、日、月、季、年等）内完成合格产品（作业）的数量或工作数量标准，如装卸工作每月应完成的作业吨数。

以 N 代表产量定额，以 T 代表工时定额，两者之间互为倒数，公式为

$$N=\frac{1}{T} \tag{6-17}$$

例如，某企业的工时定额 T 为 2h/件，则产量定额 $N=\frac{1}{2}=0.5$ 件/h。

3）人员定额（定员）。人员定额（定员）是指一个单位或一个岗位规定的人员数量，如一个车间、一个科室的定员数。

4）看管定额（管理幅度定额）。看管定额是指一个工人或一个班组同时能看管机器设备的台数，或看管机器设备上操作岗位的数量，如一个扳道员能管理的道岔组数。

（2）按综合程度和结构划分

劳动定额按综合程度和结构可分为单项定额、综合定额、最终产品定额和复式定额。

1）单项定额。单项定额是以单位产品或单位作业为单位而制定的定额。例如，在调车作业中以列、辆为单位，在装卸作业中以吨为单位等。单项定额是劳动定额的最小单位，也是制定综合定额的基础。

2）综合定额。综合定额是以部件或整台设备为单位制定的定额，包括若干单位产品或单位作业。综合定额的大小可以根据需要而定。例如，在机车、车辆制造和维修作业中，可以转向架这个部件为单位制定综合定额，也可以制定一个工种或整台车的综合定额。

3）最终产品定额。最终产品定额是以一个企业的最终产品为单位制定的定额，是在综合定额的基础上制定的，一般用产量定额的形式来表示，如一个机务、车辆段平均每人每年能修理若干台机车、车辆等。

4）复式定额。凡是用效率和效益两个指标同时考核的定额叫作复式定额。例如，对装卸作业用人月吨和吨收入两个指标，对售票作业用人月张和张收入两个指标等。

4. 劳动定额制定的注意事项、方法及管理要求

铁路上凡是能够检验产品质量、统计产品数量或能利用工时计算效率的工种，以及有其他考核标准的工作，都制定劳动定额，实行定额管理；凡是不易实行劳动定额管理的工作，都要以法定工作时间为依据加强工时利用管理。

劳动定额是一个时间数量概念。因此，铁路对工作时间消耗进行科学分类，简称工时分类，统一规定各类工时的含义及其略号，在全路使用。为了有利于实行经济责任制，铁路在规定单项劳动定额的基础上，按班组、车间、单位分别制定出一整套的综合劳动定额。

制定劳动定额要以各项有关生产技术规程、规范、标准和先进工作方法为依据，要以合理的生产组织和劳动组织，充分发挥机械设备效能和充分利用工作时间为基础，要十分注意改善劳动条件和减轻劳动强度，要在保证产品质量和安全生产的前提下，处理好安全、质量、效率、节约四者的关系，以保证劳动定额水平先进合理。

劳动定额的制定方法有技术测定法、统计分析法、经验估工法等。

现代劳动定额管理要求不仅关注单位工时效率，还应重视对工时利用的管理，把二者统一起来，提高企业经济效益。

（二）劳动定员管理

铁路劳动定员是指铁路企业进行运输生产或经营活动所需配备的人员数量标准。定员工作是铁路运输企业管理的一项基础工作，是科学合理地组织运输生产活动、编制劳动工资计划的依据。先进合理的定员能够促进劳动效率的提高，节约人力，提高经济效益。铁路运输企业的定员工作，根据不同部门、不同情况，采取按劳动效率定员，按工作岗位（或设备）数量定员，按比例定员，按组织机构、职责范围和业务分工定员等办法。

1. 定员的确定原则

定员必须力求先进合理，不能固定不变，并应与劳动计划相协调。

2. 定员的确定方法

（1）按劳动效率定员

凡是有劳动定额或工效标准的，均可根据任务量大小进行定员。计算公式为

$$定员人数=\frac{计划期应完成任务量}{计划期每人定量}\times(1+预备率) \tag{6-18}$$

或

$$定员人数=\frac{计划期任务总量\times 单位任务量工作定额}{计划期每人工时定量}\times(1+预备率) \tag{6-19}$$

式中，预备率是指职工因病、因事或参加社会活动等所占用的时间比率。

（2）按工作岗位（或设备）数量定员

按工作岗位（或设备）数量定员是指按工作岗位（或设备）数量多少、每个岗位人员配备标准和每日工作班次确定人员。计算公式为

$$定员人数=岗位总数量\times 每岗位应配备人员数\times 每日班次\times(1+预备率) \tag{6-20}$$

（3）按比例定员

在运输企业中，有一部分人员的数量是与职工总数或一定范围的人员总数成比例的。计算公式为

$$某类人员定员=有关职工总数\times 规定人员数的百分比 \tag{6-21}$$

（4）按组织机构、职责范围和业务分工定员

按组织机构、职责范围和业务分工定员主要适用于管理人员和工程技术人员的定员。

3. 人员分类

1）按职工类别，人员可分为固定工、合同工、临时工、计划外用工等。

2）按职能，人员可分为生产工人、学徒工、工程技术人员、管理人员、服务人员等。

4. 职工人数计划

（1）运输企业职工人数计划的内容

根据生产任务和提高劳动生产率计划计算出的完成生产任务所需要的各类人员数量编制劳动力平衡表，确定各类人员比例和各工种需要培训的人员数量及培训时间。

（2）运输企业职工人数计划的指标

1）计划期末（年末）职工人数。

2）计划期新增职工人数。

3）计划期平均职工人数。

4）计划期职工的补充需要量。这是指企业由于扩大生产规模需要增员，或者由于退休、退职、伤残、死亡，以及参军、上学、援外、辞退、开除等发生减员时，计划补充的职工数量。

（3）运输企业职工人数计划的编制

工人需要量的计算有以下几种方法。

1）按实物产量和实物劳动生产率确定工人需要量，计算公式为

$$工人需要量=\frac{该工种的年计划工作量}{该工种的工人年平均工作量} \tag{6-22}$$

2）按总产值和货币表示的劳动生产率确定工人需要量，计算公式为

$$工人需要量=\frac{年计划总产值}{工人年平均计划总值} \tag{6-23}$$

3）按工作量、劳动定额和工人平均出勤日数确定工人需要量，计算公式为

$$\text{工人需要量}=\frac{\text{年计划总产量}\times\text{工时定额}}{\text{年计划工作时间}\times\text{年计划工人平均出勤日数}} \tag{6-24}$$

管理人员、服务人员一般按比例和机构定员来确定。

二、运输业劳动工资

劳动工资是指用人单位依据国家有关规定和劳动关系双方的约定，以货币形式支付给员工的劳动报酬。

铁路运输是劳动密集型产业，劳动力成本在铁路运输成本中占有较大比例。铁路运输劳动力成本包括工资、奖金、津贴、福利、职工在职教育支出等费用。

1. 工资

目前，我国铁路运输企业实行的是等级工资制。等级工资制由以下要素构成。

1）工资标准。工资标准又称为工资率，是用货币表明每个等级的具体工资数额。

2）工资级差。工资级差是指相邻两个等级间的工资标准相差幅度。

3）等级数目。等级数目主要反映工资标准是由多少个等级数目组成的。

4）职务工资等级线。职务工资等级线用于规定每个职务等级的工资标准。

5）技术等级标准。技术等级标准是衡量和确定工人技术等级的尺度。

6）岗位工资制。岗位工资制是按照职工在生产工作中的不同岗位确定工资的一种制度。

7）结构工资制。结构工资制是根据工资的不同因素和工资所起的不同作用将工资分成几个部分，分别确定工资额，以体现“按劳分配”的基本要求，综合反映多元素的特点和作用的一种工资结构。

8）工资形式。工资形式是计量劳动和支付工资的方式与劳动报酬之间的关系，包括：根据劳动者的标准工资、用工时间来计量劳动，并支付工资的计时工资形式；按照劳动者生产的合格产品的数量或完成的工作量，以一定计件单价计算劳动报酬的计件工资形式。

9）工资水平。工资水平是指在一定时期内职工平均工资收入的高低程度，反映工资水平的主要指标是职工平均工资。

① 工资总额的组成。运输企业的工资总额一般由工资、奖金、津贴等组成。

② 工资水平的计算。反映工资水平的指标是平均工资，计算公式为

$$\text{报告期职工平均工资}=\frac{\text{报告期工资总额}}{\text{报告期职工平均人数}} \tag{6-25}$$

式中，报告期职工平均人数是指报告期内平均每天拥有的人数。

③ 实际工资水平的计算。职工的实际工资水平是将平均货币工资扣除职工生活费价格指数的影响来计算的。

职工生活费价格指数是反映城市职工在不同时期内购买生活消费品和服务性支出价格水平变化情况的综合经济指数。职工生活费价格指数降低，说明以同样的工资额可以买到更多的消费品或得到更多的服务。

职工的实际工资的计算公式为

$$实际工资=\frac{货币工资}{职工生活费价格指数} \tag{6-26}$$

式中，货币工资是个绝对数，是实际支付的工资数额；实际工资是个相对数，是指相对于某一时期的货币工资，具有象征性质。

2. 奖金

奖金是对劳动者的超额劳动所支付的报酬。

1）生产奖。生产奖的奖励条件是生产上的主要指标，按照规定的办法进行奖励。

2）劳动竞赛奖。劳动竞赛奖是对在劳动竞赛中获得优异成绩者给予的奖励。

3）一次性奖励。一次性奖励是对在生产、保卫国家集体财产、见义勇为等方面做出突出贡献的人员进行不定期、事先也不规定具体奖励办法的奖励。

3. 津贴

津贴是为了补偿职工在特殊劳动条件和工作环境下，付出额外或特殊的劳动消耗和生活费的额外支出。

1）岗位津贴。岗位津贴是为了补偿职工在某些特殊劳动条件下付出劳动的额外消耗而发放的补贴。

2）地区津贴。地区津贴是为了补偿职工在某些特殊的地理自然条件下付出生活的额外支出而发放的补贴。

3）生活津贴。生活津贴是为了保障职工实际收入和补偿职工生活费用额外支出而发放的补贴。

4）保健津贴。保健津贴是为了保障在有毒、有害岗位上工作的职工的身体健康，为增加其营养，提高抵抗职业性毒害的能力而发放的补贴。

5）特殊津贴。特殊津贴是为了照顾部分职工在生活上的特殊开支，以减轻其个人经济负担而发放的补贴。

4. 福利

福利是根据国家政策为职工缴纳的住房公积金、养老保险、失业保险、医疗保险、人身伤害保险等。

5. 职工在职教育支出

为了提高在职职工的思想认识水平、技术技能，以及文化水平、管理能力，企业必须对在职职工不断地进行在职教育与培训，这部分成本需计入劳动力成本。

三、运输业劳动生产率

劳动生产率是一项重要的技术经济指标，它综合反映一定时期内各企业的生产力发展水平和工作效率。劳动生产率统计的目的，在于计算不同时期运输业劳动生产率实际达到的水平及其变动的程度和趋势，检查劳动生产率计划执行情况，分析影响劳动生产率的因素，为进一步提高劳动生产率提供可靠的数据。

个人劳动生产率是以劳动者个人为考察对象，可以用其在单位时间内所生产的产品数量来表示，也可以用单位产品所消耗的劳动时间来表示。计算公式为

$$\text{个人劳动生产率（正指标）}=\frac{\text{产品产量}}{\text{劳动时间}} \tag{6-27}$$

$$\text{个人劳动生产率（逆指标）}=\frac{\text{劳动时间}}{\text{产品产量}} \tag{6-28}$$

企业劳动生产率是以企业为考察对象，计算其在一定的时期内生产的总产出量与相应的劳动人员数量的比值。计算公式为

$$\text{企业劳动生产率}=\frac{\text{总产出量}}{\text{劳动人员数}} \tag{6-29}$$

运输量的指标范围包括实物指标（换算吨公里、旅客人公里、货物吨公里等）、价值指标（总产值、净产值等）和运输工作量指标。目前运输企业主要采用实物指标。

劳动生产率的时间单位可以采用时、日、月、季、年等。例如：

$$\text{时劳动生产率}=\frac{\text{小时产品产量}}{\text{劳动人员数量}}$$

$$\text{日劳动生产率}=\text{小时产品产量}\times\text{实际工作日时长劳动人员数量}$$

全员劳动生产率是运用运输企业全部职工人数进行计算，说明报告期每个职工的劳动效率，是企业改进劳动组织、合理使用劳动力的重要依据。

运营人员劳动生产率是运用与运输工作有直接关系的运营人员人数进行计算的。它直接反映生产人员的劳动效率，为制定生产定额和改进劳动生产组织提供依据。

铁路运输业劳动生产率是以计算运输业全员劳动生产率为主，即以运输周转量（换算吨公里）表现的全员劳动生产率。为了便于分析研究和对比，分别计算以下几种劳动生产率。

1）铁路运输业全员劳动生产率的计算公式为

$$\text{全员劳动生产率}=\frac{\text{铁路运输换算吨公里}}{\text{全部职工平均人数}} \tag{6-30}$$

式中，全部职工平均人数不包括援外及出国劳务、多种经营人员（以下同）。

2）铁路运输业运营工作人员劳动生产率的计算公式为

$$\text{运营工作人员劳动生产率}=\frac{\text{铁路运输换算吨公里}}{\text{全部运营工作人员平均人数}} \tag{6-31}$$

3）铁路运输业中装卸工作人员劳动生产率的计算公式为

$$\text{装卸工作人员劳动生产率}=\frac{\text{装卸作业实重吨}}{\text{全部装卸工作人员平均人数}} \tag{6-32}$$

4）铁路运输业中大修工作人员劳动生产率的计算公式为

$$\text{大修工作人员劳动生产率}=\frac{\text{自办大修工作量}}{\text{全部大修工作人员平均人数}} \tag{6-33}$$

此外，铁路运输业还详细规定了基层站段及主要生产组人员劳动生产率的计算公式。

为了比较真实地反映各铁路局运输劳动生产率水平，便于各铁路局之间及本局不同时期劳动生产率的对比，克服按运输换算周转量计算劳动生产率存在的某些问题，铁路部门在运输主要生产组劳动生产率、运输其余生产人员占直接生产人员百分比和非直接生产人员、其他人员占生产人员百分比等指标的基础上，进行换算产生出换算劳动生产率。

劳动生产率的状况是由社会生产力的发展水平决定的。具体来说，劳动生产率的高低主要取决于生产中的各种经济和技术因素，主要影响因素如下。

1）劳动者平均熟练程度。劳动者平均熟练程度越高，劳动生产率就越高。劳动者平均熟练程度不仅是指劳动实际操作技术，还包括劳动者接受新生产技术手段、适应新工艺流程的能力。

2）科学技术发展程度。科学技术越发展，其成果运用于生产越普遍，就越能促进劳动生产率的提高。

3）劳动组织和生产管理。劳动组织和生产管理的好坏对劳动生产率的高低有重大作用。

4）生产资料的规模与效能。生产资料的规模与效能主要是指劳动工具有效使用程度、对原材料和动力燃料等的利用程度。生产资料的规模与效能对劳动生产率有决定性作用。

5）自然条件。自然条件包括对自然资源和自然力的利用程度，会直接影响劳动生产率特别是农业和采矿业的劳动生产率。

课后阅读

铁路运输企业成本核算工作体现

为满足分线成本核算要求，铁路运输企业需要提高分线核算基础数据的可比性，按专业管理的要求，结合铁路运输企业成本构成特征，将基础设施成本及其他成本进一步分解细化。

1. 进一步统一和规范会计科目设置

在细化成本分类的基础上，进一步细化会计科目设置，将能够直接归集到某条线路的成本费用单独设置明细科目，并严格按照铁路各行业设置统一的分类编码，方便账上取数。通过统一和细化会计科目设置，各基层单位将能够直接归集到某条线路的成本费用通过账上取数的方式生成并直接归集。将直接归集的各条线路成本费用与待摊的成本费用分开，能进一步提高分线成本核算的工作效率，并能有效避免无法归集到某一科目的轧压成本。

2. 合理确定分线成本核算分摊方法及工作量

1）严格按照费用明细项目选择分线成本核算分摊方法。总公司根据各铁路运输专业化企业费用明细项目制定明确的分摊核算方法，各基层站段要在规范账务处理的基础上，根据每个明细项目，并结合自身判断，选择适用的分摊方法，这需要核算人员在进行分摊核算时认真细致，避免出现因分摊方法选择不当而造成成本费用分摊不当。

2）准确获取分线核算工作量。目前，确定的分线核算工作量既包括每月变动较大的不同线路旅客、货物、行包到发数量和机车走行公里，也包括每月变动不大的各线营业里程及延展里程、各线房屋建筑物和供暖面积等。分线核算工作量的准确获取需要总公司、铁路局、各基层站段配合。总公司负责全路每月工作量的公布，各铁路局要组织计统处、工务处、房管处等相关处室，每月公布统计的工作量，各基层站段负责统计应由本单位获取的工作量。

3. 充分利用信息化技术手段，建立分线成本核算系统

铁路运输企业分线成本核算要充分利用信息化技术手段，将分线核算子系统与账务处理、会计报表子系统有效结合，实现关联取数。目前的分线成本核算子系统可以从账务处理子系统中获得每个核算单位当月成本费用数据，在此基础上通过人工输入直接列入各线成本，对无法直接列入某条线路的成本费用，输入相应比例计算出各条线路应分摊的成本费用，这个分摊核算过程和比例的确定需要财务核算人员计算并手工输入，计算过程烦琐，且手工输入出错的概率相对较大，可通过升级分线成本核算系统，构建分线成本核算模型，简化人工计算过程，有效降低出错概率。

（资料来源：根据陈志明，2017. 铁路运输企业分线成本核算问题研究[J]. 中国铁路（7）：34-39. 改编。）

思　考　题

1. 简述运输成本的特点。
2. 简述运输成本的计算方法。
3. 简述影响运输成本的因素。
4. 固定资产的构成和损耗分别有哪些？
5. 设备的物理寿命和经济寿命有什么区别？
6. 什么是运输固定资产折旧？有哪些计算方法？
7. 什么是劳动定额？其基本形式有哪些？
8. 简述影响劳动生产率的因素。

第七章 铁路运输效果

知识目标

了解各类铁路运输设备运用效果指标及其计算方法；了解铁路运价的意义、功能及特点，不同定价理论及我国铁路现行运价，铁路运输基础设施定价方法，运价形成机制；了解运输企业经济效益的概念，铁路运输收入的构成、分类及影响因素，运量与成本、运价及运输收入的关系，以及铁路运输企业经济效益分析方法。

能力目标

能够运用经济学知识计算相关指标和分析不同运输设备的运用效果，区分不同的运价制定理论，分析运输企业的经济效益。

导入案例

铁路列车的不同票价

2022 年 11 月 29 日，在中国铁路 12306 网站上查询当日广州直达北京的车票票价，普通列车硬座票价（Z 字头列车）为 254.5 元，硬卧（上铺）票价为 434.5 元，软卧（上铺）票价为 764.5 元，高级软卧票价为 1409.5 元；复兴号高速动车组二等座票价有 914.5 元和 964.5 元，一等座票价有 1464.5 元和 1544.5 元，商务座/特等座票价有 2884.5 元和 3041.5 元。不同动车组列车的票价略有不同（车次信息和票价信息可能有调整，具体可登录 12306 网站查询）。

第一节 运输设备运用效果

铁路运输设备包括铁路线路及其附属设备、车站及其附属设备，以及机车车辆，这些设备的使用效率是影响铁路运输成本效益的重要因素。

一、铁路线路运用效果

铁路线路由线路平面、线路纵断面、路基（包括桥梁、涵洞、隧道等）、轨道结构（包括道床、钢轨、轨枕、道岔等）和信号系统组成。

铁路线路的经济性取决于铁路线路的性能及铁路线路与机车车辆的协调配置。

（一）铁路线路的性能及其影响因素

一条铁路线路的性能主要是指该线路的设计性能，包括通过能力、轴重限制，由线路各构成要素的技术标准确定。

影响铁路线路性能的因素包括线路平面、线路纵断面、路基、轨道结构和信号系统的标准，其共同决定线路的列车设计速度，从而影响线路的通过能力。路基和轨道结构标准还决定车辆的轴重，从而影响机车车辆类型，并与线路纵断面一起影响列车总重，最终影响线路的输送能力。

1. 线路平面

线路越平顺，越有利于列车的快速运行和降低能源消耗。决定线路平顺程度的是曲线半径、缓和曲线长度和曲线间夹直线的长度。曲线半径越小，列车的运输阻力、列车速度限制越大。缓和曲线及曲线间夹直线的长度越小，行车平稳性越差，对列车的行驶速度限制越大。因此，在地形条件允许时，应尽可能采用较大的曲线半径、较长的缓和曲线和曲线间夹直线，但是地形条件差时会增加建设成本。一般来说，铁路建设时会通过计算论证在投资与运营成本间取得某种平衡。

2. 线路纵断面

铁路线路纵断面包括坡度、坡段长度、坡道的连接等。坡度越大，列车上坡时的坡道阻力越大，当机车类型和型号一定时，列车总重会越小，从而影响线路的输送能力。铁路建设时会设定限制坡度。

3. 路基

路基是铁路轨道路面下的基础建筑，必须具有足够的强度和稳定性。在路基本身静力作用下地基不应发生过大的沉陷，在车辆动力作用下不应发生过大的弹性和塑性变形，以保障列车安全运行。路基的强度和稳定性影响列车的速度和总重。

4. 轨道结构

（1）道床

道床支承轨枕，把来自轨枕上部的荷载均匀地分布到路基上，减少路基的变形。道床使轨道具有一定的弹性，吸收机车车辆的冲击和振动，使列车运行比较平稳，还能改善机车车辆和钢轨、轨枕等部件的工作条件，延长使用寿命，并兼有排水作用，保护路基不受水害侵扰。高速铁路、隧道都采用整体道床，以增加列车的稳定性，降低道床的维修费用及维修时间，尽量做到少维修甚至免维修。

（2）钢轨

钢轨用于引导机车车辆的车轮前进，承受车轮的压力，并传递到轨枕上，为车轮提供连续、平顺和阻力最小的滚动表面。钢轨单位长度的质量越大，越有利于列车的快速运行，并承受较大轴重，从而有利于采用大型机车车辆，提高线路的输送能力。

（3）轨枕

轨枕承受来自钢轨的压力并传递给道床，同时利用扣件有效地保持轨道的轨距和位置。单根轨枕强度越大，铺设密度越大，越有利于列车的快速运行和机车车辆的大型化，从而提高线路的通过能力和输送能力。

（4）道岔

道岔影响列车不停车通过时的速度，进而影响线路的通过能力。普速铁路常采用 6 号、9 号、12 号道岔。高速铁路为提高列车的通过速度，通常采用 18 号道岔，部分采用造价较高的大号码道岔，如 30 号、42 号、60 号、62 号等道岔。

5. 信号系统

铁路信号系统是控制列车运行、保证行车安全、正点运营、提高运输效率、改善行车组织方式、实现行车指挥自动化的关键设施。信号系统影响列车运行速度和密度，进而影响线路的通过能力。例如，普速铁路列车追踪间隔控制基于自动闭塞和人工驾驶，司机视地面信号行车，列车运行速度低、密度小，该方式显然无法满足高速铁路的要求。为满足高速铁路列车运行速度高、密度大和安全性高的要求，目前，我国在高速铁路上装备 CTCS-2 级和 CTCS-3 级列控系统，实现列车追踪的间隔控制，最小间隔时间为 3min。

【思政小课堂】

钢轨是“工”字形的原因

为什么承载铁路列车的钢轨被设计成“工”字形（图 7-1）而不是其他形状？

除了节省材料，钢轨断面选用“工”字形的原因还有以下两个方面。

1）“工”字形是抵抗挠曲变形的最佳断状面。列车作用于钢轨上的力主要是竖直力，一节空载的货物列车车厢，自重在 20t 以上，满载货物的列车可达万吨重，巨大的重量和压力易使钢轨发生挠曲变形。

2）确保列车平稳运行。列车在运行过程中主要与轨头部位接触，为了确保列车平稳运行，轮轨接触既要紧密吻合又要具有耐磨的性能，窄而厚的轨头一方面能完美嵌入车轮轮缘，另一方面足够轮轨磨耗。钢轨轨底比较宽，受力面积较大，加上扣件、轨枕联合作用，可以让列车平稳运行。

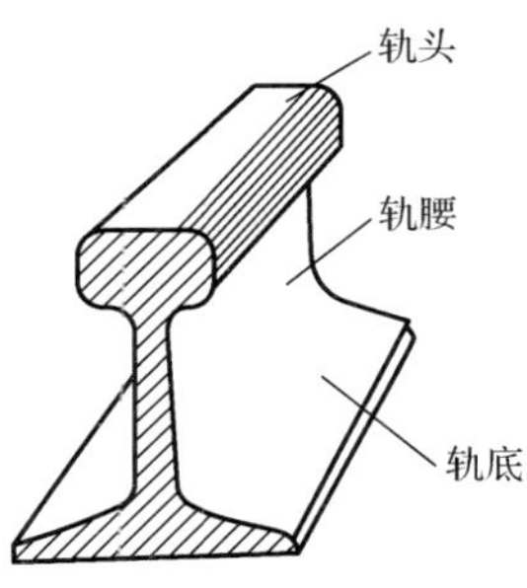

图 7-1 宽底式“工”字形断面

经过严格生产、检验才诞生的钢轨连成了我国密织的现代化铁路网，它们承受着千吨、万吨的重量，将旅客和货物安全、快速地送达目的地。

钢轨的设计和锻造处处体现着精益求精的工匠精神。从前，我国的钢轨全靠从不同国家进口，现在我国铁路上用的每一根钢轨都是我们自己生产的。钢轨的研发过程不仅是一个时代的缩影，也见证了我国铁路波澜壮阔的历史跨越。

（资料来源：根据网络资料整理改编。）

（二）铁路线路与机车车辆的协调配置

铁路线路的运输能力除了受线路技术标准的制约，还与机车车辆的类型和型号有关。在线路标准已定的条件下，如果牵引定数一定，大功率机车就可提高列车速度，从而提高线路的通过能力；或者在线路通过能力不变的条件下，增加牵引定数，从而提高线路的输送能力。

大型车辆可以在车站线路有效长不变的条件下增加列车总重，与大功率机车配合，增加牵引定数，从而在不增加线路投资的条件下，提高整条线路的输送能力。

（三）铁路线路的运用效果指标

考核铁路线路的运用效果，主要围绕线路的使用效率与效益展开。效率指标包括时间利用率、通过能力利用率、列车平均载客（货）量、重车方向输送量、运输密度等；效益指标包括换算吨公里线路成本、换算吨公里运行成本等。

1. 时间利用率

铁路线路每时每刻都有列车通过，其使用效率最高，但是线路维护需要时间完成。另外，运输事故、自然灾害也可能造成行车中断。因此，总有部分时间线路处于非使用状态。

线路的时间利用率的计算公式为

$$线路的时间利用率=\frac{日均行车小时数}{24} \tag{7-1}$$

或

$$线路的时间利用率=1-\frac{日均中断行车小时数}{24} \tag{7-2}$$

式中，日均中断行车小时数为日维修天窗时间、日均事故中断行车小时数与日均自然灾害中断行车小时数之和。

2. 通过能力利用率

通过能力利用率为线路日均通过列车数与运行图图定能力的比值。

3. 列车平均载客（货）量

列车平均载客量是指线路上运行的旅客列车平均载运旅客的数量；列车平均载货量是指线路上运行的货物列车平均载运货物的数量。列车平均载客量和列车平均载货量分别为该线路不同区段的加权平均值。

4. 重车方向输送量

重车方向输送量是指线路上客货运量较大的方向通过的旅客和货物的数量。由于客货运输需求方向上的不均衡，铁路线路两个方向完成的客货运输量是不同的，而运输供给能力必须按需求大的方向配置。

5. 运输密度

运输密度是指单位长度线路完成的旅客周转量和货物周转量，等于线路完成的旅客周转量与货物周转量之和除以线路长度。

6. 换算吨公里线路成本

换算吨公里线路成本是指某条铁路线路平均每个换算吨公里所分摊的线路折旧成本及使用成本。

7. 换算吨公里运行成本

换算吨公里运行成本是指某条铁路线路每个换算吨公里所分摊的机车成本。机车成本包括折旧和使用成本，后者包括机车的维修保养成本、司乘人员成本、机车物资消耗成本和应分摊的管理成本。

【思政小课堂】

我国铁路路网规模

根据《2022 年铁道统计公报》数据，2022 年我国铁路现有路网规模情况如下：全国铁路营业里程达到 15.5 万 km，其中高速铁路营业里程达到 4.2 万 km，全国铁路路网密度为 161.1km/万 km^2；复线率为 59.6%，电化率为 73.8%，均为世界首位。西部地区铁路营业里程达到 6.3 万 km。国家铁路营业里程达到 13.4 万 km，复线率为 61.9%，电化率为 75.6%。

（资料来源：《2022 年铁道统计公报》。）

二、铁路车站运用效果

（一）铁路车站概况

铁路车站是办理客货运输及与列车运行有关工作的基地，配置客货运输设备及与列车运行有关的设备。铁路车站及其附属设备构成铁路网的节点。

车站根据所担负的任务量和政治经济地位，分为特等站和一等站、二等站、三等站、四等站、五等站。此外，还可以根据技术作业性质、业务性质来划分。

1. 根据技术作业性质划分

根据技术作业性质，车站分为中间站和技术站，技术站又分区段站和编组站。

1）中间站为沿线城乡人民生活及工农业生产服务，可提高铁路区段通过能力，保证行车安全。

2）区段站多设在中等城市和铁路网上牵引区段（机车交路）的起点或终点，主要任务是改编区段到发的车流，解体与编组区段列车和摘挂列车，为邻接的铁路区段供应机车，更换货运机车及乘务员，为无改编中转列车办理规定的技术作业，办理客、货运业务，对货物列车中的车辆进行技术检修和货运检查整理作业，设有接发列车、调车、机车整备和车辆检修等设备。区段站的作业和设备尽管在数量和规模上都不是最大的，但作业和设备的种类比较齐全。

3）编组站办理货物列车的接发、解体、编组等作业，配备相关的技术作业设备，作业和设备的数量及规模大。

2. 根据业务性质划分

根据业务性质，车站分为客运站、货运站和客货运站。

1）客运站主要办理旅客乘降及旅客列车的出发、到达业务，配备站前广场、售票厅、候车室、站台等客运设备及客车车底停留场等行车设备，还有办理行李包裹运输的专用设备。

2）货运站主要办理货物承运、装卸、保管与交付，以及货物列车到发、车辆取送等作业，是与其他运输方式衔接的地方。一般设在产生大量货流的地方，如大城市、港口、大型厂矿企业等。

3）客货运站同时办理旅客运输和货物运输，配备相应的客运和货运设备。

（二）车站运用效果指标

1. 旅客运输

相关计算公式为

$$日均旅客发送量=\frac{年发送旅客总量}{年日历天数} \tag{7-3}$$

$$日均旅客到达量=\frac{年到达旅客总量}{年日历天数} \tag{7-4}$$

$$旅客平均发送成本=\frac{旅客发送成本总额}{年发送旅客人数} \tag{7-5}$$

$$旅客平均到达成本=\frac{旅客到达成本总额}{年到达旅客人数} \tag{7-6}$$

2. 货物运输

相关计算公式为

$$日均货物发送量=\frac{年发送货物吨数}{年日历天数} \tag{7-7}$$

$$日均货物到达量=\frac{年到达货物吨数}{年日历天数} \tag{7-8}$$

$$货物平均发送成本=\frac{货物发送成本总额}{年发送货物吨数} \tag{7-9}$$

$$货物平均到达成本=\frac{货物到达成本总额}{年到达货物吨数} \tag{7-10}$$

$$日均装卸货物吨数=\frac{货物装卸总吨数}{年日历天数} \tag{7-11}$$

$$货物装卸线时间利用率=\frac{货位作业小时总数}{货位小时总数} \tag{7-12}$$

$$货物装卸线单位长度日均装卸货物吨数=\frac{日均货物装卸总量}{货物装卸线长度} \tag{7-13}$$

3. 技术作业

相关计算公式为

$$调车机车时间利用率=\frac{机车工作小时总数}{机车台小时数} \tag{7-14}$$

$$调车机车日均办理车数=\frac{日均办理车数}{调车机车台数} \tag{7-15}$$

$$机车取送车日均走行公里数=\frac{机车取送车日走行公里总数}{机车台数} \tag{7-16}$$

$$牵出线、驼峰时间利用率=\frac{日均作业小时数}{24} \tag{7-17}$$

$$有调车平均成本=\frac{有调车成本总额}{有调车总数} \tag{7-18}$$

$$无调车平均成本=\frac{无调车成本总额}{无调车总数} \tag{7-19}$$

（三）车站装卸机械运用指标

装卸机械用于将货物装到运载设备上或把货物从运载设备上卸下来。装卸作业虽然不产生货物的空间位移，但其是货物运输过程中的必要环节。

由于装卸作业对象不同，装卸机械有许多种。各车站根据办理货物的种类、数量来配备装卸机械的类型、型号和数量。

1. 装卸机械利用指标

（1）完好率

设备只有在完好状态下才能使用，才能产生效果。因此，完好率是考核装卸机械使用效率的重要指标。装卸机械完好率是指装卸设备完好台日与总台日的比值，反映车站配备的全部装卸设备的技术状况和水平，说明车站在进行运输生产活动时，装卸机械在时间利用方面可能达到的程度。

影响完好率的因素有很多，主要是设备本身所特有的技术性能，如装卸机械的使用寿命、坚固性和可靠性，使用者的操作技能，保养与维修的及时性和技术水平等。

（2）工作率

工作率是指装卸机械工作台日与总台日的比值。在完好率既定的条件下，工作率是提高装卸机械时间利用的前提，对生产效率有直接影响。

（3）时间利用系数

装卸机械的时间利用系数是指使用中的机械平均每天实际作业的小时数除以 24。装卸机械的时间分配包括使用时间和非使用时间两个部分。使用时间包括准备时间、作业时间和作业性停歇时间；非使用时间包括检查保养时间、待命时间和非作业性停歇时间。可以看出，只有缩短待命时间和非作业性停歇时间，才有可能提高装卸机械的时间利用系数。

2. 装卸机械的使用效率指标

装卸机械的使用效率最终表现为平均每台设备每天完成的装卸货物数量，以吨数（件数）表示为

$$\text{装卸机械的使用效率}=\frac{\text{日均装卸货物吨数（件数）}}{\text{装卸机械台数}} \tag{7-20}$$

不同货物、不同类型装卸机械的作业效率差异很大。当一个车站的装卸机械种类与数量和货物品类与数量确定后，装卸机械的作业效率主要与使用方法和操作技术水平有关。

3. 装卸成本指标

装卸成本指标是指每吨或每件货物平均一次装卸作业成本，为年装卸作业成本总额与装卸货物吨数（件数）的比值。

（四）车站仓储设备运用指标

铁路车站的仓储设备包括站台、仓库和雨棚，其功能是存放货物，并保证货物的安全。

按照在铁路运输中的作用，仓储设备分为两类：一类是用于货物在铁路与其他运输中转时的暂时存放，一般存放时间较短；另一类是用于货物的储存保管，一般存放时间较长。

仓储设备运用指标的相关计算公式为

$$\text{仓储设备使用率}=\frac{\text{日均使用面积}}{\text{总面积}} \tag{7-21}$$

或

$$\text{仓储设备使用率}=\frac{\text{日均存放货物吨数}}{\text{总面积}} \tag{7-22}$$

$$\text{单位仓储成本}=\frac{\text{年仓储成本总额}}{\text{年存放货物吨数}\times\text{年日历天数}} \tag{7-23}$$

$$\text{货物平均存放时间}=\frac{\sum(\text{货物吨数}\times\text{存放天数})}{\sum\text{货物吨数}} \tag{7-24}$$

三、机车车辆运用效果

（一）机车车辆概况

机车是铁路运输的动力，用于牵引或推送铁路车辆运行于铁路线上，本身不装载营业载荷。在陆地运输工具中，按运送每吨公里消耗燃料量计，机车消耗能源较少。在车站上，车辆的转线及货场取送车辆等调车作业也是由机车完成的。

机车按牵引动力分为内燃机车、电力机车等；按运用性质分为客运机车、货运机车、调车机车。客运机车要求速度高，货运机车需要牵引力大，调车机车主要在车站内或专用线上进行车辆的解体、编组、转线等调车作业，因而调车机车具有机动灵活的特点。

铁路车辆是运送旅客和货物的工具，除动车组列车中的带动力车辆外，一般没有动力装置，分为客车、货车等。在动车组列车中，带动力的车辆被称为动车，没有动力的车辆被称为拖车。

1. 客车

铁路客车是指载运旅客的车辆、为旅客提供服务的车辆和挂运在旅客列车中的具有其他用途的车辆。铁路客车分为旅客运送、旅客服务和特殊用途 3 类。根据车内设备和服务又分为硬座车、软座车、硬卧车、软卧车、行李车、餐车、二等座车、一等座车、特等座车、商务座车等。高速铁路客车分为动车组旅客列车（200～250km/h）、高速动车组旅客列车（300～350km/h）等。

2. 货车

铁路上用于载运货物的车辆统称为货车。货车按其用途不同，可分为通用货车和专用货车。通用货车是装运普通货物的车辆，货物类型不固定，也无特殊要求，其在铁路货车中所占比重较大，一般有敞车、平车、棚车等。专用货车是指专门运送某些种类货物的车辆，用途比较单一，同一种车辆要求装载的货物质量或外形尺寸比较统一。专用货车一般有罐车、冷藏车、长大货物车、集装箱专用平车、水泥车、小汽车专用车、矿石车等。

【思政小课堂】

我国铁路现有移动设备情况

根据《2022 年铁道统计公报》，2022 年我国铁路现有移动设备情况如下：全国铁路机车拥有量为 2.21 万台，其中，内燃机车 0.78 万台，电力机车 1.42 万台；客车拥有量为 7.7 万辆，其中，动车组 4194 标准组、33 554 辆；全国铁路货车拥有量为 99.7 万辆；国家铁路机车拥有量为 2.13 万台，其中，内燃机车 0.74 万台，电力机车 1.39 万台。国家铁路客车拥有量为 7.5 万辆，其中，动车组 4048 标准组、32 380 辆；国家铁路货车拥有量为 91.0 万辆。

回顾百年历史，在中国早期铁路兴建中，用于铁路牵引的蒸汽机车，或从国外整机购买，或从国外购买零部件在国内组装。直到 1949 年，中国可统计的 4069 台机车分别来自

9 个国家的 30 多家工厂，机车型号多达 198 种，被称为“万国机车博物馆”。中华人民共和国成立后，在中国共产党的正确领导下，中国铁路奋起直追，经过一大批产业工人的艰苦努力，1958 年我国国产的第一台内燃机车、电力机车相继诞生。如今，飞驰在祖国广袤大地上的“复兴号”动车组则由我国自主研发，并具有完全知识产权。

从蒸汽机车到内燃机车，从电力机车到动车组，我国的铁路交通飞速发展，机车工业也实现了从无到有、由落后到赶超的跨越，直至今天全面领先世界潮流，为中国经济的快速发展打下坚实的基础。

（资料来源：根据网络资料整理改编。）

（二）机车车辆运用指标

提高运载设备的运用效率是有效运用全部运输设备、增加运输能力的重要环节，可以在现有运输资源条件下最大限度地满足社会对运输的需求，或者以尽可能少的资源投入来满足一定量的运输需求，还可以节省人和货物花费在运输上的时间，并降低运输企业的成本，使运输企业提高经济效益。

从资产运用的角度看，提高运载设备的运用效率就是提高资产效率。少投入，可以提高资产报酬率；多产出，可以提高资产产出率，从而提高资产周转率。

1. 加速货车周转

加速货车周转的经济效果主要表现为充分利用既有运用车，超额完成运输任务，相对减少货车的需要量及其投资，减少货车修理等运营支出，降低运输成本。加速货车周转还可以产生加速货物送达和减少在途货物占用流动资金的效果。

影响货车周转时间的主要因素如下。

1）全周转距离。车辆全周转距离包括重车周转距离和空车周转距离，反映货物平均运程的影响，主要受生产区和消费区配置情况的影响，即货流的地区分布和运输联系的影响，也受车辆调整工作质量的影响。

2）旅行速度。车辆纯运行时间，除受全周转距离的影响，还受技术速度的影响。车辆在途旅行时间要考虑旅行速度的影响。旅行速度取决于牵引机车的类型和构造、复线比重、运行图的类型与饱和程度、机车乘务组的熟练程度等因素。

3）作业与中转停留时间。车辆的作业与中转停留时间取决于车辆货物作业停留时间、在技术站（进行改编的和不进行改编的）中转停留时间，以及车辆进行改编的技术站与不进行改编的技术站在数量上的比例。

2. 提高机车日产量

机车运用效率的高低主要从时间和牵引能力的利用两个方面来反映。机车日车公里、机车全周转时间，主要从时间方面反映机车的运用效率；列车总重和机车牵引力利用率反映牵引力的利用方面。机车日产量则可以综合反映这两个方面。因为机车周转的快慢、牵引力利用程度的高低，最终同时表现在每台机车每天所能完成的总重吨公里上。因此，机车日产量是最充分地反映机车运用效率的综合性指标。

机车运用效率不仅取决于机务部门的工作，而且与其他部门的工作密切相关。因此，机车日产量指标既综合反映了机车的运用效率，又在一定程度上反映了整个铁路运营工作的水平。

机车日产量与需要的机车台数有很大关系。机车日产量越大，为完成同样的总重吨公里，需要的机车台数越少，或者利用相同数量的机车，可以完成更多的总重吨公里。在空率和货车自重系数一定的条件下，总重吨公里越多，表示完成的货物吨公里越多。因此，机车日产量越大，用同样数量的机车可以完成的货物周转量越多。

因此，提高列车平均总重和旅行速度，合理延长机车交路，提高机车日车公里，加速机车周转，降低机车辅助走行率，使机车工作时间与乘务组工作时间协调配合、列车到发与机车周转紧密结合，是改善机车运用的重要途径。提高机车日产量，意味着可以用较少的机车完成既定的货物周转量，可以加速车辆周转和货物送达，节省机车车辆的需要量及其投资数，节约与机车、列车运行相关的运营费用。

3. 与铁路列车有关的指标

（1）列车总重

列车平均总重包括货物（旅客及行李、包裹）的质量和车辆自身的质量两个部分。列车平均总重的计算公式为

$$Q_{总} = \frac{\sum QS_{总}}{\sum MS_{列}} \tag{7-25}$$

式中，$Q_{总}$ 为列车平均总重，t；$\sum QS_{总} = \sum HL_{运} + \sum PS_{自} = \sum HL(1+\alpha_{差}) + \sum PS_{自}$，为计算期内总重吨公里数，其中，$\sum HL_{运}$ 为计算期内运行吨公里数，$\sum PS_{自}$ 为计算期内运用车自重公里数，$\sum HL$ 为计算期内计费吨公里数，$\alpha_{差} = \dfrac{\sum HL_{运} - \sum HL}{\sum HL}$，为运行吨公里与计费吨公里数的差额系数；$\sum MS_{列}$ 为计算期内列车公里总数，$\sum MS_{列} = \sum_{i=1}^{n} MS_i$，$n$ 为开行列车总数。

（2）列车公里

列车公里是指一定时期内，全路或某个铁路局开行的全部列车的运行公里数。

（3）列车平均载重

列车平均载重是指平均每列货物列车装载的货物吨数。列车平均载重的计算公式为

$$\sum QS = \frac{\sum HL_{运}}{\sum MS_{列}} \tag{7-26}$$

4. 与货车中转有关的指标

（1）中转距离

中转距离是指货车每中转一次平均运行的距离。中转距离主要由铁路网的分布决定。

（2）一次中转作业时间

铁路货车中转包括无调中转和有调中转两种。无调中转作业时间包括货物列车的到达、列检、出发等作业时间，其中含等待时间；有调中转作业除包括无调中转车的作业外，还包括车列的解体、集结、编组等作业。

5. 货车、机车日产量

$$\begin{aligned}\text{货车日产量}&=\text{运用货车动载重}\times\text{货车日车公里}\\&=\frac{\text{运行吨公里}}{\text{运用车公里}}\times\text{货车日车公里}\\&=\frac{\text{重车动载重}}{1+\text{空车走行率}}\times\text{货车日车公里}\end{aligned}\tag{7-27}$$

式中，空车走行率简称空率，是货车在一次周转中空车运行距离（简称空周距）与重车运行距离（简称重周距）的比率，或者说是每一重车公里平均分摊的空车公里数，即空率 $=\frac{\text{空周距}}{\text{重周距}}\times100\%$。

$$\text{机车日产量}=\frac{\text{货物总重吨公里}}{\text{列车机车运用台数}\times\text{年日历数}}\tag{7-28}$$

或

$$\text{机车日产量}=\frac{\text{列车总重}\times\text{机车日车公里}\times\text{调整系数}}{1+\text{单机率}+\text{重联率}}\tag{7-29}$$

6. 一次货物作业平均停留时间

一次货物作业平均停留时间是指运载设备在一定时期内平均进行一次装（或卸）货作业所花费的时间。

7. 机车运用台数

机车运用台数的计算公式为

$$\text{机车运用台数}=\frac{\text{列车公里}}{\text{机车日车公里}}\times(1+\text{机车辅助走行率})\tag{7-30}$$

8. 货车运用车数

（1）货车生产率法

运用货车生产率法计算货车运用车数的计算公式为

$$\text{货车运用车数}=\frac{\text{年计划运行吨公里}}{\text{计划货车日产量}\times\text{年日历数}}\tag{7-31}$$

（2）货车日车公里法

运用货车日车公里法计算货车运用车数的计算公式为

$$货车运用车数=\frac{年计划货车走行公里}{计划货车日车公里\times年日历数} \tag{7-32}$$

（3）车辆周转时间法

运用车辆周转时间法计算货车运用车数的计算公式为

$$货车运用车数=日均工作量\times货车周转时间 \tag{7-33}$$

9. 铁路旅客列车车底周转时间

旅客列车车底周转时间的计算公式为

$$\theta_{客}=\frac{\dfrac{2L_{客}}{V_{旅}}+T_{配}+T_{折}}{24} \tag{7-34}$$

式中，$\theta_{客}$ 为旅客列车车底周转时间，d；$L_{客}$ 为旅客列车运行区间距离，km；$V_{旅}$ 为旅客列车旅行速度，km/h，运行时间中包括沿途车站停留时间；$T_{配}$ 为车底在配属站停留时间，h；$T_{折}$ 为车底在折返站停留时间，h。

10. 铁路客车运用车底数及车数

（1）某对旅客列车运用车底数

某对旅客列车运用车底数的计算公式为

$$某对旅客列车运用车底数=每天开行该对列车次数\times车底周转时间 \tag{7-35}$$

（2）某次旅客列车运用车数

某次旅客列车运用车数的计算公式为

$$某次旅客列车运用车数=运用车底数\times车底编成辆数 \tag{7-36}$$

（3）铁路客车运用车数

铁路客车运用车数的计算公式为

$$铁路客车运用车数=\sum某次旅客列车运用车数 \tag{7-37}$$

第二节 铁路运价

从经济学的角度来看，铁路运价是其价值的货币表现，是铁路运输部门从事客货运输生产所消耗的人力、物力，反映铁路运输生产活动所耗费的社会必要劳动时间。铁路运价是铁路运输企业对运送旅客、行李、邮件、货物等向旅客或托运人收取的各项费用。

合理的铁路运价使铁路运输经营者获得收入，用以维持和扩大再生产，保持铁路运输部门与其他部门间的收入分配平衡，并且调节铁路行业与其他行业间的资源配置。此外，铁路运价还影响生产力的布局。

一、铁路运价的意义、功能及特点

（一）铁路运价的意义

铁路运价关系到国民经济的发展和人民生活，也关系到铁路运输业的发展。

1）铁路运价与工农业产品价格的比例关系到工农业产品的成本和价格。以货物运输为例，货主向铁路运输企业支付的运输费用，是工农业产品价格的一部分，有的产品价格中运输成本所占的比重较大。因此，铁路运价的高低影响工农业产品的销售价格的高低。

2）铁路运价与其他运输方式价格的比例关系到旅客和货主对运输方式的选择，影响各种运输方式的合理分工和平衡发展。价格比例合理，能促进各种运输方式的合理发展，为建成综合运输体系起到积极的作用；反之，会使运输业畸形发展，使运价偏低的运输方式供给紧张，不利于综合运输体系的构建。

3）铁路运价还关系到铁路运输行业本身的发展。运价在很大程度上决定铁路运输企业的收入。铁路运输收入一部分用于铁路运输业的简单再生产，另一部分用于扩大再生产。用于铁路运输业的简单再生产的收入包括支付给铁路运输职工的劳动报酬，这部分收入的多少对职工劳动积极性的发挥影响很大，影响着铁路行业吸引人才的竞争力；用于扩大再生产的收入决定铁路的自身发展能力，在我国铁路供给不足的情况下尤为重要。

（二）铁路运价的功能

铁路运价在运输资源分配、社会收入再分配、刺激铁路运输企业提高管理水平等方面发挥着重要功能。

1. 运输资源分配的功能

1）铁路运价决定铁路运输业与其他行业之间的收入分配。目前，我国铁路运输供给尚不充足，运价的提高意味着铁路运输行业收入的提高，资金由铁路运输消费者转移至铁路运输供给者。在此情况下，运价在很大程度上决定了社会资源在铁路运输行业与其他行业之间的分配比例。

2）铁路运价对运输业内部起着收入分配的职能。在其他运输方式价格一定的条件下，铁路运价的高低调节着运输需求在不同运输方式间的分配，进而调节运输资源在不同运输方式间的分配。这种收入分配功能决定了铁路在整个运输体系中的作用及其发展速度。

2. 社会收入再分配的功能

社会收入再分配是指运价对铁路运输需求者之间收入分配的调节作用。铁路运输消费者用社会收入初次分配获得的收入购买铁路运输服务，铁路运价的高低决定着社会财富再分配中流向铁路部门的资金量。另外，铁路运输部门对不同需求者提供差别化的服务、收取不同的运费，在一定程度上对运输需求者起着收入再分配的作用。

3. 刺激铁路运输企业提高管理水平的功能

在自由竞争状态下，由于运价的需求弹性较大，铁路运输企业在运输市场上受到运价下降的压力。为了生存，铁路运输企业不得不通过提高管理水平来降低成本，在保证一定盈利水平的前提下，以较低的价格在市场竞争中争取较大的市场份额。

（三）铁路运价的特点

铁路运价是铁路运输经营者为提供铁路运输服务所收取的费用，其是以铁路运输成本和价值为基础的。

一般来说，运价变动的趋势大体上是与铁路运输成本变动的趋势相一致的，铁路运输成本的升高将导致运价的提高。但在许多情况下，铁路运价的动态与铁路运输成本的动态会不一致。一方面，因为成本在不断变化，运价必须保持相对稳定；另一方面，运价的形成除取决于铁路运输成本这个主要因素外，还取决于铁路运输市场供求关系的变化和其他经济及政治因素。

铁路运价具有不同于其他商品价格的特点，这是由铁路运输业的特殊性所决定的。铁路运价的主要特点如下。

1. 成本构成中没有物化劳动的转移

铁路运输生产不生产新的有形物质产品，只完成旅客和货物空间位置的变化，这种位置变化既不改变铁路运输对象的形态、化学成分，也不改变其数量。因此，铁路运输生产虽有物资消耗，但产品中没有物化劳动的转移。

2. 成本构成中折旧费所占比重较大

铁路运输生产依赖大量的线路、车站和移动设备及其配属的其他设备，属于资金密集型行业。固定资产的损耗和补充是铁路运输成本的重要构成部分。

3. 成本构成中能源支出所占比重较大

铁路运输中的能源消耗主要是用于机车运行的燃料、电力，装卸设备的燃料，以及生产照明的消耗。

4. 铁路运价只有销售价格一种形式

铁路运输生产过程也是消费过程，因此铁路运价只有销售价格一种形式。

5. 铁路运价与运输距离相关

在不同运输距离的条件下，铁路移动设备的使用效率不同，因此铁路运输单位产品——人公里或吨公里的成本也不同。铁路运输收费依据旅客人数/货物质量、距离两个因素，以每人公里或每吨公里收取若干元表示，称为人公里运价率或吨公里运价率。

6. 铁路运价与时间有密切关系

运输是生产在流通领域的继续，其提供的不仅是空间位移，还伴随运输速度和具体时间点两个时间方面的问题。同样的人或货物的运输，因空间位移的速度不同，其运输成本和消费者的受益情况有所不同；因出发、到达的时间点不同，消费者的方便程度、受益大小也不同。

7. 铁路运价随运输方向而变化

客、货流的构成和在方向上的不均衡，所使用移动设备的类型及其载重能力利用程度，货物运送速度、发送批量、运送方式和运送条件，以及运输路径、自然条件等因素，都会造成铁路运输成本不同。

需求在方向上的不平衡会引起铁路运输成本在两个方向上进行分配的问题，需求大的运输方向价格中包含运输工具返程空驶的费用，即运载工具往返的费用需要由两个方向运输的旅客和货物来平均承担。

8. 铁路运价种类繁多

铁路运价种类繁多，结构复杂。不同的货物种类、数量，不同的旅客席别，采用不同的运输组织方式，对应不同的运输成本，相应有不同的运价。

9. 铁路运输产品价值的表现形式特殊

铁路运输的物品若用于生活消费，则其价值随铁路运输过程的终止而消失；若用于生产消费，则其价值会追加到商品的价值中。

二、铁路运价的构成

铁路运输价值分为两大部分：①过去劳动创造的价值，即铁路运输生产消耗的设备、工具、燃料、材料和油脂等生产资料的价值，也称为转移价值；②劳动者在生产过程中所创造的价值，包括劳动者为自己创造的价值（工资）和劳动者为社会创造的价值（盈利）两个部分。

铁路运价作为铁路运输价值的货币表现，其构成与铁路运输价值的构成对应。转移价值和工资形成铁路运输成本，盈利为上缴国家的税金和企业利润。制定铁路运价，需要确定两个方面：一是正确核算铁路运输成本；二是合理确定铁路运输企业的盈利水平。

在理论上，铁路运输成本是指整个铁路行业的平均成本，不是某个铁路运输企业的成本；铁路部门的税金由国家决定；企业利润以利润率表示，应该是全国各行业的平均利润率。

铁路运输生产资料的价格变动会直接影响铁路运输成本，不反映铁路运输企业工作的好坏，只是盈利在不同部门间的重新分配，但这种变动将影响铁路运输部门的利益。例如，燃料价格上涨势必会引起铁路运输成本的相应升高，如果运价不变，就意味着铁路运输企业利润的降低，这样不利于铁路运输部门的发展，也不利于调动铁路运输企业的生产积极性。因此，铁路运价与生产资料的价格间有必要建立联动机制。

由于铁路运价的变动对社会各行业产品成本与价格的影响很大，铁路运价的调整应十分谨慎，往往要考虑成本以外的其他因素。

关于利润率，经济学界提出按社会平均工资盈利率、社会平均成本盈利率、社会平均资本金盈利率和综合盈利率来确定盈利和价格的 4 种计算方法。

1. 按社会平均工资盈利率确定盈利和价格

若设社会工资总额为$\sum V$、盈利总额为$\sum M$，则社会平均工资盈利率为$\dfrac{\sum M}{\sum V}$。若生产某产品的部门平均物质消耗为 C，平均工资为 V，则平均成本为 $C+V$。按社会平均工资盈利率计算，该生产部门平均盈利额为$V\times\dfrac{\sum M}{\sum V}$。该产品价格的计算公式为

$$产品价格=C+V+V\times\frac{\sum M}{\sum V} \tag{7-38}$$

这种计算方法是以各部门的劳动报酬大体符合按劳分配原则为前提的，即各部门的平均劳动报酬水平大体与该部门的劳动复杂程度相适应。这种计算方法符合活劳动创造剩余价值的经济原理。依照这种计算方法，工资越多，按照社会平均工资盈利率确定的盈利额也越多。

这种计算方法的问题是资金有机构成低、手工劳动比重大的部门处于有利地位，而资金有机构成高的部门处于不利地位。新兴部门机械化程度很高，需要大量投资，而盈利水平并不高；反之，技术落后甚至基本上还是手工生产的部门盈利水平高。这样不利于鼓励发展那些国民经济十分需要而又要求进行大量投资的部门，不利于对落后部门进行技术改造，不利于提高劳动生产率。

2. 按社会平均成本盈利率确定盈利和价格

若设社会总成本为$\sum(C+V)$，盈利总额为$\sum M$，则社会平均成本盈利率为$\dfrac{\sum M}{\sum(C+V)}$。若生产某种产品的部门平均成本为 $C+V$，按社会平均成本盈利率计算，则该生产部门平均盈利额为$(C+V)\times\dfrac{\sum M}{\sum(C+V)}$。该产品价格的计算公式为

$$产品价格=C+V+(C+V)\times\frac{\sum M}{\sum(C+V)} \tag{7-39}$$

这种计算方法的最大优点是简便易行，因为任何产品都比较容易取得其成本资料，作为制定价格的依据。但按这种方法定价也有不足之处，主要表现在以下 3 个方面。

1）理论上不科学。因为按成本盈利率定价，意味着原材料、外购零配件在成本中所占比重越大，盈利也越多，使用原材料少、消耗活劳动多、资金占用少的部门则处于不利地位。因此造成只要成本一样，盈利就一样，付出活劳动少、占用资金也少的生产部门，同付出大量活劳动和垫支大量资金的生产部门获得同样盈利的不合理现象，同时不利于鼓励企业降低成本。

2）没有考虑资金占用情况，不利于需要大量投资行业的发展。

3）不利于专业化协作的发展，造成盈利的重复计算。

在铁路运输业的成本项目中，因为没有原材料、零配件转移费用，所以按社会平均成本盈利率定价对于铁路运输企业是不利的。

3. 按社会平均资本金盈利率确定盈利和价格

若设社会总资本金为$\sum H$，盈利总额为$\sum M$，则社会平均资本金盈利率为$\dfrac{\sum M}{\sum H}$。若某种产品在生产中平均占用的资金为 H，按社会平均资本金盈利率计算，则该生产部门平均盈利额为$H\times\dfrac{\sum M}{\sum H}$。该产品价格的计算公式为

$$\text{产品价格}=C+V+H\times\frac{\sum M}{\sum H} \tag{7-40}$$

这种计算方法可以使资金有机构成高、资金占用量大的部门得到较高的盈利，有利于鼓励企业和部门采用先进技术和设备。这种定价方法的理论依据是社会生产力发展到一定程度，则产生平均利润和生产价格，这时商品也是资本的交换，等量的资金应该获得等量的盈利。在市场经济条件下，生产价格已开始形成，客观上要求按生产价格的原则来制定各类产品的价格。

按这种方法定价，有利于企业的技术改造、专业化协作的发展，对铁路运输这样占用大量资金的行业发展是比较有利的。但是这种定价方法也有不足之处，如不利于劳动密集型产业的发展。若占用的资金少，则盈利额小，按人均计算的盈利额也小，会造成苦乐不均的现象。另外，这种定价方法在计算上还存在一定困难，不容易计算各类产品占用的资金量。

4. 按综合盈利率确定盈利和价格

这是从上述 3 种计算方法派生出来的一种计算方法，即根据一定的比例分别按社会平均工资盈利率和社会平均资本金盈利率确定价格。

综合盈利率是以工资盈利率和资本金盈利率为基础组合的，也可以以成本盈利率参与组合。这取决于生产部门的类型，有的生产部门适用于工资盈利率和资本金盈利率组合，有的生产部门适用于成本盈利率和工资盈利率组合，或者 3 种盈利率都参与组合。如果以工资盈利率和资本金盈利率为基础组合，就兼顾了劳动者和生产资料在生产中的作用，此计算方法在理论上具有一定的合理性，但在实践中很少采用，问题是要合理确定组合比例十分困难。

综上所述，铁路运价的制定是一项复杂的工作，除了考虑以上因素，还必须考虑运价本身的特点、铁路运输市场的供求关系、自然条件、历史因素、社会因素及其他政策性因素，甚至国际市场价格等的影响。

考虑定价问题时需要注意的是，定价是一种资源配置的方法，不存在所谓正确的价格，只有可以实现预期目标的定价策略。

三、铁路运价制定理论

制定铁路运价，不仅关系铁路系统的自身经营和发展，还涉及铁路系统与国民经济其他部门间的协调发展。因此，不仅需要从不同角度考虑铁路系统的成本、效益，还需要考虑铁路系统与社会效益间的利益关系及社会发展需要。

（一）供需均衡定价理论

根据经济学中的效率原则，对某一产品或服务愿意支付最高价格的人可以享有消费的优先权。在市场经济中，价格决定生产哪些产品或服务，以及由谁来消费这些产品或服务。铁路运输也要遵循该原则。

西方经济学认为，在市场经济条件下，需求和供给决定市场价格。因此，在西方国家的运输产品定价中，把需求因素放在非常重要的地位。

运输产品的需求价格是指货主对于运输一定数量的货物所愿意支付的运价，是由运输这一数量的货物对于货主的边际效用决定的。效用是指消费者从消费商品中获得的满足程度，即满足消费者欲望的功效，是人们需要的一切商品所共有的一种特性。人们对于商品的需求数量增加，总效用也增加，但总效用按递减的比率增加，即边际效用是递减的。这个边际效用决定了需求价格。运输需求价格由于边际效用递减规律的作用，随着运量增加而递减，即对于货主来说，当货主运送货物越多，在其他条件不变时，其对每次多运的货物而愿意支付的运费越低。运输需求量与运价呈反比例关系，即运价越低，运输需求量越大；运价越高，运输需求量越小。这一规律也称为需求规律，反映在运输需求曲线 D 上，如图 7-2 所示。图中的运输需求曲线反映了运价与运输需求的反向变动关系。

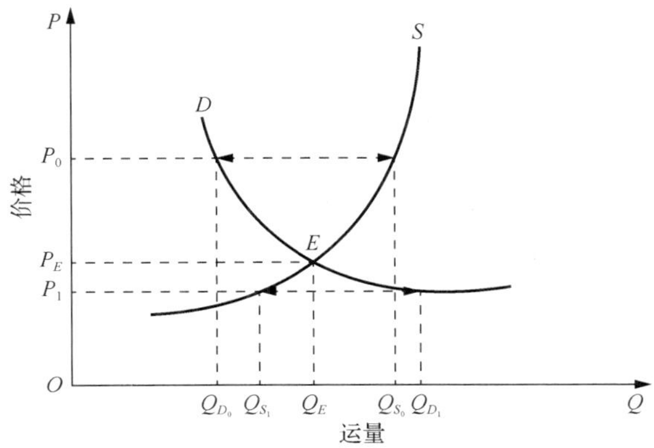

图 7-2　均衡价格的形成

运输产品的供给价格是指提供一定运输服务的运输供给者愿意接受的价格，由运输服务中所付出的边际生产费用决定。运输产品的边际生产费用就是运输产品的供给价格。运输的供给量随着运价的提高而增加，随着运价的下降而减少，这就是边际报酬递减规律作用的结果。因为在边际报酬递减条件下，若要增加运输供给，就必须付出更大的成本使运价上升。图 7-2 中的 S 是运输供给曲线，表明运价与运输供给呈正比关系。对于运输企业来说，短期内的运输设备及运输能力增长有限，只能通过内部挖潜来增加供给，而这种增长是有限的。从长期来看，运输企业可根据需求调节运输供给，通过新建、扩建运输线路，增加运输设备，来提高运输供给，即长期内的供给弹性较短期内的大。

均衡价格是由市场供求关系决定的，其必要条件是市场必须是完全竞争市场。完全竞争市场须符合下列条件。

1）市场上有大量的买者和卖者，任何一个买者或卖者都不单独影响这种商品的价格，该商品的市场价格是由整个市场的供求决定的。

2）同一产品都是同质的。

3）各种生产要素可以自由流动，厂商可以自由进入或退出某一行业。

4）市场信息完全是通畅的。

在完全竞争市场条件下，运输市场上运输商品的均衡价格由运输需求和运输供给同时决定。在图 7-2 中，需求曲线 D 和供给曲线 S 交于 E 点，供求双方达成平衡，此时对应的价格为 P_E、运量为 Q_E，若这种均衡是稳定的，那么当市场背离这种状态时，通过市场的力量就会自动恢复均衡并保持均衡的趋势。在图 7-2 中，若铁路运输业者把运价定为 P_0，在较高的运价水平下，运输供给虽上升至 Q_{S_0}，但运输需求会减少至 Q_{D_0}，造成铁路运输市场上供过于求，这必然使价格下跌；若运价在 P_1 水平，由于运输供给减少至 Q_{S_1}，而运输需求增至 Q_{D_1}，又会造成运输市场供不应求，从而引起运价上升，促使运输企业提高运输能力，使供给价格和需求价格不断接近；当供给价格等于需求价格时，供需达到平衡，又形成均衡的运价。

在一个市场中，如果没有外来因素的干扰，一切处于竞争状态，那么需求与供给相互作用的结果将达到一个市场均衡，此时需求量正好等于供给量，需求曲线与供给曲线相交，交点价格即均衡价格。实际上，由于各种因素的存在，如政府的干预、垄断的存在、短缺在近期内无法解决等，供需不可能达到永久平衡，多数时候是围绕均衡价格上下波动的，当价格偏离均衡价格太远时，就会出现剩余或短缺。

（二）平均成本定价理论

从静态来看，平均成本定价理论是指在运量一定的情况下，运价总收入必须足以支付运输生产的一切开支，并能提供足以吸引投资的必要利润。平均成本是指行业平均成本，因此平均运输成本是运价的最低限。从动态来看，平均成本定价理论是根据单位产品平均成本的变化，确定在不同运输量条件下的产品价格。在成本构成中，单位运量变动成本（C_V）、固定成本（F），在一定时间、一定生产技术组织条件下，不随运量变化，单位产品平均固定成本$\left(\dfrac{F}{Q}\right)$随运量的增加呈下降趋势，如图 7-3 所示。

根据平均成本曲线，即可求出计划期一定运量条件下的产品平均成本，在此基础上加上预计利润即可确定价格。计算公式为

$$P_S = \frac{F}{Q} + C_V + r \tag{7-41}$$

式中，P_S 为按平均成本确定的单位运价；F 为固定成本；Q 为运量；C_V 为单位运量变动成本；r 为单位运量合理利润。

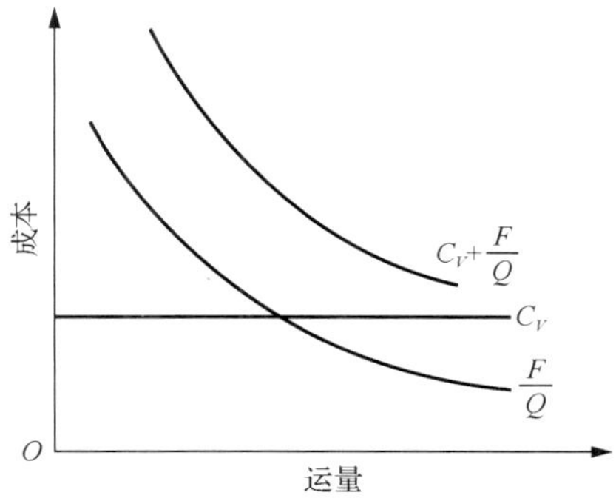

图 7-3 平均成本曲线图

平均成本定价理论适用于竞争不太激烈、运输市场不太活跃、货源比较稳定的运输线路或运输方式，是我国目前普遍采用的定价理论。

该理论的优点是考虑了运输业的劳动消耗，特别是考虑了物化劳动和活劳动的价值，简单易行。该理论的缺点包括以下 3 个方面。

1）没有考虑运输市场的供求关系与运价的相互影响，无法使运价趋近运输价值。

2）没有考虑运输生产的特点。运输基础设施一旦建成，运输供给的增长就需要较长时间，并且是跳跃式增长的，而运输需求的增长往往是不间断地逐渐增长的，供给和需求有一个时间差，不是超前就是落后，供给和需求绝对一致的情况只是一个短暂的时间。这一特点决定了按平均成本定价不能完全反映运输生产的实际消耗。当运输供给超前（落后）需求时，平均成本低（高）于实际成本。

3）没有考虑成本的差异和同等经营管理水平下收益的高低。运输企业的实际成本除受配件材料、燃料价格、职工工资水平和企业经营管理的影响外，还受线路技术条件、地理环境、线路附近工农业发展状况、资源情况等的影响。因此，成本在各个地区、各条线路有很大差异，这些差异不是企业经营管理造成的，按平均成本定价，必然使各条线路、各个地区铁路运输盈利高低不等，在多种运输方式存在的情况下，必然使运力向低成本高收益线路集中，而使高成本低收益甚至亏损的线路运输趋向萎缩。

（三）边际成本定价理论

边际成本是指增加单位运量而引起的总成本的增加量，其是总成本对运量的导数。

边际成本定价又称为边际贡献定价，可在追求经济效率时采用。计算公式为

$$P_m = \frac{\mathrm{d}T_C}{\mathrm{d}Q} \tag{7-42}$$

式中，P_m 为按边际成本确定的单位运价；T_C 为运输总成本；Q 为总运输量。

在生产规模不变（固定成本不变）时，边际成本实际上是所增加的可变成本。边际成本随运量的变化而变化，其与平均成本的关系如图 7-4 所示。

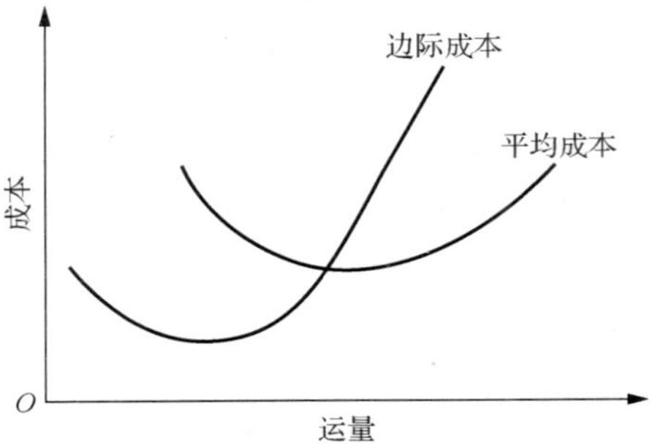

图 7-4 平均成本与边际成本的关系图

边际成本定价理论适用于铁路运输的特点。对于运力过剩、需求不足的线路，如新建铁路线，在通车之初往往达不到设计运量，能力有较大富余，此时平均成本很高，边际成本却很低（图 7-4）。若按平均成本定价，则一方面会抑制铁路运输需求，制约经济发展；另一方面，铁路运输设备闲置会造成资源浪费。若以较低的边际成本定价，则可以充分挖掘现有需求，既可以提高设备利用率，又可以为社会节省运费，促进经济的发展。

为了实现资源的有效利用，价格应该等于所提供产品或服务的机会成本，这一原理也适用于铁路运价，只有运价等于提供铁路运输服务的机会成本，社会为该服务付出的资源数量才是合理的。因此，使铁路运输活动经济效率最大化的定价原则之一，是运价等于短期边际成本。同时，使社会福利最大化还必须满足另一个条件，即总的支付意愿大于或等于所用资源的机会成本。

在运力供过于求、市场竞争激烈的情况下，采用边际成本定价，能及时通过调整预期边际收益来调整铁路运价，以便维持经营，保住市场占有率。对于货源充足、运力不足的线路，由于固定生产要素制约生产规模，当运量超过最优的定量水平时，边际成本就会迅速增加，远超平均成本（图 7-4），这时按边际成本定价，就可以限制运量的增长，缓解运力紧张的局面，迫使货源向其他线路或运输方式转移，使铁路运输布局趋于合理，并促使各运输方式在其可替代的线路上逐渐形成合理的比价关系。因为增加运量必须追加投资，固定成本必然上升，所以按单位运量总成本的增加量来定价，既考虑了实际成本，又考虑了长期供求状况，还可以满足分线、分地区制定运价的要求，从而避免按平均成本定价的弊端。

边际成本定价也存在缺陷。由于边际成本只考虑成本的边际变动状况，不考虑总成本的状况，当边际成本长期小于平均成本时，就会造成铁路运输企业的亏损，阻碍铁路运输企业扩大再生产的顺利进行。

社会福利在价格等于边际成本时达到最大。因此，边际成本定价是福利经济学家主张的定价观点，把价格看作资源配置的方法，用以使社会福利最大化，而不是使供应者的经济效益最大化。

传统的经济理论假设厂商的目标是使利润最大化，为了达到利润最大化的优化价格，可能不同于使社会福利最大化或保证最高的销售收入所需要的价格。这时，利润最大化的价格将导致收费超过边际成本和平均成本。

（四）效用定价理论

铁路运输的效用是把旅客或货物由一地运到另一地所产生的经济效果。人的空间位移的经济效果，因其出行目的不同而有很大差异，不易用一个具体数字度量。货物空间位移的经济效果，可以用所运商品在两地间的价格差减去运输费用后的差额表示，这一差额反映了铁路运输服务为托运人创造的经济价值。商品在两地间的价格差是托运人为获得铁路运输服务而愿意支付的最高价格，若收费超出此限额，货主就不再运输货物。

经济理论界对铁路运输价值的理解存在不同。一种观点认为，铁路运输价值是在托运人愿意运输货物的情况下，能够收取的最高运费，或者在铁路运输该产品和不运输该产品这两种状态下，托运人将得到的净收入的差额，铁路运输价值的大小反映了托运人对运价的承受能力，与运输成本无关。另一种观点认为，铁路运输价值就是铁路运输生产过程中消耗的社会必要劳动时间，运价反映的是运输成本和运输企业应获得的利润，与货主获益多少无关。在现实中，托运人考虑的是前者。

（五）按负担能力定价理论

按负担能力定价根据人或货物的承受能力收取运输费用，以对铁路运输的需求而不是以铁路运输成本为基础。

对按负担能力定价有以下两种解释。

1）每种货物对运价的负担能力不同，货物运价应该根据货物对运价的负担能力来确定。有的货物可负担的费用高一些，如黄金，自身价值高，对运价的负担能力大，运价高低对其市场价格影响不大；而煤炭、粮食等产品的价值低，对运价的负担能力比较小，运价的高低对其市场价格影响较大。因此，货物运价应根据货物对运价的负担能力来确定。旅客运输中不同收入阶层、不同出行目的的人对运价的负担能力也不一样，同样可以收取不同的费用。

2）对每种货物要考虑其运量情况，对运量少、价值高的货物收取能提供尽可能多的固定费用的运价。例如，在图 7-5 中，DD' 代表某货物的需求曲线，CC' 为单位变动成本线，如运价定为 OR_1，总收入为面积 $OR_1P_1Q_1$，提供的变动成本为 OCA_1Q_1，提供的固定成本为 $CR_1P_1A_1$；如果制定低运价 OR_3，则提供的固定成本为 $CR_3P_3A_3$。但在两者之间，当运价为 OR_2 时，提供的固定成本最多，为 $CR_2P_2A_2$，运价定于此处，最为有利。

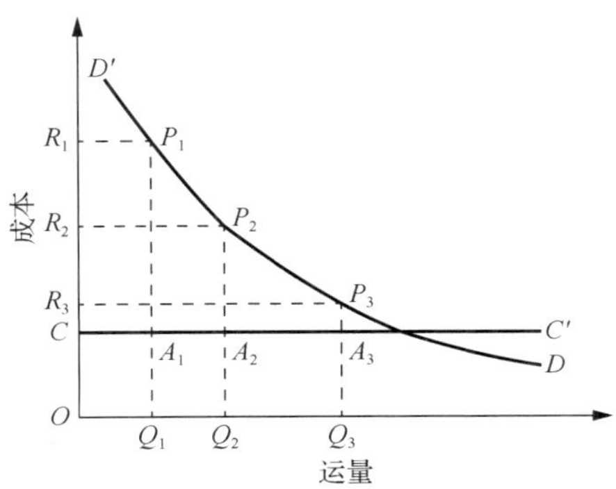

图 7-5　按负担能力定价原理图

以上两种解释基本相同，后者对前者做了详细解释，但含义不如前者明确。因此，只有把二者结合起来才能把问题描述清楚。之所以贵重货物能负担更多的运费，是因为除了不影响市场价格，主要是多收贵重货物的固定费用，这样既对铁路运输企业有利，又能为货主所接受。

负担能力定价法实质上是一种价格歧视的方法，当平均成本定价法不合适、边际成本定价法又需要补充时使用，收取使用者愿意负担的费用，使运价可以补充边际成本，或者试图确定每个消费者（群体）愿意为铁路运输服务支付的最大数额。

价格歧视不仅能使运输供应者收回其成本，而且有助于保留享受这种服务的旅行者和托运者。尽管有时有必要使运费有差别，但也有必要使服务质量有差别。

价格歧视表现在针对相似的服务收取不同的票价。在经典模型中，增加收入的方法是以同一产品针对不同的顾客群体制定不同的价格，是市场经济条件下生产企业常用的方法。同时，收益管理中常常会有产品质量或其他形式的差别，这意味着向顾客提供服务时有成本差异。

按负担能力收费与按运输效用定价之间存在矛盾。例如，某贵重商品在 A、B 两地的价格相差无几，则其在 A、B 之间铁路运输的需要是很少的，当铁路运价以两地间该商品价格的差距来衡量时，尽管货物价值高，但这种铁路运输价值与其负担高运价的能力并不一致。有些人认为，实行按运输负担能力收费，低价值货物实际上受到高价值货物运费的补助，这对于货主来说是不公平的。此外，处于垄断经营的铁路运输企业可能对每种运输服务都尽可能收取最高的运费，获取高额利润，从而侵犯公众的利益。在运输市场中，铁路运输经营者想按运价负担的能力对高价货物多收费，但竞争的力量对此有制约能力。铁路运输价值也规定了最高限度，若运价过高，货主就不再运输该货物。

（六）公共产品定价理论

铁路运输产品具有公共产品特性，可以进行一定程度的价格评价，实行计价付费。但铁路运输产品的价格评价计量有时是不完全的，其数量和价格之间的关系也不像私人物品那样明显，数量变化并不完全受价格影响，不能完全由市场供求关系决定，政府只能采取行政手段对铁路运输产品的产量和价格做出决定。

由于公共产品的特殊性，其价格一般由政府制定，包括政府定价和政府指导价两种。政府定价和政府指导价的定价权限及具体适用范围是以中央政府和地方政府的定价目录为依据的。

1. 政府定价

政府定价是由县级以上各级政府物价部门、铁路运输主管部门，按照国家规定的权限制定并负责调整的铁路运价。目前，我国铁路普通旅客票价实行政府定价。但按“有控制的市场价格”模式，政府定价不等于“固定价格”（在制定时主要考虑铁路运输价值而很少考虑其他价格形成因素）。在定价时，除了反映铁路运输价值，还要考虑铁路与其他运输方式之间的比价关系。同时，还应根据运价指数的走向，定期与不定期地对运价进行调整。

2. 政府指导价

政府指导价是由县级以上各级政府物价部门、铁路运输主管部门通过规定基准价、浮动幅度或最高、最低保护价等形式制定的铁路运价。

虽然铁路运输产品具有公共产品特性，但国家也考虑铁路运输企业的经济效益，由国铁集团根据市场供求情况在规定的浮动幅度范围内自主定价。

由于我国水路、公路、铁路运输市场竞争机制已基本形成，从理论上看，可不失时机地全部实行市场调节价，但考虑社会安定和对人民生活的影响，属于关系国计民生的重要物资、抢险救灾物资等列入国家指令性计划的铁路运价仍不宜仓促放开。

目前，国家正根据时机逐步放开部分铁路运价，对具备竞争条件的铁路运价实行市场调节价，如铁路散货快运、铁路包裹运价及社会资本投资控股新建铁路的货物运价、社会资本投资控股新建铁路客运专线旅客票价，让铁路运输企业可以根据生产经营成本、市场供求和竞争状况、社会承受能力等自主确定具体运价；对在中央管理企业全资及控股铁路上开行的设计时速 200km 以上的高速铁路动车组列车一、二等座旅客票价，由铁路运输企业依据价格法律法规自主制定；商务座、特等座、动卧等票价继续实行市场调节，由铁路运输企业根据市场供求和竞争状况等因素自主制定。

【思政小课堂】

我国铁路货运产品价格调整

《国家发展改革委关于调整铁路货运价格进一步完善价格形成机制的通知》（发改价格〔2015〕183 号）对铁路货运价格有以下规定。

1）国家铁路货物统一运价率平均每吨公里提高 1 分钱，即由现行 14.51 分钱提高到 15.51 分钱，并作为基准价，允许上浮不超过 10%，下浮仍不限。在上述浮动范围内，铁路运输企业可以根据市场供求状况自主确定具体运价水平。调整后的各类货物铁路运输基准运价率如表 7-1 所示。

表 7-1　现行各类货物铁路运输基准运价率

办理类别	运价号	基价 1		基价 2	
		单位	标准	单位	标准
整车	1			元/轴公里	0.525
	2	元/t	9.50	元/（t·km）	0.086
	3	元/t	12.80	元/（t·km）	0.091
	4	元/t	16.30	元/（t·km）	0.098
	5	元/t	18.60	元/（t·km）	0.103
	6	元/t	26.00	元/（t·km）	0.138
	机械冷藏车	元/t	20.00	元/（t·km）	0.140
零担	21	元/10kg	0.22	元/10（kg·km）	0.001 11
	22	元/10kg	0.28	元/10（kg·km）	0.001 55
集装箱	20 英尺箱	元/箱	440.00	元/箱公里	3.185
	40 英尺箱	元/箱	532.00	元/箱公里	3.357

注：整车货物每吨运价=基价 1+基价 2×运价公里；零担货物每 10kg 运价=基价 1+基价 2×运价公里；集装箱货物每箱运价=基价 1+基价 2×运价公里。

2）磷矿石整车运输调整为执行 2 号运价，农用化肥调整为执行 4 号运价。其他货物品类适用运价号，铁路货物运输计费里程、重量确定办法等计费相关事项，仍按原铁道部《铁路货物运价规则》（铁运〔2005〕46 号）等有关规定执行。

通过表 7-1 中的数据可以看出，我国国家铁路货运价格一直实施的是较低的运价率，即使有上调，调整幅度也不大。这充分体现了货物运输产品的公共产品特性。

（资料来源：《国家发展改革委关于调整铁路货运价格进一步完善价格形成机制的通知》。）

四、我国铁路现行运价

我国铁路现行运价，实行全国统一价格，主要依据的是平均成本定价理论，即根据全路换算吨公里平均成本，加上一定的利润。

旅客运价分别考虑座席、列车、距离的区别，座席差别价格的基础票价是硬座的票价，其他席别基本按照每节车厢的座席数进行折算，原则是当距离一定时每节车厢座席数与票价的乘积大致相等。列车别票价以普通旅客列车为基础，快速列车加收加快费。距离别票价遵循递远递减规则，将发送与到达费用分摊到距离中。

货运价格等于运输费用、电气化附加费、建设基金 3 项之和。货物运输费用分为发送和到达、运行、服务 3 个部分。发送和到达收费为全国统一价格，运行收费按货物品类和运输距离计算。货运价格还考虑了货物的品类、列车的种类。分品类货物运价率除了由于不同种类货物各运输环节的作业成本（包括风险成本）不一样，还可看出按负担能力定价的影子，负担能力强的货物的运价率较高。分列车价格主要是考虑货物列车的运行速度（货物在途时间的长短），快运货物加收快运费。

【思政小课堂】

我国铁路旅客票价

铁路旅客票价是以每人每公里的票价率（硬座车运送 1 名旅客 1km 的票价为 0.058 61 元，其是计算各种票价的基础）为基础，按照规定的旅客票价里程区段和不同的列车设备条件，采取递远递减（动车组列车另有规定）的办法确定的。

表 7-2 为铁路现行硬座票价率及各种票价的比价关系。

表 7-2　铁路现行硬座票价率及各种票价的比价关系

<table>
<tr><th colspan="3">票种</th><th>票价率/[元/（人·km）]</th><th>比例/%</th></tr>
<tr><td rowspan="2">基本客票</td><td colspan="2">硬座</td><td>0.058 61</td><td>100</td></tr>
<tr><td colspan="2">软座</td><td>0.117 22</td><td>200</td></tr>
<tr><td colspan="2" rowspan="2">加快票</td><td>普快</td><td>0.011 72</td><td>20</td></tr>
<tr><td>快速</td><td colspan="2">按普快票价 2 倍计算</td></tr>
<tr><td rowspan="5">硬卧票</td><td rowspan="3">开放式</td><td>上铺</td><td>0.064 47</td><td>110</td></tr>
<tr><td>中铺</td><td>0.070 33</td><td>120</td></tr>
<tr><td>下铺</td><td>0.076 19</td><td>130</td></tr>
<tr><td rowspan="2">包房式</td><td>上铺</td><td colspan="2">按开放式中铺票价另加 30%计</td></tr>
<tr><td>下铺</td><td colspan="2">按开放式下铺票价另加 30%计</td></tr>
</table>

续表

票种			票价率/[元/（人·km）]	比例/%
软卧票	普通	上铺	0.102 57	175
		下铺	0.114 29	195
	高级	上铺	0.123 08	210
		下铺	0.134 80	230
空调票			0.014 65	25

从表 7-2 中的数据可以看出，我国铁路旅客票价率较低，且实行递远递减政策。这充分体现了铁路运输的社会公益性。

（资料来源：根据网络资料整理改编。）

五、铁路运输基础设施定价

（一）铁路运输基础设施定价分析

如何合理确定铁路运输基础设施定价，需要深入展开探讨和研究。

1. 对铁路列车租赁经营问题的分析

现在已存在铁路列车的租赁经营，如行包专列，包括中铁集装箱运输有限责任公司、中铁快运股份有限公司、中铁特货物流股份有限公司开行的集装箱专列、小汽车专列等，租赁经营者须向国铁集团缴纳线路使用费。现实中还有一些大型物流公司，具有不定期组织点到点直达列车的能力。随着铁路运输经营进一步向社会开放，还会有更多的经营者加入，如何合理收取铁路线路使用费、铁路车站（货场）使用费，是一个亟待解决的基础问题，需要铁路部门出台一套规范的收费方法。

2. 对铁路职能如何合理划分问题的分析

铁路基础设施具有双重作用：一方面，发挥着支持铁路沿线地方社会经济发展的作用，属于政府职能，应该由政府负责按政治方法解决；另一方面，发挥着满足运输市场需要的作用，属于企业职能，由企业负责按市场经济方法运作。只有将铁路基础设施的收费按职能分开，才能使铁路运输经营走向市场，与我国的市场经济体制接轨。例如，青藏铁路不可能按完全成本定价，如果按照建设与运营成本收取线路使用费，客货列车的价格将会高到旅客和货主难以承受的程度。但是按现行标准定价，铁路部门无法通过运输经营收回投资。

针对铁路职能如何合理划分的问题，解决的办法是铁路部门按运输市场成本承担和经营相关的那部分建设与运营费用，政府承担其余的建设和运营费用。事实上也是如此，只是没有明确算账，铁路部门代表国家投资建设和经营那些经济上亏损的铁路线路，亏损额由其他线路的盈利来弥补。但是这种暗补的方法损害了铁路经营者及职工的利益，对铁路系统的发展不利。

瑞典铁路实行上下分离改革前将铁路网分成盈利、亏损两个部分，盈利的部分向国家上缴利润，亏损的部分享受国家补贴。尽管这两个部分都由当时的瑞典国铁公司负责经营，但两个部分的线路分别算账。

通过铁路基础设施职能划分，制定合理的收费标准，可以在我国铁路逐步走向市场化经营的过程中，使企业减少亏损，逐步实现盈利。

3. 对铁路运输中公平问题的分析

不同铁路线路建设成本差异很大，因设备配置不同、运量不同，导致单位产品成本不同，理论上应实行分线运价，并考虑不同线路上的市场竞争、需求状况。

现行铁路运价实行全国统一价格标准，不同线路上的旅客、货主间存在交叉补贴的不公平问题，还存在铁路和其他运输方式间的不公平竞争问题。因为铁路实行统一运价而其他运输方式实行市场运价，在运输成本低（地理地质条件好、运输能力强、需求量大）的线路上，其他运输方式的价格相对铁路较低，旅客和货主采用其他运输方式的较多，铁路部门得不到应有的市场份额，优势不能充分发挥，自然也无法获得较多利润；在成本高（地理地质条件不好、运输能力弱、需求量小）的线路上，其他运输方式的价格相对铁路较高，旅客和货主放弃其他运输方式而选择铁路的较多，但铁路部门仍然只能亏损。这使铁路在与其他运输方式的竞争中处于不利地位，不符合市场经济公平竞争的原则。

（二）铁路运输基础设施定价方法

铁路运输基础设施定价方法包括拥挤定价、互不补贴定价、拉姆齐定价等方法。

1. 拥挤定价法

运输需求是波动的，而运输服务是一种时效性产品，不能存储。对于运输供给者来说，固定设备和生产能力在一定时期内是固定不变的，供给能力很难与经常变动的需求保持平衡，这样在需求高峰时期就会供不应求，即发生拥挤。如何满足高峰时期的需求是运输部门必须考虑的问题。

拥挤定价法是采用经济的办法来解决拥挤问题的定价方法。以公路为例，假定边际成本价格不变，道路发生拥挤时车速降低，导致道路通行能力降低，人和车的时间损失费用升高，平均成本和边际成本均增大。但驾车人只意识到行车的平均成本，而实际交通量由平均成本曲线和需求曲线的交点所决定，从社会总效用最大的角度，边际成本与需求曲线的交点所确定的交通流量才是最理想的，理想流量可以减少拥挤造成的损失。如何把实际流量减少到理想流量，主要方法是对车辆征收等于边际成本与平均成本差额的税金，使驾车人意识到平均成本已提高。这种税金称为交通拥挤税，作为政府的财源，用于扩大交通运输供给、公共交通补贴等。

在理论上，当交通运输发生拥挤时，社会总成本会随着使用者的增加而迅速上升，此时有效的运价是实行拥挤收费。通过拥挤收费抑制对交通运输的需求，减少由拥挤带来的成本增加。这是一种经济手段，受到很多经济学家的推崇，但实际上往往会遭到社会的反对，因为实施拥挤收费是有条件的，如对私人小汽车收费，需要有比较好的公共交通系统供居民出行，如果客观条件不满足，就得不到消费者的支持。

铁路运输和道路运输有所不同，拥挤（供不应求）带来的社会成本增加表现在两个方面：一方面，由于拥挤，消费者的费用增加，如买不到票而不能出行，运输途中因拥挤而服务质量下降等，货物运输中等待运输的时间费用增加，因此引起对生产和销售的不利影响等；另一方面，铁路部门为缓解需求高峰时期的供求矛盾、减少因供不应求给社会带来的不利影响，会储备一定的能力，包括线路与车站、机车车辆、人员等方面，这些能力在需求淡季会有闲置，造成供给总成本的增加。

在理论上，若在需求超过正常供给能力时收取拥挤费，则会抑制部分需求，从而抑制社会总成本的急剧上升。这和供需均衡定价理论的原理是相同的，只是我国大部分地区还没有进行过这种尝试，主要原因是部分铁路运输需求是刚性的，收取拥挤费可能给社会经济和人民生活带来不利影响，而区分需求弹性的大小又很困难，还可能造成消费者间的不公平待遇。

2. 互不补贴定价法

互不补贴定价法源于这样一个原则，即某一运输设施的所有使用者作为一个整体，应该补偿该设施的全部成本，而且价格使任何一个使用者群体都不能通过取消其他使用者而使自己对运输系统的利用变得更好，即不存在交叉补贴。

互不补贴定价法是在使用者群体的基础上扩大了上述有效率定价原则。有效率定价需要满足的条件：一是价格等于使用者的边际成本，二是总支付意愿（已经支付的价格加上消费者剩余）要大于或等于所用资源的机会成本（包括固定设施成本）。互不补贴定价把这些标准扩大到运输设施的多个使用者形成的群体和多项服务，要求运输总收入大于或等于总成本。

互不补贴定价法也是运输设施成本分摊的一种方法。为了有效地分摊运输固定设施成本，需要找出引起成本的使用者。互不补贴定价法不注意那些被取消却并不会导致固定运输设施成本减小的运输，但如果某项运输的取消会导致有关的运输设施被废弃，则该设施的费用就是由这项运输的使用者引起的。

互不补贴定价法所决定的运输固定设施成本分摊方法，大大降低了由多个使用者共同使用基础设施所导致的成本计算的不准确性和任意性。

与有效率定价法相比，互不补贴定价法的使用条件放宽了一些，但其还是只能适应长期运输成本与短期运输成本的区别不是很清晰、固定成本与沉淀成本的区别也不是很清晰的情况，对运输需求与运输基础设施能力可及时随价格变化而协调也有比较严格的要求。因此，采用互不补贴定价法仍然不能完全解决运输固定设施成本回收问题。此外，由于对运输需求的预测往往不能十分准确，运输能力对需求量的反应也往往显得迟钝，在互不补贴定价法的使用上会有偏差。

目前我国的铁路运输定价存在互相补贴问题，因此在定价时有必要考虑采用互不补贴定价法。

3. 拉姆齐定价法

拉姆齐定价法又称为次优定价法，即在最优（福利最大化）定价无法实行的情况下，分摊固定设施成本，利用不同使用者群体的需求价格弹性差别作为分摊固定成本的基础。由于费用递减企业以资源分配最佳为原则，按照边际成本定价，企业收支会出现赤字。边际成本不包含固定费用，是导致企业亏损的主要原因。拉姆齐定价法的指导思想是既考虑企业收支平衡，又尽可能实现资源分配最优化，围绕边际成本定价理论提出改善措施。

为了收回固定费用，必须制定高于边际成本的价格，这样价格与边际成本之间就形成一个价格差。这个价格差控制在什么幅度内才能使消费者剩余的减少最小化，是拉姆齐定价法关注的核心问题。

需求与价格之间的敏感性有大有小，价格差（价格与边际成本的背离）应当与需求价格弹性呈反方向变动，即对需求价格弹性大的需求制定与边际成本背离幅度小的价格，对需求价格弹性小的需求制定与边际成本背离幅度大的价格。这样做的好处是对需求价格弹性大的需求缩小价格差，可以相对地减少需求量的下降，对价格弹性大的需求加大价格差又不至于引起需求量的大幅减少。相比不考虑价格弹性而制定的背离程度相同的价格来说，可以从总体上减少需求量的下降。由于需求量的减少幅度最小，消费者剩余的减少也就最小，可以获得比较理想的效果。

从根据需求价格弹性来决定价格与边际成本背离程度来说，拉姆齐定价是一种垄断性差别定价。利用该方法可以决定交通拥挤税的税率，即：当高峰期价格弹性小时，征收与边际成本背离幅度大的高税率；当非高峰期价格弹性小时，征收与边际成本背离幅度小的低税率。

有些观点认为，拉姆齐定价法只能应用于剩余固定设施成本的分摊，即应该先利用互不补贴定价法将固定设施成本的主要部分在不同使用者群体之间进行分摊，分摊不完的部分再使用拉姆齐定价法。

有效率定价法、互不补贴定价法、拉姆齐定价法在不同使用者之间分摊固定设施成本的方法还可以应用在更多的领域。例如，对提供给多个使用者同时会产生不可归依成本的运载工具，也不可避免地存在成本分摊问题。成本的不可归依性在运输业的经营中常常发生在边际成本小于平均成本的阶段。

因此，拉姆齐定价法在铁路运输定价时有一定的参考性。

六、铁路运价形成机制

铁路运价的制定与管理，如何做到既考虑铁路部门的生产效率与利益，又追求为社会生产和生活提供方便、经济的运输服务，在一定程度上与运价的形成机制有关。

（一）铁路运价形成机制的内容

一定时期的运价管理体制取决于当时的经济管理体制。在市场经济条件下，市场是资源配置的主要手段，通过市场使资源达到优化配置，反映到运输价格上就要求以市场变化为基础，形成较为灵活的运价形成机制。

运价形成机制是指依据一定的运价形成原理，通过价值规律的作用形成运价的决策制度。运价形成机制主要包含两个方面的内容：①运价形成的主体，即运价制定、运价调整和运价管理的主体；②运价形成的方式。

随着我国市场经济的发展、运输市场的完善，铁路运价的形成机制正在进一步理顺与调整。运价的形成更多地依据价值规律、市场运行原则。政府逐步放松对运价的管制，给铁路运输企业比较多的、相对灵活的定价权利，使铁路运输企业在保证国民经济迅速发展的同时，自身也能得到长足的进步。

1. 铁路运输价值形成的特点

铁路运输生产创造价值，运输价值取决于铁路运输生产过程所消耗的社会必要劳动，但是与其他商品比较，铁路运输产品价值的形成具有以下不同的特点。

1）铁路运输价值的货币表现形式为流通费用。铁路运输表现为生产过程在流通过程中的继续，铁路运输价值的货币形态也就表现为流通费用，其特殊意义是铁路运输产品的使用价值只有在商品的消费中才能实现。在商品生产时代，商品空间位置的变化是商品被消费的必要条件。投入在铁路运输生产中的铁路运输设备价值和活劳动价值，其货币形式表现为流通费用，以追加价值的形式追加到所运输的产品中。

2）铁路运输的货物价值与铁路运输产品的价值无关。在铁路运输过程中，并不改变所运货物的性质和形态，也不生产新的实物形态。铁路运输产品是使所运对象发生空间位置的变化。作为铁路运输生产过程劳动对象的货物，不构成铁路运输产品的实体，其价值不构成铁路运输产品价值的组成部分。因此，铁路运输业产品的社会劳动耗费取决于铁路运输生产过程的自然条件及设备类型，与所运输的对象本身价值大小无直接关系。

2. 制定铁路运价的原则

在制定铁路运价时，应当吸收上述理论或方法的优点，以价值理论为指导，考虑市场经济发展要求，以铁路运输的成本、价值为依据，合理调节铁路与其他行业间的收入平衡，使之有利于铁路的发展和综合运输体系的形成。制定铁路运价的具体原则如下。

1）以铁路运输价值为基础。制定铁路运价应尽可能符合或接近铁路运输产品的社会必要劳动消耗量，反映价值规律的要求，使铁路运输生产过程中所消耗的活劳动和物化劳动都得到补偿。这就要求合理确定以货币表示的铁路运输部门的物化劳动和活劳动的消耗量，并合理确定利润。

2）以铁路运输边际成本作为定价的依据。成本是定价的基本依据之一，但以哪种成本作为制定运价的依据，在理论界存在争论。根据我国的实际情况，从价值规律作用的程度和供求关系的影响看，以边际成本定价有利于铁路运输企业在公平的基础上开展与其他运输方式的竞争，以更多优质运输服务来满足国民经济对铁路运输的需求。实行边际成本定价，铁路除了要划分政府职能与铁路运输企业职能，还要有足够的供给能力。

3）为实现国家在一定时期的经济任务服务。铁路运价以运输价值为基础，并不意味着运价与价值的完全一致。在制定铁路运价时，一方面要以价值为基础；另一方面要考虑国家在一定时期内的经济任务，使运价与运输价值在一定程度、一定方向上有所偏离，充分利用铁路运价这个经济杠杆的调节作用，为国家经济建设服务，即铁路运价要有利于促进工农业生产的发展，促进合理运输和生产力的合理布局，提高铁路运输工具的运用效率，实行优质优价，提高铁路运输服务质量等。

4）充分考虑运输市场的供求关系。在市场经济条件下，运价必然受市场供求因素的制约。市场供求关系影响铁路运输价值的形成，决定铁路运价偏离铁路运输价值的方向和程度，以及短期运价水平与变动趋势。因此，市场价格的形成与变动要受供求关系的支配和影响。供求关系客观上反映了铁路运输生产和需求之间的矛盾运动，要求两者保持一定的比例关系，包括运力与运量、服务质量等方面，其是社会再生产正常进行的一个必要条件。只有反映运输市场的供求关系，铁路运价才能充分发挥其调节作用，适应市场经济发展的要求。但是市场供求关系不是决定铁路运输价值的直接因素。

5）充分考虑不同运输方式间的比价关系。不同运输方式有不同的运输成本，如单位运输成本和边际成本，在一种运输方式内还有不同的线路、区域和区段，其成本相差很大。在制定运价时，除了充分考虑各种运输方式的运输成本，还应考虑各种运输方式之间的比价问题，比价不合理有可能加重某种运输方式的负担，使另一种运输方式的潜力不能充分发挥，不能促进合理运输和各种运输方式的合理分工。因此，制定铁路运价时要充分考虑各种运输方式的比价问题。

6）注意运费在商品价格中的比重。铁路运价需要适当考虑负担能力问题，注意运费在商品价格中的比重，实行不同货物区别运价。

7）考虑沉没成本问题。既然某项成本已经支出，成为无法改变的事实，企业在进行决策时就不应该再考虑其存在。铁路线路（含配套设施与设备）建设一旦完成，其投资大部分变成沉没成本。在制定运价时需要充分考虑这一特点，新建成通车线路的运价不一定按完全成本制定，而应以充分发挥既有资源的作用、实现效益相对最大化为出发点。

（二）完善市场经济条件下的铁路运价形成机制

2013 年，根据国务院机构改革和职能转变方案，铁路实行政企分开。2019 年，经国务院批准同意，中国铁路总公司改制成立国铁集团。这是铁路系统深化改革、建立现代企业制度、推进法治化市场化经营的重大举措。

充分发挥市场在资源配置中的决定性作用，促进铁路运输行业持续健康发展，完善市场经济条件下的运价形成机制，是我国铁路改革的重要方面。

1. 加强铁路运输企业定价主体地位

按照市场经济规律，企业扩大再生产的资金主要来源于产品或服务的销售利润，而产品的利润只能通过市场等价交换产生，价格的基本功能除了补偿产品的简单再生产成本，还要保证企业能够获得扩大再生产需要的资金。因此，铁路运输企业应是定价主体，依法享有对其铁路运输产品的定价权，通过自身的经营获得正常的收益。

目前，我国公路和水路的运价已基本市场化，航空和铁路的运价在一定程度上放开。20 世纪 80 年代以来，世界铁路改革证明，铁路运输企业拥有价格的制定权并不会造成铁路运价的无节制上升，因为各种运输方式之间存在替代性竞争，当铁路运价上升到一定水平时，铁路运输需求者会寻求其他的可替代运输方式，而且不同铁路公司之间也存在竞争。由国家规定的刚性运价约束，会被各种运输方式间运价制衡关系所替代，使各种运输方式间保持一种合理的比价关系，形成一种机制性的约束。由于受市场化运价生成机制的制约，每种运输方式中的运输企业不可能将运价定得过高，只能靠资源节约降低运输成本，以获取所期望的利润。

2. 实行弹性运价制度

弹性运价制度符合市场经济运行规律，是运价体制改革的方向。铁路运输企业作为经济实体，可以在国家规定的价格限度内与顾客协商确定运价，像航空公司发售机票一样可根据自身的运输能力、供给情况和运输需求情况，结合客户的运输要求给出报价，经与客户协商后达成协议，订立运输合同。因为铁路运输需求是变化的，不同季节、不同铁路线路的运输成本是不同的，实行弹性运价更接近铁路运输成本的实际情况。另外，不同需求者的要求是不一样的，对应不同的运输成本，实行弹性运价更有利于铁路运输企业向社会提供满足不同需要的服务。随着物流业的发展，货主需要的不再是简单的运输服务，而是一体化、个性化的物流服务，铁路货运是物流的一部分，应融入物流体系，向货主提供全程、全方位、个性化的物流服务，价格更应随服务的不同而变化。

放松价格管制并不等于放弃责任，铁路运价走向市场后，政府还要对铁路运价的总水平进行控制，如规定价格的上、下限，使铁路运价有章可循。

3. 改革铁路货运收费中的建设基金

目前，铁路货运收费中包含的铁路建设基金不符合市场经济规律。政府可以面向社会征收铁路建设税，将其作为财政性资金直接用于铁路建设。只向铁路货主收取铁路建设基金，对铁路、货主都是不公平的。公路没有收取建设基金，投资主要是由各级政府财政支持的，公路使用者（公路运输经营者）只支付道路使用税，而不是公路建设及养护的全部费用。但是铁路运输经营者负担铁路建设及维护的全部费用，并向货主收取这些费用。这会造成铁路和公路间的不公平竞争，增加旅客和货主获得铁路运输服务的成本。

建设基金作为铁路建设的重要资金来源，对铁路发展影响重大，对铁路建设基金的改革需要慎重，可以考虑以下思路。

1）逐步将铁路建设基金纳入铁路货运价格。根据铁路承运不同货物的成本、装载条件、承受能力合理分摊的原则，在用户总体负担不增加的前提下，分步将铁路建设基金转为货运价格。这一思路的优点是不增加社会负担，也不会影响铁路市场货源，具有较强的可操作性；缺点是铁路历史债务要进行单独处理，弥补正常经营成本和依法纳税后，用于铁路建设的资金会减少。

2）将建设基金转为铁路使用费。可以将铁路网的规划建设和维护与旅客及货物的运输经营分开。如果实行这种方案，则可将铁路建设基金直接转为铁路使用费。这一思路的优点是在实际操作上简便易行，也不增加用户和铁路运输企业的负担，铁路用户、铁路运输企业的既得利益格局不变；缺点是铁路网使用费首先需要用于铁路网的改造和维护，剩余部分才能作为铁路建设资金，铁路建设资金来源可能无法保证。

4. 实行铁路分线运价

不同铁路线路因地形和地质条件、车站及设备配置不同而每公里建设成本不同，同时每条线路的运输密度差异也很大，因此每条线路的单位运输成本不同。目前，铁路实行全国统一运价，一部分线路的使用者支付了高于成本的价格，而另一部分线路的使用者支付了低于成本的价格，对不同线路的使用者是不公平的。统一定价也不利于国家对不同铁路线路经营效果的考核与评价。实行分线运价则可以避免这些弊端。目前，我国已有不少铁路线路实行铁路分线运价。

第三节　铁路运输企业经济效益

铁路运输企业虽然受行业性质的约束，强调为国民经济建设和人民生活服务，但提高经济效益仍是企业经营的重要目标。铁路运输企业的经济效益由运输收入和运输成本决定。运输收入由企业完成的工作量、运价决定；运输成本由运输设施设备、运输组织、管理等因素决定。

一、铁路运输企业经济效益的概念

经济效益是指人们在经济活动中投入与产出的比较或所费与所得的比较。在物质生产领域，经济效益是以尽量少的劳动消耗和劳动占用，生产出更多更好的产品，即在生产和再生产过程中，经济效益是劳动占用和劳动消耗同劳动成果的比较。

经济效益是一个相对的概念。经济效益的实质是用最少的生产费用创造最大的效用，或者用最少的劳动时间创造最多的使用价值。在任何社会中，如果生产的产品，其效用无法抵偿其生产费用，就要考虑生产这种产品是否必要。社会要发展，就必须在尽量少的劳动时间里创造出尽量丰富的社会财富，这样社会的进步才具有雄厚的物质基础。

经济效益在量方面的表现，就是用最少的投入取得最大的产出，或者用最少的所费取得最大的所得。人们从事任何一项经济活动，一方面要占用一定数量的资产，又要消耗一定数量的物质资源和活劳动，这就是投入；另一方面要相应提供一定数量的产品或劳务，这就是产出。投入是指各种生产要素（劳动手段、劳动对象和劳动力）的投入，分为劳动消耗和劳动占用两个方面；产出是指劳动成果。经济效益的内容就是劳动消耗和劳动占用同劳动成果之间的比较关系。通过比较，就可以评价经济效益的好坏。经济效益的计算公式为

$$\text{经济效益}=\frac{\text{产出}}{\text{投入}}=\frac{\text{劳动成果}}{\text{劳动消耗}+\text{劳动占用}} \tag{7-43}$$

这种比较，既可以用实物形式表示，又可以用价值形式表示。用实物形式表示，比较直观，但无法汇总；用价值形式表示，便于汇总，可以综合比较。如果提供同样数量和质量的产品或劳务，占用或消耗劳动少，经济效益就好；反之，经济效益就差。如果占用和消耗劳动一样，劳动成果多，质量好，经济效益就好；反之，经济效益就差。

经济效益是经济效果、经济效用和经济效率三者的结合。经济效果是指经济活动的产出，代表经济活动的直接成果；经济效用是指经济活动提供的使用价值，要求产出的劳动

成果必须符合社会需要；经济效率是指各种资源的利用效能，强调单位时间内的产出或单位资源的利用效率。在人们的经济活动中，只有经济效果和经济效用，没有经济效率，只能说明经济活动有了较多、较好的成果，还不能体现投入和产出的全部对比关系，只有同时提高经济效率，才能完整体现经济效益。

综上所述，经济效益的内容如表 7-3 所示。

表 7-3　经济效益的内容

经济效益	投入	劳动消耗	工时耗用量，原料、材料、燃料耗用量，机器设备折旧，产品总成本等
		劳动占用	原材料储备量、设备拥有量、流动资产、经济效益平均余额、固定资产净值、职工平均人数等
	产出（劳动成果）		产量、质量、品种、总产值、净产值、利税等
	投入与产出的比较（经济效益指标）		劳动生产率、资金利税率、流动资金周转率、成本利润率、单位产品成本等

二、铁路运输收入的构成、分类及影响因素

（一）铁路运输收入的构成

铁路运输企业的收入是指铁路运输企业可以支配的运输收入，是从铁路运输进款中扣除需要上缴给政府的费用、清算给其他企业的费用、国家批准核收专门用于铁路建设的费用，如税金、代收款及铁路建设基金等以外的剩余部分。

铁路运输企业为旅客和货物托运人提供运输服务，按国家规定的费率收取费用，这些费用按用途、分配和使用权限，分为铁路运输进款、铁路建设基金和代收款 3 类。

1. 铁路运输进款

铁路运输企业所属各营业站、车务段、客运段在办理客货运输中，按照客货运输规章及有关规定，向旅客、托运人、收货人核收的票价、运费、杂费及其他各种款项，称为铁路运输进款。

铁路运输进款在全国铁路沿线车站和列车上收取，以站、段为单位通过银行向铁路局集团有限公司、国铁集团逐级解缴。国铁集团一方面将铁路运输进款按规定向国家缴纳税金和利润，另一方面将铁路运输进款用于补偿运输支出和扩大再生产的投入。

2. 铁路建设基金

铁路建设基金是国家为支持铁路建设，批准铁路部门向托运人、收货人核收的专门用于铁路建设的费用，收费标准由国家确定。

3. 代收款

代收款是指客货营业单位核收铁路运输费用时，按规定一并核收其他费用，或使用其他企业专用票据为其代收的款项等。代收款包括以下款项。

1）国际联运应清算给外国铁路的旅客票价收入，行李、包裹、货物运杂费。

2）内地与香港直通运输中，应支付给有关铁路方的旅客票价收入及代办费，行李、包裹、货物运杂费。

3）代收的旅客、货物保险费等。

4）旅客、托运人、收货人预付款。

5）经批准的其他代收款等。

（二）铁路运输收入的分类

1. 按收入来源划分

按收入来源划分，铁路运输收入分为销售收入和营运收入两种。

1）销售收入是指广告收入、运载设备客货收入、技术转让收入等。

2）营运收入按其经营的业务不同，分为客货运输收入、装卸收入、车站服务收入和其他业务收入。客货运输收入是运输企业经营旅客、货物和其他（行李、包裹、邮件等）运输业务取得的营业收入；装卸收入是运输企业经营装卸业务所取得的营业收入，包括装卸、联运换装、倒装的收入及出租装卸机械的租金等；车站服务收入是车站为顾客提供各种服务所取得的收入，如货运的堆场及仓库使用费（堆存费）、检斤费、包装费等服务收入；其他业务收入种类较多，主要是运输延伸服务所得收入，如运输代理手续费、保险代理手续费、运载设备延期使用费及其清扫洗刷费等收入。

2. 按收入科目划分

按收入科目划分，铁路运输收入分为货物运费收入，旅客票价收入，行李、包裹运费收入，邮运运费收入，保价收入，其他收入 6 种。其他收入包括补票收入，补收货物、行李和包裹运费，货物、行李、包裹变更手续费，补票手续费，退票费，客货车辆租赁费，加水、加冰、加盐及制冷费，货车清扫费，洗刷消毒费，车辆使用费，篷布使用及赔偿费，取送车费，机车在专用线作业费，国际联运规定核收的杂费等。

（三）铁路运输收入的影响因素

运输收入是运输企业完成的运输工作量乘以单位运输工作量平均收入之积，其中任何因素发生变动，都会使运输收入发生变动。在完成的运输工作量不变的条件下，平均单位收入增加，运输收入增加；平均单位收入减少，运输收入减少。同理，在平均单位收入不变的条件下，运输工作量增加，运输收入增加；运输工作量减少，运输收入减少。客运收入和货运收入虽然同样受周转量变动和平均单位收入变动两个因素的影响，但客运收入与货运收入的平均单位收入升降变动影响运输收入的差额之和，与运输收入即按客货运输收入合计综合计算的周转量增减变动的差额，以及平均单位收入升降变动的差额是不相等的。客货运输收入合计综合计算的周转量变动差额和平均单位收入升降变动差额都包括因客货运周转量比重变动而出现的差额。

1. 运输收入差额

运输收入差额的计算公式为

周转量变动对运输收入的影响=客货综合计划平均单位收入×客货合计实际周转量−客货合计计划收入　（7-44）

或

周转量变动对运输收入的影响=(客货合计实际周转量−客货合计计划周转量)×客货综合计划平均单位收入　（7-45）

平均单位收入变动对运输收入的影响=客货合计实际收入−客货综合计划平均单位收入×客货合计实际周转量　（7-46）

或

平均单位收入变动对运输收入的影响=客货合计实际周转量×(客货综合实际平均单位收入−客货综合计划平均单位收入)　（7-47）

2. 客货合计周转量变动对客货合计运输收入的影响

客货合计周转量变动对客货合计运输收入影响的计算公式为

客运周转量变动对客运收入的影响=客运计划平均单位收入×客运实际周转量−客运计划收入　（7-48）

货运周转量变动对货运收入的影响=货运计划平均单位收入×货运实际周转量−货运计划收入　（7-49）

客货运周转量比重变动的影响=客货综合计划平均单位收入×客货合计实际周转量−(客运计划平均单位收入×客运实际周转量+货运计划平均单位收入×货运实际周转量)　（7-50）

3. 客货综合平均单位收入变动对客货合计运输收入的影响

不同的运输产品，由于其服务的内涵、产生的效果不同而对应不同的价格。当铁路运输产品组合发生变化时，会影响单位产品带来的平均收入，从而影响运输收入。

客货平均单位收入变动对客货合计运输收入影响的计算公式为

客运平均单位收入变动对客运收入的影响=客运实际收入−客运计划平均单位收入×客运实际周转量　（7-51）

货运平均单位收入变动对货运收入的影响=货运实际收入−货运计划平均单位收入×货运实际周转量　（7-52）

客货运周转量比重变动的影响=(客运计划平均单位收入×客运实际周转量+货运计划平均单位收入×货运实际周转量)−客货综合计划平均单位收入×客货合计实际周转量　（7-53）

例如，我国铁路旅客运输中高等级旅客席位所占比例逐年提高，使客运收入的增长幅度大于旅客周转量的增长幅度。

4. 铁路货物运输多元化经营对运输企业收入的影响

近年来，铁路部门发布了推进铁路多元化经营、发展现代物流等一系列文件，并采取各种措施，全面推动铁路经营方式向多元化方向转化、货物运输向全程物流服务转变。铁路货物运输服务范围扩大，实现由站到站运输向门到门运输转变的突破，并且研究依托货物运输核心产品进一步向全程物流服务拓展。

按此思路，铁路系统会在实现货物运输全程服务的基础上，逐步将货运站扩展为物流中心，以此为基地发展仓储、配送、储运包装等基本物流服务，以及物流信息服务、物流方案设计、流通加工、销售包装、物流金融等物流增值服务，并提供联运汽车停车、维修、加油等生产辅助服务，以及为往来车辆司机与客户及中心工作人员提供住宿、餐饮、洗浴等生活服务。因此，铁路在货物运输方面的收入已不再是简单的铁路货物运输收入，不仅收入科目将增加，收入的性质还将发生本质变化。

三、运量与成本、运价及运输收入的关系

（一）运量与成本的关系

运量大小是影响运输成本变化的重要因素之一。

1）按照成本与运量的关系，运输成本可以分为与运量有关的变动支出和与运量无关的固定支出两个部分。在一定条件下，固定成本保持不变，变动成本随运量增加而成比例增加。运量变化与运输总成本和单位运输产品成本之间的关系为

$$运输总成本=固定总成本+单位产品变动成本\times运量 \tag{7-54}$$

某项运输设施一旦投入使用，在一定时间内、运量达到设计能力之前，运量的增加并不引起固定成本的增加，只引起变动成本的增加。因此，单位运输成本中分摊的固定成本就会减少，从而使单位运输成本降低。固定成本所占比重越大，单位运输成本降低的幅度越大。这意味着单位平均成本会随着运量的增加而降低。在运量达到实际能力之前，增加运量就等于降低成本和增加企业的经济效益。

根据上述运量与运输支出之间的关系，可以分析运量变化对运输成本的影响，也可以预测未来某一时期内运量变化对成本的影响程度。

2）由于运输存在明显的规模经济性，在运输需求充足的情况下，某一运输基础设施的能力越大，单位运输产品的支出就越小。在许多情况下，增加能力时投资的增加幅度可能远远小于能力的增加幅度。例如，平原地区的一条单线铁路，在内燃机车牵引的条件下，其平行运行图通过能力约为 50 对，若扩建为双线，则其投资小于两条单线铁路，而其平行运行图通过能力可达 140 对以上，远远大于两条单线铁路的能力。因此，运量的增加，引起运输供给规模的扩大，由此会带来规模经济效益。

3）在运输基础设施供给能力不变的情况下，如果运输需求增加，那么运输企业可以通过更换运载设备的方法来扩大供给能力，降低运输成本。在运载设备的投资成本和运营成

本中，有一部分和设备的载运能力无关，另一部分会随着载运能力的增加而增加，但平均每一客位或吨位的成本会下降。因此，运量增加会带来运载设备平均装载能力的增强，进而使运输成本下降。

（二）运量与运价及运输收入的关系

运量是运价的函数，两者成反比。运价的提高，一般会伴随运量的下降；而运价的降低，一般会引起运量的上升。需要注意的是，运价也是影响运输收入的一个重要因素，在其他因素（尤其是运量）一定的条件下，运输收入随着运价的提高而增加。

根据运输收入的构成，在货物种类、运输部门提供的运输服务产品结构及运价不变的情况下，运输收入主要与运量相关，可以近似地认为运输收入是运量与单位运量价格的乘积，二者呈正比例关系。运量以旅客人公里、货物吨公里计算。对旅客运输来说，没有装卸问题，虽然存在发送和到达费用，但一般不单独收费。客运收入取决于客运量。旅客运输票价存在递远递减的情况，但由于旅客平均乘车距离每年的变化比较小，由此产生的对运输收入的影响也较小。对货物运输而言，运输收入的主要部分是始发和到达作业成本（含装卸费）及运费，其中装卸费和运量成正比，运费和运量与运输距离的乘积成正比。

因此，运量、运价与运输收入的关系是交织在一起的。当要提高运价以增加运输收入时，需要估计运价提高可能引起的运量下降幅度，对提高运价增加的运输收入和运量下降减少的运输收入进行分析比较，以权衡利弊。同时，由于运输的社会功能，提高运价，在一定程度上还要受到国家政策的干预，有些运输需求必须以规定价格保证供给。

四、铁路运输企业经济效益分析方法

铁路运输企业经济效益分析是通过分析成本、价格、收入、运量间的相互关系，在合理定价的基础上，通过降低成本、增加运量来提高企业的经济效益。

铁路运输企业的成本、产量和利润分析一般有以下两种方法。

1. 贡献分析法

在短期决策中，常常使用贡献的概念。贡献等于由决策引起的增量收入减去由决策引起的增量成本，即等于由决策引起的增量利润。因此，贡献分析法实际上就是增量分析法。有贡献，说明这一决策能使利润增加，因此是可以接受的。如果有两个以上的方案，其贡献都是正值，贡献大的方案就是较优的方案。

如果劳务的价格不变，增加单位劳务的增量收入就等于价格，增加单位劳务的增量成本就等于变动成本。此时，增加单位劳务的贡献就等于价格减去变动成本。由于贡献可用来补偿固定成本和提高利润，贡献也被称为“对固定成本和利润的贡献”，有时也被称为“利润贡献”。

需要注意的是，用贡献分析法进行决策时，不必考虑固定成本的大小，因为固定成本不受决策的影响，属于沉没成本。

2. 本量利分析法

成本、产量和利润分析简称本量利分析，是根据成本、产量和利润三者之间的内在联系进行综合分析，用以规划或预测企业目标利润，进行成本控制的一种方法。本量利分析常用来研究成本、运量和利润三者的关系。

按照成本与产量的关系，产品成本分为变动成本和固定成本两个部分。变动总成本随着产量的增减成比例变化，单位产品的变动成本则不变。固定总成本在一定产量范围内是固定不变的，但单位产品分摊的固定成本则随着产量的变化而变化。在上述成本习性的前提下，就可以进行盈亏平衡分析，确定盈亏平衡点（或称盈亏转折点、损益平衡点、保本点）。这是本量利分析的主要内容。在此基础上，可分析有关因素对企业盈亏的影响，并应用于经营决策的各个方面。运输成本、运量和运输利润之间同样存在紧密的相互依存关系。分析这种关系对改善运输企业经营管理具有重要意义。

（1）盈亏平衡分析

盈亏平衡分析主要是通过对企业产量、成本和利润之间关系的分析，确定盈亏平衡点。盈亏平衡点是企业销售收入减去税金后的净收入与产品总成本（含营业外净支出）相等时的产量（或收入）。这时既无利润，又不亏损，企业处于不盈不亏的状态。以这一点为界，当产量超过此点时就有利润，低于此点时则发生亏损。测算盈亏平衡点是在产销平衡时（这时产量等于销售量，产值等于销售收入），且在一定产量范围内，假设固定总成本、单位产品变动成本和单位产品价格不变。在这种情况下测算盈亏平衡点主要有以下两种方法。

1）计算法。企业利润的计算公式为

$$\text{利润}=\text{销售收入}\times(1-\text{税率})-\text{销售总成本} \tag{7-55}$$

计算盈亏平衡点时，假设利润为零，则与销售收入有关的计算公式为

$$\text{销售收入}\times(1-\text{税率})=\text{销售总成本} \tag{7-56}$$

把式（7-56）分解，设 p 为产品单价、x 为产品产量、t 为税率、a 为固定总成本、b 为单位产品变动成本，式（7-56）改为

$$px(1-t)=a+bx \tag{7-57}$$

根据式（7-57）可计算出

$$\text{盈亏平衡点的产量 } x=\frac{a}{p(1-t)-b} \tag{7-58}$$

$$\text{盈亏平衡点的收入 } px=\frac{a}{p(1-t)-b}\cdot p \tag{7-59}$$

式中，$p(1-t)-b$ 为扣除税金后的产品单价减去单位变动成本的差额，称为单位产品创利额或单位边际贡献、单位边际利润，用于补偿单位固定成本后的余额，才是单位产品利润。单位产品创利额除以产品单价，即单位产品创利率。这样，式（7-58）和式（7-59）可分别改为

$$\text{盈亏平衡点的产量}=\text{固定总成本}/\text{单位产品创利额} \tag{7-60}$$

$$\text{盈亏平衡点的收入}=\text{固定总成本}/\text{单位产品创利率} \tag{7-61}$$

2）图解法。将上述影响企业盈亏的因素及其相互关系的数据绘制在图上，称为盈亏平

衡图。

根据计算数据，在盈亏平衡图上画出收入线和总成本线，这两条线的交点即盈亏平衡点，这点的上面为盈利区，这点的下面为亏损区，如图 7-6 所示。

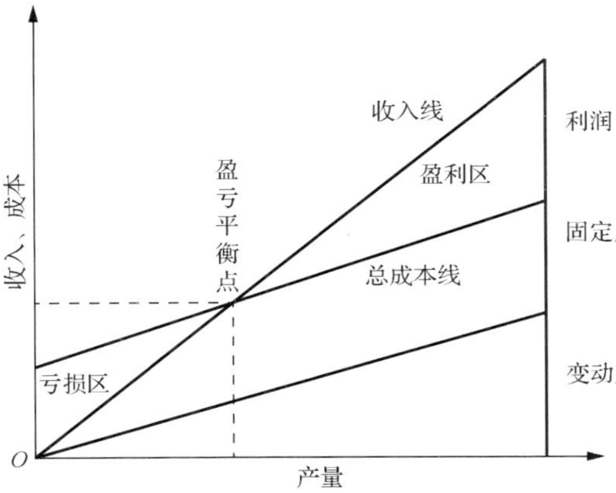

图 7-6　盈亏平衡图

图 7-6 是用实物量表示的盈亏平衡点，产量指标在企业生产大批量单一品种（或少数几个品种分产品类别）的条件下适用。当企业生产多品种时，只能以货币指标产值或收入来表示，其计算方法相同。

通过图 7-6 可以看出，盈亏平衡点不变，完成的产量（销售量）越多，能实现的利润也越多；反之，产量越少，实现的利润也越少。在产量不变的情况下，盈亏平衡点越低，能实现的利润越多；盈亏平衡点越高，能实现的利润越少。在收入既定的条件下，盈亏平衡点的高低取决于固定总成本和单位变动成本的多少。固定总成本越大或单位变动成本越多，盈亏平衡点越高；反之，盈亏平衡点越低。

明确和掌握以上基本关系，对企业预测或规划目标利润、控制成本都是很重要的。

（2）因素变动对盈亏平衡点的影响

盈亏平衡分析是以一定的假定条件为前提的，即计划期间的固定成本、单位变动成本、产品单价、税率等保持不变。这一假定对盈亏平衡分析是必要的。但是在实际工作中这些因素并不是固定不变的，因此需要研究这些因素变动对盈亏平衡点的影响，可分别对每项因素的影响和各项因素变动的综合影响进行分析。

1）在一定条件下，固定成本与运量无关，此时增加运量所增加的成本只是变动成本部分。如果运价不变，运输收入仍随运量呈比例增加，就会给企业带来较大利润。

2）当运输成本不变时，运输收入是运价和运量的函数；当运价不变时，运输收入随运量的增加而增加。这时如果固定运输成本不发生变化，则扩大运量对运输企业增加利润是有利的；而当运量不变时，运输收入随着运价的提高而呈比例增加。

3）收入曲线和总成本曲线存在交叉。用 Q' 表示盈亏平衡点，则当运量小于 Q' 时，收入小于成本，企业是亏损的；当运量大于 Q' 时，收入大于成本，企业是盈利的。因此，在修建某一运输设施或企业在进入运输市场前，必须进行成本预算分析和运量、运价的预测，使设计运量大于Q'，这样才能保证企业不会亏损。

4）如果一个新的运输项目成本（投资）和运量已定，为了使企业不发生亏损，可以采取提高运价的方法。因为运输设施的能力形成与扩大是跳跃式的，而且投资巨大，必须留有充分的发展余地，所以在运输设施投产时能力必然远远大于需求，而项目投产初期运量不可能达到盈亏平衡点，需要适当提高运价来实现企业的盈亏平衡或减少亏损。这就是许多运输设施刚投产时实行较高运价的经济上的理由。

5）当亏损无法避免时，企业仍可以在短时间内进行经营。理由是运输成本中固定成本比例较大，当出现亏损时，如果停止生产，企业的亏损额就是固定成本；坚持生产，只要运输收入大于变动成本，使企业亏损额小于固定成本，就能比停止生产减少亏损，这对企业还是相对有利的。但这种状况不能持续时间过长，否则运输企业会因固定成本得不到补充而无法维持生产。

6）铁路运输项目资金巨大，固定成本所占比例较大，决定了运输生产的规模经济性。运输生产只有具有一定的规模才能不至于亏损，或者说生产规模越大，企业经济效益越好。

设各项因素变化率为r，则变化后的盈亏平衡点的产量、收入分别为

$$\text{盈亏平衡点的产量}=\frac{a(1\pm r)}{p(1\pm r)\left[1-t(1\pm r)\right]-b(1\pm r)} \tag{7-62}$$

$$\text{盈亏平衡点的收入}=\frac{a(1\pm r)}{p(1\pm r)\left[1-t(1\pm r)\right]-b(1\pm r)}\cdot p \tag{7-63}$$

式中，r为各因素的变化率。

（3）本量利分析的应用

1）根据目标利润测算应达到的产量和收入。在已知产品单价、税率和固定成本与单位变动成本的情况下，可以测算为保证已确定的目标利润（设为m）应达到的产量和收入水平。计算公式为

$$\text{目标利润的产量 } x=\frac{a+m}{p(1-t)-b} \tag{7-64}$$

$$\text{目标利润的收入 } px=\frac{a+m}{p(1-t)-b}\cdot p \tag{7-65}$$

另外，也可根据预计产量来测算能实现的利润。利润额的计算公式为

$$\text{利润额=单位产品创利额×已定产量-固定成本} \tag{7-66}$$

2）分析企业经营状况。在确定盈亏平衡点的基础上，判断企业经营的好坏，可以对企业的经营状况进行分析，即利用经营安全率指标来判断企业经营的好坏。计算公式为

$$\text{经营安全率}=\frac{\text{现有产量}-\text{盈亏平衡点产量}}{\text{现有产量}}\times 100\% \tag{7-67}$$

或

$$\text{经营安全率}=\left(1-\frac{\text{盈亏平衡点产量}}{\text{现有产量}}\right)\times 100\% \tag{7-68}$$

其中，经营安全率波动于0～1，这个指标越高，说明企业获得的利润越多，经营状况越好。

从投入产出的角度看，可以用净资产收益率和总资产报酬率来表明企业的经营状况。计算公式为

$$\text{净资产收益率} = \frac{\text{税后净利润}}{\text{计算期平均净资产额}} \times 100\% \tag{7-69}$$

$$\text{总资产报酬率} = \frac{\text{利润总额+利息支出}}{\text{计算期平均资产总额}} \times 100\% \tag{7-70}$$

3）研究提高利润的途径。增加产量、降低固定成本和变动成本，以及提高产品单价等均会对企业的盈亏平衡点产生影响，从而对企业的盈利产生影响。因此，通过本量利分析可以研究在哪些方面采取措施，改善企业生产经营状况，以便提高企业利润。

4）选择设备投资方案。对不同设备投资方案的选择，因其建成后的生产能力和产量，以及固定成本与变动成本等是不同的，在产品单价和税率一定的情况下，利润大小也不同，可对这些资料进行分析比较，从中选择最有利的方案。

课后阅读

构建铁路货运价格管理机制的对策

国铁集团应细化明确价格管理处的管理职责范围，以及与货运、财务、收入等部门的结合部管理关系，从岗位互控、职责互控、风险防范角度，在价格政策管理和具体操作层面对价格管理部门与业务管理部门职责做出界定，实现科学合理的分工。

1）健全价格管理机构。在建立国铁集团、铁路局二级价格管理机构的基础上，加快培养物流价格管理的专业人才，为建立现代物流条件下铁路货运价格管理机制提供支撑。梳理铁路专用线收费等与运输相关的其他收费情况，分析评价运输相关其他收费对铁路综合物流成本的影响。配合车、机、工、电、辆等部门进行维修及服务成本写实、审价工作，根据写实、审价情况明确相关费目及调节标准，将运输相关收费纳入运输杂费管理，解决多头对外的问题，统一收费主体、规范收费项目、明确收费标准，通过对两端服务收费行为的有效监管，净化运输市场收费行为，降低铁路总体物流成本，提高价格竞争力。

2）完善货运价格管理制度。进一步优化价格管理和市场化定价审核机制，细化价格项目的审批、执行、监督和检查流程，建立团队管理决策、执行过程盯控、项目实施评价、运作流程监控等监督和追责制度。通过建立完善全过程、行之有效的监督手段，使货运价格管理人员将更多的精力投入运价政策的合理运用及决策中。

3）建立价格形成机制。借鉴其他运输方式的价格制定策略，合理考虑铁路运输企业的运行成本和市场需求，建立成本约束机制和科学的定价体系，提高定价的科学性和透明度；综合评估与铁路运输成本密切相关的市场材料、能源价格、人工成本，以及市场对价格的接受度、其他运输方式竞争变化等情况，建立价格动态调整机制。例如，设置最高和最低限价，由铁路运输企业自主根据淡旺季实施不同的打折幅度；设置中间价格机制，给予铁路局一定幅度的波动空间。具体措施包括：对运输能力相对紧张的区段或危险货物运输实施上浮运价，对货运回空方向运输，与高速公路平行、已经形成竞争路段的客货运输，允许铁路根据市场情况的变化实行下浮运价等；根据各种运输方式价格变化、铁路运输产品

特点及服务水平，适时调整定价策略和价格水平，理顺内部比价关系，发挥各自优势，提高综合竞争力。建立和落实价格制定和调整过程中的价格信息商业保密制度，提高价格谈判技巧和能力，确保铁路自身利益。

4）加强价格浮动收益评价。一是对铁路局收益有较大影响的大宗货物运输，界定新增货源和既有货源，与财务、收入部门制定收益测算分析口径，并应用于所有大宗货物价格浮动项目，原则上对只增量增收但不增效的项目不实施价格浮动，特殊情况下为增加铁路运输市场份额、提升竞争力，可以在一定期限内实施价格浮动。二是对批量议价项目，采取前后对比、有无对比、横向对比等分析方法。通过与既有整车、集装箱运输运费进行比较，与前期的同一方向的项目价格进行比较，与周边铁路局价格执行情况进行比较，与铁路局清算收入进行比较，避免为争取货源竞相降价行为，力争达到铁路局效益最大化。

5）开展价格市场监测。结合实际情况，逐步规范价格监测方式方法，明确市场价格调查机构，建立工作制度，落实人员责任，拓展市场信息采集渠道，建立运输市场调查监控机制。组织开展价格信息的收集、分析、处理和价格策略研究。强化货运中心和有关站段承担价格信息收集、汇总、报送等相关工作；探索铁路局附属机构开展价格信息调查机制，利用铁路局附属机构承担收集、分析、处理和价格策略研究。

（资料来源：根据李聪颖，2016. 构建铁路货运价格管理机制的探讨[J]. 铁道货运，34（6）：5-9，36. 改编。）

思 考 题

1. 如何考核铁路线路的使用效率？
2. 影响车站装卸机械使用效率的指标有哪些？
3. 仓储设备运用指标有哪些？
4. 机车运用指标有哪些？
5. 简述铁路运价的特点。
6. 如何理解铁路运价的功能？
7. 分析不同定价方法的合理性。
8. 运量与成本、运价及运输收入分别是什么关系？
9. 铁路运输收入按收入科目分为哪些种类？
10. 简述铁路运输企业提高经济效益的方法。

第八章 铁路与“一带一路”倡议

知识目标

了解“一带一路”倡议的提出背景；理解国际铁路运输通道相关概念；了解中欧铁路线路；掌握中欧班列的基本格局（“三大通道、四大口岸、五个方向、六大线路”）和主要运行线路。

能力目标

会组织中欧班列货源；会合理选择中欧班列运输通道和运输线路。

导入案例

中吉乌铁路迎转机　中欧最短货运路线要来了

2022 年 5 月底，吉尔吉斯斯坦总统扎帕罗夫在接受当地媒体采访时，对外界公布了连通中国、吉尔吉斯斯坦与乌兹别克斯坦铁路（以下简称中吉乌铁路）的相关情况。他表示，在完成可行性研究后，中吉乌铁路将于 2023 年开工。此后，乌兹别克斯坦总统也公布了相关消息。

国家发改委网站 2022 年 6 月 6 日发布的消息显示，6 月 2 日，国家发改委外资司负责同志与吉尔吉斯斯坦交通部、乌兹别克斯坦交通部负责人员共同主持召开中吉乌铁路三方工作层视频会议，就推动中吉乌铁路项目合作深入交换意见。

那么，该铁路为何被搁置 25 年？

按照长期规划，中吉乌铁路是中欧班列南线的重要组成部分，最终通过乌兹别克斯坦，经过伊朗、土耳其进入东欧和南欧。

在 20 世纪 90 年代末，中、吉、乌 3 国已经开始讨论建设这条铁路。1997 年，3 国签署了关于建设中吉乌铁路的备忘录。但此后 25 年，这条铁路迟迟没有动工。

对此，中国交通运输协会国际班列咨询服务中心国际事务高级协调员杨杰解释道，俄罗斯一直希望将欧亚间的过境铁路运输放在由它主导、能过境俄罗斯及位于欧亚经济联盟的框架内来发展。他表示，从吉尔吉斯斯坦的角度看，该国曾经在俄罗斯规划的南北国际运输走廊和中吉乌铁路之间摇摆，反映了吉尔吉斯斯坦国内区域发展思路的变化。

铁路的建设少不了资金和技术问题。2022 年 6 月 6 日，吉尔吉斯斯坦驻华大使巴克特古洛娃在中国人民大学国际关系学院进行题为“中吉关系的现状与展望”的讲座上透露，资金来源是中吉乌铁路项目在近 20 年间一直没有解决的关键问题，推动中吉乌铁路项目落实，需要在资金来源问题上找到各方可以接受的解决方案。

中吉乌铁路全长 523km，其中 213km 在中国境内，在吉尔吉斯斯坦境内有 260km，乌兹别克斯坦境内有 50km。根据规划，中吉乌铁路从中国新疆的喀什向西出境，经吉尔吉斯斯坦卡拉苏，到达乌兹别克斯坦的安集延。

据新华社报道，中吉乌铁路的建成将完善新亚欧大陆桥南部通路，形成东亚、东南亚通往中亚、西亚和北非、南欧的便捷运输通道；将拓宽新亚欧大陆桥的运输范围，提高新亚欧大陆桥在国际运输中的地位；将改变我国新疆乃至整个西部的交通格局，加快西部大开发的步伐；有利于中亚、里海石油的开发和利用，对开辟我国新的石油进口源，调整我国能源发展战略具有重要意义。

（资料来源：根据潘寅茹，2022. 中吉乌铁路迎转机，中-欧最短货运路线要来了[EB/OL].（2022-06-13）[2022-07-15]. https://finance.sina.com.cn/jjxw/2022-06-13/doc-imizirau8071529.shtml. 改编。）

第一节 “一带一路”倡议与国际铁路运输通道建设

一、“一带一路”倡议的提出

2013 年 9 月 7 日，国家主席习近平在哈萨克斯坦纳扎尔巴耶夫大学发表题为《弘扬人民友谊 共创美好未来》的重要演讲，提出共同建设“丝绸之路经济带”。2013 年 10 月 3 日，习近平在印度尼西亚国会发表题为《携手建设中国-东盟命运共同体》的重要演讲，提出共同建设 21 世纪“海上丝绸之路”。这两次演讲就是“一带一路”的源头。

“一带一路”贯穿亚欧非大陆，一头是活跃的东亚经济圈，另一头是发达的欧洲经济圈，中间广大腹地国家经济发展潜力巨大。丝绸之路经济带重点畅通中国经中亚、俄罗斯至欧洲（波罗的海）；中国经中亚、西亚至波斯湾、地中海；中国至东南亚、南亚、印度洋。21 世纪海上丝绸之路重点方向是从中国沿海港口过南海到印度洋，延伸至欧洲；从中国沿海港口过南海到南太平洋。

共建“一带一路”旨在促进经济要素有序自由流动、资源高效配置和市场深度融合，推动沿线各国实现经济政策协调，开展更大范围、更高水平、更深层次的区域合作，共同打造开放、包容、均衡、普惠的区域经济合作架构。

铁路是中国经济运行的大动脉，能够快速、有效地促成各地区、各领域、各国家之间的贸易来往，带动各国的交流互通。中国铁路服务“一带一路”建设：大力发展中欧班列运输，货量不断增加；高速铁路走出去战略逐步实施，我国一大批铁路项目已在海外落地结果，如中老铁路、雅万高速铁路、中欧班列、匈塞铁路等，推动了“一带一路”高质量发展。中国铁路已经茁壮成长为一个集高速客运、多元化物流运输、国际铁路联运、铁路设备制造等多种属性于一身的现代化物流企业。“一带一路”建设与铁路建设相辅相成，互相助力。“一带一路”建设促进协调各国发展战略的同时，也给中国铁路带来新的机遇和挑战。

根据“一带一路”合作倡议，基础设施互联互通是“一带一路”建设的优先领域，在尊重相关国家主权和安全关切的基础上，要加强与共建国家基础设施建设规划、技术标准体系的对接，共同推进国际骨干通道建设，逐步形成连接亚洲各次区域及亚欧非之间的基础设施网络。按照“一带一路”建设的总体要求，我国铁路积极参与国际通道建设，以服务“一带一路”沿线经济走廊为主要方向，构建高效畅通的国际铁路通道，为“丝绸之路经济带”建设发挥支撑作用。

二、国际铁路运输通道相关概念

亚欧发展银行提出国际运输通道是由基础设施及通信设施完备的干线组成，在货流集中的区域，运用多式联运技术，利用多功能枢纽及转运设备提供运输服务，并指出国际运输通道的运营及维护需要由法律框架及国际协定予以支持。世界银行指出，国际铁路运输通道连接一个或多个邻国，通道可以是单路径，也可以是多路径，包含多种运输模式，运输通道的服务对象不同，可以是港口或某一具体区域。

狭义的国际铁路运输通道是指覆盖两个及两个以上国家，由一条或若干条铁路干线构成的，实现互联互通或具备换装换乘条件，实现大能力运量的国际铁路运输主通道；广义的国际铁路运输通道还要与综合物流节点等硬件设施及运输协议等软件系统相结合，包含与通道连接的枢纽、港口、车站、机场等相关配套服务设施及制度、信息等支持系统。本书暂不考虑广义的国际铁路运输通道，研究对象聚焦于“一带一路”与中国实现互联互通的狭义范围的国际铁路运输通道。

国际铁路运输通道涉及沿途国家较多，地缘政治、国家利益、投资收益博弈复杂，需要沿途国家达成共识，通过利用既有铁路路段、改造低等级路段、打通缺失路段，连段成线、连线成网，构建形成区域间铁路运输甚至综合交通运输的主骨架。该类项目通常由国际合作组织或区域内影响力大的国家发起倡议，对若干通道方案进行比选论证，提出达成共识的可行性通道方案及建设规划，区域内各国按照规划分别实施国内铁路建设项目。国际铁路运输通道项目协调、集成难度较大，但一旦建成就会对促进区域间经济贸易、物资文化交流具有重大推动作用。

三、“一带一路”国际铁路运输通道建设的意义

国际铁路运输通道是六大经济走廊建设的重要内容，对于支撑“一带一路”倡议和“西部大开发”等国家战略，深化我国与共建国家间的合作关系，促进国际产能合作、互利共赢，推动国内紧缺资源尤其是能源供应多元化等均具有重大的现实意义。

1. “一带一路”建设的重要支撑

自2013年“一带一路”愿景与行动发布以来，我国秉持开放、包容、均衡、普惠的原则及共商、共建、共享的理念，积极组织参与国际经济贸易合作，着力推进共建国家基础设施互联互通和国际运输大通道建设，实现国与国之间的互联互通，打造人类命运共同体。目前，许多“一带一路”共建国家的经济发展状况并不理想，在交通基础设施上面临短缺的发展困境。作为“一带一路”建设的重要支撑，国际铁路运输通道建设不仅有利于增进我国和共建国家间的友好睦邻关系，扩大和深化国际合作关系，促进经济、文化、人文等各个领域更深的交流，进一步提升中国在国际上的大国地位，还有利于促进中国与共建国

家间的产业与产能互补、互利共赢，推动国内紧缺资源尤其是能源供应多元化。

2. 国际产能合作的重要途径

随着我国经济发展进入新常态，部分行业化解过剩产能任务艰巨，调整转型形势逼人，对转变发展方式、调整产业结构提出了新要求；同时，国际经济可持续与低碳环保的发展理念，也为中国铁路参与国际铁路运输通道建设提供了广阔的国际空间。利用中国铁路在高速铁路、普速铁路、重载铁路等领域的技术优势，实施境外铁路项目，将中国优质富余资源与共建国家的实际需求融合，形成优势互补的产业网络和开放合作的经济体系，推动咨询设计、建设施工、装备制造、运营管理、人才培训全产业链输出，促进国内相关行业建设能力、制造能力转移，增加劳动就业机会，带动相关产业发展，为中国企业充分利用国内和国外两个市场，培育新的经济发展空间和新的经济增长点，对促进行业提质增效、转型升级具有重要意义。

3. “西部大开发”战略的需要

我国始终坚持对外开放的基本国策，按照“开放、互利、共赢”的原则，不断加强发展内外联系，造福于世界国家与人民。党的十八大以来，我国的对外开放进入新的历史阶段，进一步丰富对外开放的内容，提高对外开放的水平，促进战略互信、经贸合作、人文交流，形成互利合作的深层次整合，是深化对外开放的新征程和新要求。通过参与国际铁路运输通道建设，构建中西部地区与“一带一路”共建国家合作的平台，可将中西部地区资源优势转化为产业优势，拉动中西部地区经济发展和产业结构调整，依托现代物流体系支撑国家西部大开发战略。

4. 实现国家能源供应安全的需求

我国是世界上最大的发展中国家，能源、粮食等大量资源需要从国外进口，经波斯湾、马六甲海峡等海上咽喉进入我国沿海港口，运输方式和路径比较单一，影响我国战略资源供应安全。通过国际铁路运输通道建设，将铁路延伸至西亚、中东、非洲等区域，构建陆上能源资源运输大通道，对于缓解我国海上能源运输通道制约具有重大战略意义。

第二节　铁路与“一带一路”区域经济发展

一、铁路支撑沿线国家经济可持续发展的路径分析

可持续发展于 1987 年在世界环境与发展委员会上被正式提出，可持续发展要求社会经济和人类发展应在人类承载力范围内。《21 世纪议程》指出，发展中国家必须加大能源生产力度，以加速发展和提高本国人民的生活水平，同时要减少生产成本和与能源有关的污染。针对发展中国家在快速城市化和机动化过程中带来的噪声、污染等问题，各个国家应该对城市运输规划和管理采用综合管理规划的方式。“一带一路”共建国家各国间贸易往来

方式主要为海运、公路和铁路，随着海运的蓬勃发展，研究结果显示，海运船舶排放的污染物对沿海居民健康影响最为显著，但这种影响也可以传播到内陆。公路运输在支撑区域经济发展过程中存在高消耗、高排放的问题。为了贯彻落实党中央、国务院关于推进运输结构调整的决策部署，打赢蓝天保卫战、打好污染防治攻坚战，提高综合运输效率、降低物流成本，国务院办公厅印发《推进运输结构调整三年行动计划（2018—2020年）》，提出要按照高质量发展要求，减少公路运输量，增加铁路运输量，主要通过提升主要物流通道干线铁路运输能力、加快大型工矿企业和物流园区铁路专用线建设、优化铁路运输组织模式、提升铁路货运服务水平来提升铁路运能。

铁路作为绿色、环保的运输方式，将对“一带一路”共建国家区域经济和贸易的可持续发展发挥重要作用。世界各国运输都处在调整运输结构和选择新发展模式的关键时期，传统的铁路运输技术发展相对落后，使得铁路发展严重滞后。随着新材料、新工艺及铁路现代化运营技术的应用，世界各国开始采取行动，努力提高铁路运输的占比。与公路相比，铁路运送相同数量的旅客，所占用的面积比公路更少，仅为 25%，而且相比公路与航空运输大都依赖不可再生能源，铁路现在使用的多为电力机车，所需电能可以利用核电能源、太阳能源或水利能源等新能源获得。

沿线国家多为欠发达地区，各国在区域经济发展过程中延续了发达国家传统的发展路径，在发展过程中以大量能源消耗和环境污染为代价，很多发展中国家的运输系统在带动经济和贸易增长的同时，以石油为主要能源消耗，不利于经济的可持续发展。“一带一路”共建国家在经济发展过程中应该注重对环境的保护和利用，重视铁路这一高效、环保的运输方式，发挥铁路运输在区域经济中的驱动和支撑作用。为实现各国铁路运输对经济可持续发展的支撑作用，各国应该在提升运输效率、改善运输质量、降低运输成本等方面采取相应措施。各国应贯彻“创新、协调、绿色、开放、共享”的可持续发展理念，发挥铁路运输在运输系统中的作用，注重铁路运输与区域经济的协调发展，发挥两者的协同效应。同时各国在发展铁路运输过程中，应该注重对各国生态环境和生物物种多样性的保护，在铁路运用过程中应增加可再生清洁能源的利用率，如利用当地的风能、太阳能等，减少对化石能源的依赖。

二、中国高速铁路经济产业发展促进了东盟地区产业链重构

首先，高速铁路是东盟地区铁路升级换代和区域互联互通的最佳选项。东盟大整体经济在近 10 年取得了令人瞩目的成就，不仅整体发展速度一直名列世界前茅，而且在东盟经济共同体的目标要求下，区内双边、多边贸易逐年递增，人员交流频繁。但是，由于历史和经济欠发达等因素，东南亚国家的铁路通车里程有限且技术设备陈旧落后，其中陆地面积近 200 万 km^2、人口 2.76 亿的印度尼西亚，铁路通车里程不到 1 万 km。由此可以看出，陆路交通的缺失仍然是东盟互联互通和区域经济整体发展的瓶颈，而中国高速铁路可在陆地上架构铁路交通网的优势能够极大促进东盟内外的陆路互联互通。其次，东盟十国中有 7 个国家陆路相连，北面连中国，西可由孟加拉国进入印度，南面跨狭窄海峡可到印度尼西亚巴淡岛，铁路在东盟陆路交通中的发展潜力巨大。泛亚高速铁路从 20 世纪 60 年代开始酝酿，至今已有半个多世纪，一旦建成通车，新加坡游客到中国昆明只需要十多个小时，

这将为东南亚国家和中国西南部地区带来共同发展机遇和巨大经济效益，同时能促进中国西南部和东盟国家贫困地区的减贫工作。

中国高速铁路的技术优势、成本优势及较高的安全系数，促使它能在平等互利的基础上为东盟带来世界最新的铁路科技，并拉动其相关产业升级换代。东盟高速铁路网建成后，也将在方便人流、物流的同时，为扩大内需提供运输支撑，带动相关产业转型升级，带动铁路沿线地区的经济社会发展。

三、中国高速铁路对中亚地区经济产业发展的促进和影响

在以中国高速铁路为陆上支撑骨架的“一带一路”倡议格局下，通过中亚高速铁路乃至欧亚高速铁路的建设，将有力带动欧亚大陆的经济融合，使中亚地区一些徘徊在世界经济发展潮流之外的发展中国家获得介入全球化过程的机会。

（一）形成中国—中亚经济圈的区域效应

中国高速铁路的建设会对中亚区域经济产生长期影响，引导中亚地区之间的产业转移和产业结构升级，推动区域和城乡协调发展，增加旅游、餐饮、购物等相关服务业及住房需求的快速增长，从而促进中亚地区各国的经济社会全面发展。中国高速铁路还会带动中国与中亚地区各国之间的转口贸易、过境贸易快速发展，进而拉动各国的保险、金融、仓储、加工等整个产业链发展。此外，对于有着较多能源、资源及农产品资源的中亚地区的国家而言，修建便捷的高速铁路设施会极大提升货物运输效率，这对于吸引中国企业前往该地区投资也是一个利好消息。

（二）发挥中国和中亚各国产业结构和市场结构上的互补性

中亚五国丰富的自然资源为中国经济发展所需要，而中国质优价廉的轻工产品、食品、家用电器等也满足了这些国家巨大的市场需求。中国与中亚国家之间还存在贸易互补性，双方在能源矿产类产品、纺织服装、民用产品和机械类产品等方面都存在较强的互补性，双方的贸易潜力巨大。中亚是世界石油和天然气储量丰富的地区之一，完全有可能在高速铁路的带动下，开辟一个面向东南亚地区的、自我主导的新兴能源市场。中国也将因此摆脱对中东石油市场的高度依赖，增强自身的石油议价能力，并制定有利于自己的石油定价机制和规则。

（三）完善便捷的交通物流网络体系

交通运输方式是产生经济效益的前提条件之一，高速铁路的延伸意味着商路的延伸和物流成本的缩减。中国高速铁路牵动下的向西开放至少面对着塔吉克斯坦、阿富汗、巴基斯坦、吉尔吉斯斯坦、乌兹别克斯坦、印度 6 个国家，中巴铁路和中吉乌铁路一旦建成，连接中国新疆与中亚、西亚各国的铁路网就将出现。西出新疆喀什经济区，取道中亚可前往欧洲，陆路距离会大大缩短。尤其是对中亚各国来说，随着中国高速铁路牵动下的向西开放，新的“丝绸之路”及“欧亚大陆桥”的建设，便利的交通物流网络能够弥补中亚五国实施“资源兴国”战略所存在的输出路线的缺陷——地处内陆，输出不便。中国是中亚

国家油气资源向东流动的必经之地，并有可能将日本和韩国的市场与中亚相连；同时，中国又是亚太地区最大的新兴市场，这一特点对中亚国家有着巨大的吸引力。

第三节　中欧铁路及中欧班列

一、中欧铁路

中国与欧洲间的货物其实很早就已经通过铁路进行运输，只不过主要通过多式联运的方式，如海铁联运和公铁联运等，其中著名的要数第一亚欧大陆桥和第二亚欧大陆桥。

1. 第一亚欧大陆桥

第一亚欧大陆桥又称为西伯利亚大陆桥，是世界第一条连接欧洲、亚洲的大陆桥，以俄罗斯东部的符拉迪沃斯托克（海参崴）港为起点，贯通亚洲北部，横穿西伯利亚大铁路通向莫斯科，然后通向欧洲各国，最后到荷兰鹿特丹港。整个大陆桥共经过俄罗斯、中国支线段（由绥芬河入中国境，途中经由哈尔滨、齐齐哈尔、昂昂溪、扎兰屯、海拉尔直至满洲里出中国境）、哈萨克斯坦、白俄罗斯、波兰、德国、荷兰 7 个国家，全长 13 000km，沟通了太平洋和大西洋。

2. 第二亚欧大陆桥

第二亚欧大陆桥又称为新亚欧大陆桥，是指东起中国连云港，途经山东、江苏、安徽、河南、陕西、甘肃、青海、新疆，到中哈边界的阿拉山口出国境，穿越哈萨克斯坦等中亚地区，经俄罗斯、白俄罗斯、乌克兰、波兰、德国等欧洲口岸，最终到达荷兰鹿特丹港的国际化铁路干线，全长 11 000km。因为它是继西伯利亚大陆桥之后连接亚欧的第二座大陆桥，故称“新亚欧大陆桥”。与西伯利亚大陆桥相比，新亚欧大陆桥具有明显的优势。新亚欧大陆桥由太平洋西岸中国连云港开始的陇海、兰新铁路向西延伸，在中国西部边境阿拉山口与哈萨克斯坦的德鲁日巴站接轨，从而构成一条沿当年亚欧商贸往来的“丝绸之路”，经亚洲、欧洲诸国直到大西洋。第二亚欧大陆桥是一条对亚欧大陆经贸活动发挥巨大作用的现代“丝绸之路”。

二、中欧班列

欧亚之间沿途的相关基础设施这些年来已经基本完善，配套服务也相对成熟。2011 年 3 月 19 日，中欧班列作为中欧货物运输新模式首次亮相，其标志是从中国重庆到德国杜伊斯堡的“渝新欧”国际铁路班列的正式发车，中欧之间的集装箱铁路货运新模式由此诞生。

中欧班列是指按照固定车次、线路、班期和全程运行时刻表开行，运行于中国与欧洲及“一带一路”共建国家间的集装箱等国际铁路联运列车。中欧班列是深化我国与共建国家经贸合作的重要载体和推进“一带一路”建设的重要抓手。

（一）中欧班列的发展历程

自首列中欧班列（重庆—杜伊斯堡）成功开行以来，成都、西安、郑州、武汉、苏州、广州等数十个城市也陆续开行了去往欧洲和中亚沿途各个国家和地区的集装箱班列。

中国铁路总公司于 2014 年 8 月 14 日在重庆举行了第一次中欧班列国内协调会议。来自重庆、成都、郑州、武汉、苏州、义乌等地政府和各地中欧班列平台公司负责人参加了会议。会议颁布了《中欧班列组织管理暂行办法》，签署了《关于建立中欧班列国内运输协调会备忘录》。具体内容涉及各地中欧班列未来统一品牌标志、统一运输组织、统一全程价格、统一服务标准、统一经营团队、统一协调平台，强化机制和装备保障等。

2014 年 12 月 16 日，由中国铁路集装箱总公司主办的中欧班列第二次国内运输协调会在郑州召开，来自重庆、郑州、成都、武汉、苏州、义乌 6 地的代表就中欧班列的开通运行、量价捆绑、中转集结等问题展开深入探讨。

2016 年 6 月 8 日，中国铁路正式启用“中欧班列”统一品牌，采用统一标识的中欧班列分别从重庆、苏州、东莞等 8 个城市始发。打造中欧班列品牌建设、班列命名、品牌标识、品牌使用和品牌宣传，有利于优化整合现有班列运营，促进内部良性竞争，拓展物流服务平台，促进中欧班列健康有序发展。

中国铁路总公司成立全路统一的中欧班列客服中心、单证中心，与沿线国家和地区铁路部门建立班列运行信息交换机制，向客户通报班列运行信息，提供客户咨询、国际联运运单、代办口岸报关转关、货柜租赁、追踪货物位置、单据预审、应急处置等服务。

2016 年统一品牌后，中欧班列正式进入快速发展阶段，呈现出增长速度快、覆盖范围广、货品种类多的典型特点。

2017 年 4 月 20 日，中国、白俄罗斯、德国、哈萨克斯坦、蒙古国、波兰、俄罗斯 7 国铁路部门签署《关于深化中欧班列合作协议》。立足于服务“一带一路”建设，该协议以提高亚欧间铁路货运市场份额、带动共建国家经济发展和经贸合作为目标，将中欧班列打造成为具有国际竞争力和良好商誉度的世界知名物流品牌。

2023 年，中欧班列全年开行 17 523 列，其中去程 9343 列，回程 8180 列。中欧班列从 2011 年开行以来，从最初的几十列增长到现在的一两万列，从逐步探索到高速增长，进入稳定的、高质量发展阶段。

（二）中欧班列的基本格局

中欧班列通道不仅连通欧洲及沿线国家，还连通东亚、东南亚及其他地区；不仅是铁路通道，还是多式联运走廊。目前，中欧班列已形成以“三大通道、四大口岸、五个方向、六大线路”为特点的基本格局。

1. 三大通道

“三大通道”是指中欧班列经新疆出境的西通道和经内蒙古出境的中、东三大铁路运输通道。西部通道主要吸引中国中西部地区与欧洲间的进出口货源，从阿拉山口（霍尔果斯）出境，经哈萨克斯坦、俄罗斯、白俄罗斯、波兰到达欧洲。中部通道由中国华北地区从二连浩特口岸出境，经蒙古国、俄罗斯、白俄罗斯、波兰到达欧洲。东部通道由中国东南部沿海地区从满洲里口岸出境，经俄罗斯、白俄罗斯、波兰到达欧洲。

2. 四大口岸

“四大口岸”是指处于三大通道上的阿拉山口、满洲里、二连浩特、霍尔果斯，是中欧班列出入境的主要口岸。

3. 五个方向

“五个方向”是指经“三大通道”“四大口岸”出境的中欧班列到达的欧洲、中亚、中东、东南亚、东北亚五大地区。

4. 六大线路

“六大线路”是指西安、成都、重庆、郑州、武汉、苏州等地开行的线路在规模、货源组织及运营稳定性等方面的表现较为突出。

（三）中欧班列的主要运行线路

2011 年 3 月，首趟中欧班列从重庆发出，开往德国的杜伊斯堡，开启了中欧班列创新发展的序章。经过 10 多年的市场培育和运作，目前已实现常态化开行、规模化运营。

1. 重庆—杜伊斯堡

从重庆团结村站始发，由阿拉山口出境，途经哈萨克斯坦、俄罗斯、白俄罗斯、波兰至德国杜伊斯堡站，全程 10 070km，运行时间 17.5 天。

2. 成都—罗兹

从成都城厢站始发，由阿拉山口出境，途经哈萨克斯坦、俄罗斯、白俄罗斯至波兰罗兹站，全程 9287km，运行时间 15.7 天。

3. 郑州—汉堡

从郑州圃田站始发，由阿拉山口出境，途经哈萨克斯坦、俄罗斯、白俄罗斯、波兰至德国汉堡站，全程约 10 245km，运行时间约 15 天。

4. 武汉—杜伊斯堡

从武汉吴家山站始发，经阿拉山口出境，途经哈萨克斯坦、俄罗斯、白俄罗斯、波兰到达德国的杜伊斯堡，全程约 10 761km，运行时间约 18 天。

5. 义乌—马德里

从义乌铁路西站到西班牙马德里，通过新疆阿拉山口出境，途经哈萨克斯坦、俄罗斯、白俄罗斯、波兰、德国、法国、西班牙，全程约 13 552km，运行时间 23.3 天。

6. 广州—莫斯科

从广州大朗站始发，经满洲里出境，直达俄罗斯莫斯科，全程约 11 500km，运行时间约 15 天。

7. 内蒙古—伊朗东南部城市巴姆

从呼和浩特东南部的沙良物流园驶出，15 天抵达 9000 多公里外的伊朗东南部城市巴姆。

8. 乌鲁木齐—杜伊斯堡

从乌鲁木齐出发后，从亚欧大陆桥桥头堡阿拉山口口岸出境，经哈萨克斯坦、俄罗斯、波兰至德国杜伊斯堡，单程预计约 10 天，全程约 8000km。

9. “湾区号”中欧班列

“湾区号”中欧班列成为联通深圳与国际经济发展的重要纽带。2022 年 4 月 2 日，“湾区号”中欧班列已铺画 5 条出口线路，通达德国、波兰、俄罗斯、老挝等多个国家。

（四）中欧班列的运行特点

1. 覆盖范围不断扩大

《中欧班列发展报告（2021）》显示，截至 2021 年年底，中国境内已有 91 个城市开通中欧班列，通达欧洲 23 个国家 180 个城市，形成阿拉山口、霍尔果斯、二连浩特、满洲里四大出境口岸，重庆、成都、西安、郑州、乌鲁木齐五大集结中心。目前，中欧班列物流链条已延伸到东部沿海城市及粤港澳大湾区。

2021 年 9 月，首列“上海号”中欧班列从闵行站始发，途经阿拉山口、波兰马拉舍维奇，最终抵达德国汉堡。截至 2024 年 4 月，上海中欧班列已实现中欧线、中俄线和中亚线三大主要线路的全覆盖。班列开行 2 年多来，运行线路由初期的 1 条拓展为目前的 11 条，可通达德国、波兰、俄罗斯、白俄罗斯、哈萨克斯坦等 12 个欧亚国家、92 个国际站点。

2022 年 1 月，一列满载 100 个标准集装箱出口货物的中欧班列首次从广州铁路集装箱中心站，经由阿拉山口口岸出境，奔向波兰的马拉舍维奇。

站点的不断增加，极大便利了中国与“一带一路”共建国家在贸易领域的互联互通。现在，中国任何一个城市都可以通过国内阿拉山口、满洲里、二连浩特 3 个出口，经中亚、白俄罗斯、俄罗斯 3 个通道，到达欧洲任何一个国家。

2. 班列货源更加丰富多元，重箱率、回程比大幅提升

截至 2024 年 1 月底，中欧班列累计开行超过 8.4 万列，通达欧洲 25 个国家 219 个城市。运输货物品类从最初的手机、笔记本电脑等 IT（information technology，信息技术）产品，扩大到汽车配件及整车、化工、机电、粮食、酒类、木材等 5 万多种。

数据显示，中欧班列重箱率从 2016 年的 77.2%提升至 2023 年 11 月的 100%。回程班

列与去程班列的比例由2016年的50.6%提升到2023年的87%以上。

3. 运营模式逐渐清晰

运营模式逐渐清晰是中欧班列能够持续发展的基石。经过多年的不断尝试和探索，中欧班列的运营市场环境逐渐规范，运营模式不断清晰，以出境中欧班列运输为例，完成中欧班列运输主要涉及货主、收货人、中欧班列运营公司、中铁集装箱运输有限责任公司、境外运输承运方、各级政府及“一关两检”（海关、边防检查站、检验检疫局）部门。主要流程为：货主向中欧班列运营公司发出运输需求，并相互签订运输合同；在中欧班列从境内始发城市发出后，境内段由中铁集装箱运输有限责任公司承运，而境外段由相对应的境外承运方承运，将货物交付至收货人手中。其中，中欧班列运营公司的模式各个线路各有不同，如“渝新欧”的渝新欧（重庆）物流有限公司、“郑欧”的郑州国际陆港开发建设有限公司等。境外承运方则主要由过境国和欧洲比较大型的铁路公司来承担，如俄铁、哈铁、德铁等。另外，“一关两检”负责出入境中欧班列运输货物的检验检疫工作，各级政府则对中欧班列运输给予相应的政策扶持和资源支持等。发展至今，中欧班列向市场提供的运输服务大致分为4种：①重点服务于大型出口企业的“定制班列”；②常态化开行的“公共班列”；③货物随到随发的“散发班列”；④为微小企业服务的拼箱运输服务。

中欧班列已成为连接“一带一路”的重要纽带，是横贯亚欧大陆、沟通两大洋的运输大动脉。亚欧大陆人口占世界人口的75%，地区生产总值约占世界总额的60%。中间广大腹地国家经济发展潜力巨大，特别是“一带一路”共建国家资源丰富，经济互补性强，合作空间广阔，为中欧班列的发展准备了客观条件。中欧班列运行释放出亚欧陆路物流和贸易潜能。中欧班列作为一种新型的国际铁路物流运输组织方式，涉及多个“一带一路”共建国家和国际供应链中的众多市场主体，唯有共商，充分发挥对话、协商、协调作用，才能兼顾各方利益和关切，形成更加畅通的贸易运输体系。

第四节　泛亚铁路

一、泛亚铁路的由来

泛亚铁路是连接欧亚大陆铁路网的统称。20世纪60年代，联合国亚洲及太平洋经济社会委员会（以下简称亚太经社会）策划拟订了一项修建一个统一的、贯通欧亚大陆的货运铁路网络的计划，这就是后来的泛亚铁路计划。该计划的核心内容是修建一条总长14 080km、贯通新加坡及土耳其伊斯坦布尔并延伸至欧洲及非洲的铁路网。

二、泛亚铁路的进展

1995年12月，马来西亚前总理马哈蒂尔·穆罕默德（Mahathir Mohamad）在东盟第五届首脑会议上提议修建由昆明经老挝、泰国、马来西亚到新加坡等国家的国际铁路，之后陆续得到有关国家的赞同。这条拟议中的“北起昆明，南抵新加坡”国际铁路，也就是将中国和东盟联系起来的狭义上的“泛亚铁路”，当时计划10年内完成该铁路的修建。

1999年9月，东盟在越南河内召开第五次交通部长会议，研讨泛亚铁路路网问题并签署了谅解备忘录，以增强东盟诸国间的交通连接。

2006年11月6日，联合国亚太经社会交通部长会议就跨政府协议展开最后阶段谈判，泛亚地区经济合作的序幕由此揭开。

2006年11月10日，亚洲18个国家和地区的代表在韩国釜山正式签署《亚洲铁路网政府间协定》，筹划了近50年的泛亚铁路网计划最终得以落实。按照协定的规划，建设4条“钢铁丝绸之路”构成的黄金走廊就可以把欧亚两大洲连为一体，纵横交错的干线和支线将编织起一个巨大的经济合作网络。

三、泛亚铁路的线路规划

按照《亚洲铁路网政府间协定》的规划，亚洲国家将建设和连通4条总长度为8.1万km的泛亚铁路动脉。4条通道如下。

1）北部通道：全长3.25万km，可连接欧洲和太平洋，全线跨越朝鲜半岛、俄罗斯、中国、蒙古和哈萨克斯坦，直抵欧洲门户。

2）南部通道：以中国南部为起点，途经缅甸、印度、伊朗等国到达土耳其，全长2.26万km，横贯中国和印度这两个地区大国。

3）北南通道：全长1.32万km，从芬兰的赫尔辛基出发，通过俄罗斯到里海，然后分成3路——西路经过阿塞拜疆、亚美尼亚和伊朗西部，中路通过海运直穿里海到达伊朗，东路从哈萨克斯坦、乌兹别克斯坦、土库曼斯坦到伊朗东部。这3条路线在伊朗首都德黑兰交会，然后延伸到伊朗港口。

4）东盟通道：全长1.26万km，过境国家包括柬埔寨、老挝、马来西亚、缅甸、越南、泰国、新加坡和印尼。印尼是整个铁路网的最南端。该路线将成为连接东盟成员国和中国的桥梁。

这4条线路大部分与“一带一路”规划线路契合。

四、泛亚铁路的东盟通道

（一）线路规划

泛亚铁路的东盟通道共有3个方案：①东线方案，由新加坡经吉隆坡、曼谷、金边、胡志明市、河内到昆明；②中线方案，由新加坡经吉隆坡、曼谷、万象、尚勇、临沧、祥云（大理）到昆明；③西线方案，由新加坡经吉隆坡、曼谷、仰光、瑞丽到昆明。在这3个方案中，铁路都需要经过泰国，3条线都由昆明出发经不同路线至曼谷后用同一路线到新加坡。

（二）各国进展

1. 中老铁路（中线）

中老昆万铁路，即中老国际铁路通道，简称中老铁路，是一条连接中国云南省昆明市与老挝万象市的电气化铁路。中老铁路全长1035km，线路北起中国昆明，经玉溪、普洱、西双版纳，过中国磨憨铁路口岸和老挝磨丁铁路口岸，终点是老挝首都万象。这是第一条以中方为主投资建设、全线采用中国技术标准、由中老合作建设运营、使用中国设备并与中国铁路网直接连通的国际铁路。

（1）中老铁路建设进度

2010年5月21日，中老铁路昆玉段先开工建设；2015年12月2日，中老铁路磨万段举行开工奠基仪式；2016年4月19日，中老铁路玉磨段开工建设；2016年12月25日，中老铁路举行全线开工仪式。

中老铁路由昆玉段、玉磨段、磨万段组成，其中昆玉段由昆明南站至玉溪站，全长79km，设计速度200km/h；玉磨段由玉溪站至磨憨站，全长507km，设计速度160km/h；磨万段由磨丁站至万象南站，全长418km；设计速度160km/h。由于中老铁路老挝段沿途多为山区和丘陵地带，中国铁路专家建议货物运输的速度限制在120km/h。

2021年12月3日，中老铁路全线通车运营。据统计，截至2023年12月2日，中老铁路开通运营两周年，运输安全持续稳定，累计发送旅客2420万人次，其中老挝段374万人次；累计发送货物2910万t，其中跨境货物超600万t。

（2）中老铁路建设意义

1）中老铁路开通将老挝由“陆锁国”变为“陆联国”。老挝是中南半岛北部唯一的内陆国家，面积23.6万km^2，北邻中国，南接柬埔寨，东接越南，西北达缅甸，西南毗连泰国。老挝国土面积的80%是山地和高原，在中老铁路建成前，老挝仅有一段长约3.5km的铁路连接泰国，交通极不顺畅，严重制约了老挝人民的出行及国际交流。随着中老铁路的开通，老挝交通基础设施水平获得极大提升，老挝有望转地理劣势为优势，成为联通各国的陆上交通枢纽，促进人流、物流沿特定路线实现空间位移，优化资源配置，改善发展环境并吸引外资，提高就业，有力拉动其经济增长，加快城市化进程，惠及民生。目前，中国已成为老挝的第一大投资来源国、第一大出口市场。

2）中老铁路促进中国-东盟区域经济一体化建设。中老铁路带动沿线产业布局，使中国与老挝、泰国、柬埔寨等中南半岛国家拥有了便捷的陆运新通道。经由中老铁路，来自云南、重庆、江苏、浙江、广东等国内多地的商品得以快速地运往东南亚地区，东南亚地区的天然橡胶、木薯淀粉、铁矿石等原材料货物也源源不断进入中国。中老铁路货运时间相比传统的海运缩短了近20天，货物通过铁铁、铁公联运，仅需一天即可到达泰国曼谷等中南半岛主要城市。经过中老铁路运输的货物已出口至老挝、柬埔寨、泰国、越南、马来西亚、新加坡等RCEP①成员。与RCEP实现叠加效应，协同推动地区发展。

3）中老铁路是中国与老挝之间通行的一条铁路，是泛亚铁路中线的重要组成部分。中老铁路作为“一带一路”建设的重要项目，对密切中老两国经济社会和人文合作交流，加快建设中老经济走廊，构建中老命运共同体，具有十分重要的意义。中老铁路开通，填补了泛亚铁路中线的缺环，中线成为泛亚铁路东盟通道3条路线中第一条落实的路线。

① RCEP指《区域全面经济伙伴关系协定》（*Regional Comprehensive Economic Partnership*），是2012年由东盟发起，历时8年，由包括中国、日本、韩国、澳大利亚、新西兰和东盟十国共15方成员制定的协定。

2. 中泰铁路（中线）

（1）中泰铁路建设进度

中泰铁路是中国投资泰国铁路的合作项目，未来将连接中国云南昆明和泰国首都曼谷。中泰铁路的修建主要通过中泰两国政府间直接合作，中国参与投资、修建一条长 867km 的双轨准轨铁路，从泰国边境的廊开，途经孔敬、呵叻到首都曼谷及东部工业重镇罗勇府的玛塔普县。这条铁路分两期工程：一期工程连接曼谷和泰国东北部门户呵叻；二期工程将延伸至与老挝首都万象仅一河之隔的泰国东北边贸重镇廊开，实现与中老铁路衔接，经老挝磨丁和中国磨憨可以抵达昆明。

2015 年 12 月 19 日下午，中国国务委员王勇和泰国副总理巴金在泰国大城府邦芭茵县清惹克侬站共同点亮中泰铁路奠基石的灯光索，中泰铁路建设工程正式启动。

2017 年 12 月 21 日下午，中泰铁路合作项目一期工程开工仪式在泰国呵叻府巴冲县举行。一期工程连接首都曼谷与东北部的呵叻府，全长约 253km，其中高架桥轨道线路长约 182km，地面轨道线路长约 64km，隧道长约 7km。设计最高时速 250km。

2020 年 10 月 28 日，中泰铁路合作项目一期（曼谷—呵叻段）线上工程 2.3 合同签约仪式在泰国总理府举行。合同内容主要包括曼谷—呵叻段轨道、四电系统、机车车辆的采购、安装和调试，以及相关培训工作。

2020 年 11 月 26 日，中泰铁路一期项目（曼谷—呵叻段）举行承包商合同签署仪式。

2021 年 3 月 29 日，中泰铁路合作项目一期（曼谷—呵叻段）3 个标段的施工协议签署仪式在泰国交通部举行。一期路段预计将在 2026 年年底至 2027 年年初竣工通车。

2024 年 4 月 18 日，泰国国家铁路局董事会通过了泰国政府与中国政府共同推进的中泰铁路合作项目二期（呵叻—廊开段）。目前，该项目的详细设计工作已经完成，待泰国国家环境委员会批准环境影响评估后，泰国铁路局将汇报交通部，并上报内阁审批。

（2）中泰铁路建设意义

建成后的中泰铁路将促进泰国旅游业的发展。泰国是旅游强国，中泰铁路建成后将为中国游客前往泰国提供更多选择，使中国游客前往泰国更加方便，可以为泰国旅游业提供更大的游客流量，更好地促进泰国旅游业的发展，进而带动泰国的经济发展。这条铁路将为泰国每年增加 200 万中国游客，同时加强中国和泰国之间的经济与文化交流。

中泰铁路将大大提升泰国铁路系统运输效能和物流效率，有助于泰国成为东盟交通和物流中心。作为中泰两国共建"一带一路"的重点项目及泰国首条准轨高速铁路，中泰高速铁路项目将把泰国和东盟周边地区国家连接起来，有助于泰国成为东盟交通和物流中心，将大大节约两国物流货运的成本。目前，中国与泰国的运输线路以海运和陆运为主，花费时间较长，运输成本较大。中泰铁路建成后，泰国境内沿线火车时速将大大提升，在节约时间的同时，运输成本也将降低 12%左右。中泰铁路建成后将为泰国经济社会发展和区域互联互通注入新的活力。

3. 中缅铁路（西线）

（1）中缅铁路建设进度

中缅铁路，即中缅国际铁路，起点为中国云南省昆明市，终点为缅甸最大城市仰光。

按照规划，昆明至仰光铁路全长约 1920km，中缅铁路在中国段可以分成两段，一段是昆明至大理，另一段是大理至瑞丽。我国境内路段全长 690km。昆明至大理的铁路，也就是昆楚大线，已开通运营。大理至瑞丽铁路，就是大瑞铁路，全长 330km，桥隧占比 76.5%。全线采取大理至保山、保山至瑞丽分段建设模式。2008 年 6 月，大瑞铁路大理至保山段正式开工；2021 年 3 月 15 日，大瑞铁路大理至保山段进入全线铺轨阶段；2022 年 3 月 28 日，经过建设者 14 年艰苦奋战，大瑞铁路大理至保山段 21 座隧道全部贯通，为该段线路先期开通运营奠定了坚实基础。2015 年 12 月 1 日，大瑞铁路保山至瑞丽段全面开工建设；2020 年 12 月 3 日，大瑞铁路保山至瑞丽段开始架桥工作；2022 年 4 月 10 日，大瑞铁路蒲缥镇至怒江东岸特长隧道群建设取得重大突破，6 座隧道组成的特长隧道群全部贯通，并开始无砟轨道施工，为下一步架梁、铺轨、四电等工程施工创造了有利条件。

中缅铁路是泛亚铁路重大战略性通道项目，线路呈“人”字形布局，起始于中缅边境城市木姐，向西南方向经腊戌、曼德勒等重要城市，长约 410km，设计客运时速 160km，货运时速 120km，预留 220km（高速动车组），预计采用 1435mm 准轨，向北通过瑞丽连接中国铁路网。再由曼德勒到达海边城市皎漂，另由曼德勒枢纽向南，经首都内比都到达仰光，“人”字形线路总长度约 1475km。

2018 年 10 月 22 日，缅甸交通与通讯部和中国中铁二院工程集团有限责任公司签署中缅铁路木姐—曼德勒段（缅甸境内起始段）铁路可行性研究备忘录。

2020 年 1 月，中铁二院向缅甸交通与通讯部递交了木姐—曼德勒段铁路可行性研究报告。此次，双方将继续就曼德勒—皎漂段开展可行性研究。

2021 年 1 月 10 日，中缅合作开展缅甸曼德勒—皎漂铁路项目可行性研究谅解备忘录已签署。

目前，中缅铁路缅甸段未真正开工建设，处于停滞阶段。

（2）中缅铁路建设意义

中缅铁路的目标并不仅仅是连接到缅甸首都，其更重要的价值在于连接到印度洋。我国早就修通了从缅甸皎漂港到云南的油气管道，中东的石油、天然气运到皎漂港后，通过这里增压输送到我国西南地区，形成从印度洋到达中国的重要陆上通道。

中缅铁路的建设将拉动中国西南和缅甸的贸易增长，为边境经济做出一定贡献，提升当地人民的经济水平。当地中缅铁路通道项目是规划中泛亚铁路西通道的一部分，也是中缅经济走廊优先推动项目。项目建成后，将成为中国西南与缅甸重要城市的桥梁，不仅能带动中缅两国的旅游、商贸、物流等产业的发展，还将为缅甸构建安全、高效、迅捷的现代快交通运输通道，推动缅甸经济和社会的可持续发展。

中缅高速铁路建成后还可以向周边国家进一步延伸并可能成为中国连接东南亚国家的交通主干道。等到中国与东盟各国间的高速铁路线路联网后，将大幅提升中国与东盟各国经贸往来的效率。

4. 中越铁路（东线）

中越铁路在国内的部分，就是昆玉河线，从昆明直达河口。2014 年 12 月 1 日 10 时，云南省蒙自北站，满载货物的 36505 次列车徐徐开出，向中越边境的口岸城市河口驶去。

16时，又从河口北站顺利返回蒙自。这是蒙河（蒙自—河口）铁路正式开通运营的日子。蒙河线的贯通，标志着中越边境的河口北站正式接入全国准轨铁路网。至此，泛亚铁路东线国内段全线通车。这条铁路又称昆（明）玉（溪）河（口）铁路，北起昆明，途经玉溪、通海、建水、蒙自、屏边，南至中越国际口岸河口，全长400km，穿越彝、回、拉祜、布朗等十多个少数民族居住地。从这天起，云南就拥有了第一条准轨国际铁路。

目前，从河口到越南还未开通，预计2045年全面开通。

五、泛亚铁路面临的困境

1. 技术难点

泛亚铁路的铁路网不是说完全新建铁路线，因为各国基本都已经有了铁路线，主要是把不同的线路串起来，形成铁路网，有缺少的段路再新建铁路线。在串的过程中最大的难点是各国铁路的轨距不同，需要统一轨距。

欧亚大陆现行轨距有以下4种。

1）1435mm宽准轨，欧洲大部分国家、土耳其、伊朗、中国和朝鲜半岛均采用此标准。

2）1520mm宽阔轨，俄罗斯、白俄罗斯、哈萨克斯坦、蒙古、乌克兰等采用此标准。

3）1676mm宽阔轨，印度、巴基斯坦、孟加拉国和斯里兰卡多数采用此标准。

4）1000mm宽窄轨，东南亚国家多采用此标准。

2. 政治因素

虽然铁路建设能够对共建各国的经济发展有很大的帮助，但各国立场不同，泛亚铁路线组网非常困难。例如，泰国境内的高速铁路项目，一部分是中泰合作，一部分是日泰合作；老挝的铁路由中国援建，但越南的铁路由日本援建。再如，缅甸境内的线路一直受到各方限制，无法有实质性进展。

3. 资金因素

修铁路需要大量的资金，资金谁出、谁管理、收益如何都是各国考虑的问题。例如，马来西亚和新加坡线路，原本两国政府决定建一条高速铁路线，但马来西亚政府以资金投入过大为由，终止了这条线路。

此外，泛亚铁路联网运行面临的一个障碍是需要连接韩国与日本的海上运输。

课后阅读

首趟中老铁路国际旅客列车正式开行："友谊之路"再添新活力

2021年12月3日，中老铁路正式通车。昆明到万象从此山不再高、路不再长……

2023年4月13日上午，昆明南站，橄榄绿涂装的"复兴号"动车组早已准备就绪；站台旁，乘客们笑容满面，打卡合影、视频直播，好不热闹。8时08分，首趟中老铁路国际旅客列车——D887次列车正式发车，一路向南；D888次列车从老挝万象站驶出，向北飞驰……

1. 物流成本大幅降低

中老铁路通车后，从云南昆明到老挝万象的货运成本降低40%～50%；老挝国内线路成本降低20%～40%。作为中老铁路外运主要承接商，中国外运集团计划有100多个货箱将通过中老铁路运输到中国国内。

2. 辐射效应全面释放

截至2023年4月14日，国内有25个省份开行了中老铁路跨境货物列车，覆盖老挝、泰国、缅甸、马来西亚、柬埔寨、新加坡等“一带一路”共建国家和地区；货物品类由开通初期的化肥、百货等10多种扩展至电子、光伏、冷链水果等2000余种，货值超170亿元。

3. 运输效能持续提升

开展牵引增吨行动，将全线列车牵引重量由2000t增至2500t，在口岸列车交接对数不变的情况下，口岸交接量每日增加4000t；推行“铁路快通”模式，实施“7×24h”预约通关，将通关时间从约40h压缩到5h内……中老铁路全线运输效率和通道能力大幅提升。

将机械设备、家用电器、蔬菜、鲜花、机械配件等货物运往老挝，从老挝运来木薯、薏米、水果等东南亚国家优质产品……截至2023年4月12日，中老铁路共发送跨境货物363万t。

2023年以来，中老铁路“黄金大通道”运输潜能不断释放。第一季度，中老铁路累计运输货物516万t，同比增长215%；其中，跨境货物累计完成110万t，同比增长290%。

（资料来源：根据王彦田，孙广勇，李心萍，2023-04-14．4月13日，首趟中老铁路国际旅客列车正式开行：“友谊之路”再添新活力[N]．人民日报（6）．改编。）

思考题

1．简述“一带一路”倡议的内容。
2．宽轨、准轨、窄轨的轨距分别是多少？
3．简述中欧班列的运行特点。
4．泛亚铁路面临的困境有哪些？

参 考 文 献

巴瑞・E．普仁提斯，达仁・普拉科普，2023．运输经济学概论[M]．李红昌，译．北京：经济科学出版社．

陈贻龙，邵振一，1999．运输经济学[M]．北京：人民交通出版社．

杭文，2016．运输经济学[M]．2 版．南京：东南大学出版社．

贾顺平，2019．交通运输经济学[M]．3 版．北京：人民交通出版社．

肯尼思・巴顿，2001．运输经济学[M]．冯宗宪，译．北京：商务印书馆．

李文兴，2021．高铁运输经济学[M]．北京：中国铁道出版社．

刘生龙，胡鞍钢，2010．交通基础设施与经济增长：中国区域差距的视角[J]．中国工业经济（4）：14-23．

《马克思主义基本原理概论》编写组，2018．马克思主义基本原理概论（2018 年版）[M]．北京：高等教育出版社．

欧国立，2010．轨道交通运输经济[M]．北京：中国铁道出版社．

钱仲侯，杨爱芬，2003．铁路运营与经济指标[M]．北京：中国铁道出版社．

秦四平，2023．铁路运输经济学[M]．3 版．北京：北京交通大学出版社．

荣朝和，2001．关于运输业规模经济和范围经济问题的探讨[J]．中国铁道科学，22（4）：97-104．

荣朝和，林晓言，李红昌，等，2021．运输经济学通论[M]．北京：经济科学出版社．

唐可月，2019．运输经济学[M]．北京：北京交通大学出版社．

王明志，1996．运输供给与运输需求平衡论[M]．北京：人民交通出版社．

熊崇俊，2006．我国综合交通协调发展若干问题研究[D]．南京：南京航空航天大学．

张帆，2019．高速铁路与中国区域经济发展研究[D]．重庆：重庆大学．

张有恒，1992．运输经济学：理论与实务[M]．台北：台湾华泰书局．

BLAUWENS G，BAERE P D，VOORDE B V，2009．交通运输经济学[M]．史小宁， 胡微红，胡昊，译．北京：人民交通出版社．